中外雕塑公园
二十讲

陶宇 高云 著

生活・讀書・新知 三联书店

Copyright © 2022 by SDX Joint Publishing Company.
All Rights Reserved.

本作品版权由生活·读书·新知三联书店所有。
未经许可，不得翻印。

图书在版编目（CIP）数据

中外雕塑公园二十讲／陶宇，高云著．—北京：
生活·读书·新知三联书店，2022.5
（二十讲系列）
ISBN 978-7-108-07327-3

Ⅰ.①中⋯　Ⅱ.①陶⋯②高⋯　Ⅲ.①雕塑－公园－介绍－世界
Ⅳ.① K917

中国版本图书馆 CIP 数据核字（2021）第 249172 号

责任编辑　徐国强
装帧设计　康　健
责任校对　张　睿
责任印制　张雅丽
出版发行　生活·讀書·新知 三联书店
　　　　　（北京市东城区美术馆东街 22 号　100010）
网　　址　www.sdxjpc.com
经　　销　新华书店
印　　刷　天津图文方嘉印刷有限公司
版　　次　2022 年 5 月北京第 1 版
　　　　　2022 年 5 月北京第 1 次印刷
开　　本　635 毫米 × 965 毫米　1/16　印张 23
字　　数　190 千字　图 201 幅
印　　数　0,001-5,000 册
定　　价　98.00 元
（印装查询：01064002715；邮购查询：01084010542）

目 录

序言 ·· 1

第一讲　雕塑公园与现代派 ·· 14
第二讲　户外雕塑：迎接风雨，拥抱阳光 ·························· 35
第三讲　战后欧美雕塑：钢铁侠与巨无霸 ·························· 51
第四讲　定点雕塑：天造地设 ··· 68
第五讲　雕塑公园的源头 ·· 92
第六讲　雕塑公园名称的由来 ··· 109
第七讲　千姿百态与因地制宜 ··· 120
第八讲　维格兰公园：回味漫漫人生路 ····························· 143
第九讲　特尔古日乌组雕：现代雕塑的永恒丰碑 ·············· 153
第十讲　博物馆雕塑花园：精致与实用 ····························· 167
第十一讲　大型雕塑公园：天地大美 ································ 180
第十二讲　雕塑之径：曲径通幽处 ···································· 196
第十三讲　亚洲各国的雕塑公园 ······································· 216
第十四讲　雕塑公园在中国 ·· 238

第十五讲　为人民服务 ·················· *255*

第十六讲　雕塑公园与创作生态 ·················· *276*

第十七讲　谁来买单？ ·················· *291*

第十八讲　社会反响与价值取向 ·················· *306*

第十九讲　雕塑公园与美育 ·················· *324*

第二十讲　对策与反思 ·················· *337*

参考书目 ·················· *356*

后记 ·················· *359*

序　言

　　土地是弯曲的，我看不见你，我只能远远看见，你心上的蓝天。蓝吗？真蓝。那蓝色就是语言。

——顾城

　　你可曾从日本箱根户外雕塑博物馆（Hakone Open-air Museum，也译为雕刻之森美术馆）远眺过薄雾笼罩下的富士山？你可曾在美国纽约风暴国王艺术中心（Storm King Art Center）广阔的草场上嬉闹打滚儿？你可曾漫步于峡湾之国的迷雾山林，读过藏身于山毛榉树洞

日本箱根雕刻之森美术馆，建于1969年

序言

风暴国王艺术中心远景,建于 1958 年

中的女巫刻在叶片上的故事？你可曾穿着大号雨靴踩过吱吱作响的木屑，聆听山花微雨跌落在针叶林上的轻柔呢喃？你可曾数过原木的年轮，坐过赶去雕塑之径的老者驾驶的哈雷摩托？如果都没有，也请你不必遗憾。本书打算奉献给那些想要对这个陌生而迷人的领域略窥门径的读者。

  本书可以帮助你在天光云影中尽赏雕塑艺术，而不让你在被诗意诅咒的密林里迷失；可以帮助你纵览中西雕塑公园的风情形貌，为雕塑之花在你我心中永绽而不懈努力。感谢每一位读者，感谢你在卷帙浩繁的书海中独自发现了它。它不是一本枯燥无味的书，而是一把为你开启雕塑公园神秘之门的钥匙。请拿好你的钥匙，接受我的邀请，和我一同奔赴那不会令你失望的天外秘境……

  无论你是否到访过雕塑公园，想必对雕塑一定不会全然陌生。从米隆的《掷铁饼者》到米开朗琪罗的《大卫》，希腊雕塑以其理想的线条、圣洁的形体和绝对黄金比例的造型在西方雕塑史上树立了一座座难以企及的高峰。但名垂千古的米开朗琪罗显然也无法阻止历史的车轮卷入现代主义的洪流。完成举世瞩目的《思想者》之后，不甘寂寞的罗丹干脆叩开了现代派的大门。迎头赶上的亨利·摩尔（Henry Moore）更是转头就将架上雕塑赶下"供养台"，雕塑作品于是在半推半就间猝然曝身户外天光。自然的肆意哺育，加之工业社会独特的狂躁性格，"站起来了"的雕塑们在进击的号角声中疯狂生长，化身为"钢铁侠"和"巨无霸"。它们极速膨胀，也在膨胀中不安。

  雕塑风格的变化意味着观念的革新，在飞速膨胀的后现代氛围下，缺失安全感的战后"钢铁侠"和"巨无霸"们急需一种新的美学体系来为自己辩护。它们大刀阔斧地从观念的束缚和城市广场、狭窄街道的圈禁中突围而出，自由地化身成为真正的现代雕塑。孤独的"使者们"从彼此坚实的身躯中汲取力量，打造了一种特定的"雕塑集中摆放形式"，于是"雕塑公园"应运而生，成为万众期待的雕塑家园。

  一望无际的原野之上，天空湛蓝如洗，没有一丝浮云的缠绕，雕

[意]卢乔·丰塔纳:《自然》,青铜,11.43米×9米×0.9米,1960年,荷兰克勒尔－穆勒博物馆雕塑公园

塑的轮廓于是更加突出,为这个圆滑的浮世增添了原本该有的棱角。它们也许狞厉,也许憨傻,也许笨重,也许粗糙……但那不加粉饰的美,恰恰能够帮助我们还原生命本真的质朴。毕竟懂得生活的艺术,生活就会赋予万事万物以朴素、优雅的风格。它们不曾摩肩接踵,但更不会相逢陌路。它们秉持着艺术品生来独具的高冷与孤独,但家园的柔光庇护了它们,于是这孤独的冷厉成为表象,酣畅的热血涌动开来。

每一件雕塑,都是孤独守望足下土地的使者。关于孤独,有个日本禅师比喻,它是习惯每天早上洗冷水澡的人,打开水龙头接受第一次冲击时仍会浑身颤抖的激灵。是这样的存在。与它迎头碰撞心有戒备,不会消亡,不会麻木,也无可回避。我们和这些孤独的使者四目相对,人与石的关系霎时微妙起来,这神秘的"微妙"鼓起了源自心灵的悸动。人类从没当上过造物主,但雕塑的存在赐予了你我造物主的使命——我们应该建立起为人类的每一丝孤独、欣喜、彷徨、坚定、犹疑、倔强而竖碑立石的信仰,因为它们是微小人类存在过的永恒纪念。在孤独长久地冲击之中,我们与之默默依存。在这个人类与雕塑互相拥抱取暖的过程中,我们的面容也必将呈现变化。孤独的你我彼此守望,超越了物类的界限,于是孤独荡然无存。我抚过你的肌理,感知你的血脉,我们被造物主指派到同一片土地,于是我知道了我们有着共同的使命——守卫人类与雕塑艺术相濡以沫的家园。

本书将从迎接风雨、拥抱阳光的户外雕塑展览起步,以此纪念亨利·摩尔将执拗地端坐于逼仄室内的架上雕塑引向"无边光景一时新"的自然中去。让·阿尔普(Jean Arp)、肯尼斯·斯内尔森(Kenneth Snelson)、马克·迪·苏维罗(Mark Di Suvero)、玛尔塔·潘(Marta Pan)……追随着亨利·摩尔的脚步,他们教会了战后户外雕塑如何"运动",以光、风、水和自然的互动来创作出最"亲肤"的大型抽象景观雕塑。

虽然亨利·摩尔的创作根植于超现实主义的起点,也一门心思地意图将抽象风格发挥到底,但帮助 20 世纪现代雕塑家们挣脱掉传统雕塑束缚的却不是他。本书将带领读者瞻仰罗丹精神的启示,而罗丹,才是真正意义上叩开现代派雕塑大门的第一人。我们将一起见证,罗丹是如何在西方雕塑史上第一次给雕塑文化中"生命"的范畴

[美]利伯曼:《奥林匹斯山的伊利亚特》,钢铁,1984 年,美国纽约西雅图中心

注入现代意识，又是如何恢复了西方雕塑对人类的理解和对精神世界的表现。极端近似意味着毫无新意，深层的思想感情才是真正的命门。

在艺术史写作领域走上巅峰的贡布里希（E. H. Gombrich）也说过这样的大白话："实际上没有艺术这种东西，只有艺术家而已。"在雕塑领域也是如此，实际上没有雕塑艺术这种东西，只有罗丹们而已。所谓"内行看门道，外行看热闹"，"门外汉"和初学者总是乐于赞扬雕塑家精确再现自己所见事物的技艺。但雕塑家真正应该教会我们的，是如何看到大自然的鬼斧神工和令人"瘖寐思服"的新奇美景。但凡"艺高人胆大"的雕塑家用常人难以想到的方式去创作熟悉的题材时，往往会遭到所谓"卫道者"们的责难。其实，再振振有词的指责又有何威慑力呢？不过是说这些作品看起来有些不对头罢了。

现代人已被长久沉积的审美惯性所束缚，传统的形状或颜色被奉为艺术创作的不二法门。就连本该极富想象力的孩子们也在教条中认定：星星必然是有五个角，月亮要像弯弯的小船，虽然事实并非如此。同理，那些坚持雕像中的人必须宏伟肃穆、雕塑形体必须饱满坚实的人，和这些孩童又有什么区别呢？他们总是义愤填膺、不管不顾，而这仅仅是因为雕塑不再端坐于祭坛，像交通警察一样姿态统一、僵硬刻板。如果我们能把过去既定的审美习惯暂时抛开，好像刚刚告别了玫瑰与狐狸，从"B612星球"上懵懂地飘临此地的小王子一样初次面对面前的地球，也许就能发现世间万物大可美出新的风采。通过本书的介绍，你会发现文中许多艺术家分明觉得自己就是这段未知之旅的掌舵者。他们想成为雕塑界的哥伦布，想重新观赏这个世界，他们热衷于把高大的纪念碑、僵化的既定轮廓等公认的观念和偏见完全抛开，真正去创作最为振奋人心的作品。亚历山大·考尔德（Alexander Calder）是这样，亚历山大·利伯曼（Alexander Liberman）、乔尔·夏皮罗（Joel Shapiro）、克莱斯·奥尔登堡（Claes Oldenburg）同样是这样。

事实总是证明，庸才俗物试图循规蹈矩却一无所获，而艺术大师

[美]克莱斯·奥尔登堡、库斯杰·范·布吕根:《锄头》,钢铁,11.2米×13.6米×1.1米,1982年,德国卡塞尔

离经叛道却能获得一种前所未有的新的和谐。本书想要帮助读者"开眼看世界",却并非鼓动读者去逞一时的口舌之快。激愤狂躁地指点雕塑作品也许不难,但打破既有的审美偏见对我们的禁锢,还原审美客体作为自然人的本质,使真情实感汇集于心,若水之归下,杜绝自以为是的说教,这才是本书想要邀请读者们襄助的最困难却又最有意义的工作。

我们不是造物主,甚至不是艺术家。有目的、有反思的欣赏足矣,过分的推崇和批驳都不免堕入极端。每个方向的风景自有其吸引力,关键是看风景之人置身于何处,又选择以什么样的姿势和角度来观看。要知道,未被选择的不代表是平庸的。对一件雕塑作品,应从现代人的角度出发,以每一时刻自身见解的演变来重新审视作品。

现代雕塑在罗丹的浇灌下已然"陌上花开",现代雕塑公园自然"可缓缓归矣"。本书利用了两讲的篇幅来介绍雕塑公园的源头和名称的由来,只为邀读者共同聆听雕塑公园搭建起来的声音,揭开这方乐土的神秘面纱,将这阳光、生命与乐土所孕育的美好同倾陆海四方。

从古希腊神庙门楣上浮华的雕饰,到文艺复兴时期以塑造"本我"为主的理想人体雕塑,再到受超现实主义之风吹拂的怪诞家伙们,一部雕塑史,焉知不是一部园林发展史和一整部色彩斑斓、"五

英国赫特福德郡亨利·摩尔基金会雕塑花园，建于1986年

> 序言

脏俱全"的艺术史。雕塑公园作为特定的公共活动场所，绝非雕塑与公园的简单结合。从古代园林雕塑、主题雕塑花园，到近代户外雕塑展览，时光轮转，现代雕塑公园终于初具形貌。场域与场所的不同磨砺着这个"新生儿"，四方山水见证着它们别具一格的生存状态。无论是"天地有大美而不言"的大型雕塑公园、精致实用的博物馆雕塑花园，还是密林清幽处的"雕塑之径"——因为因地制宜，所以千奇百态、各具特色。基于雕塑公园对自然生态系统的不同选择，本书也将带领读者跋山涉水，远渡重洋。

这一首《日光倾城》的歌词写得不错：

> 从一个高的地方去远方
> 从低处回家稍纵即逝的快乐
> 移动的车轮它载着我
> 偶然遇见月光倾泻的苍白色
> 彩色的路标
> 禁止通行的警告
> 天空之下
> 我们轻得像羽毛

双眼是盲目的最佳玩伴
还是选择了不选择的旅途
观看了一颗流星坠毁了
所有的人会为此而难过
抱怨这城市日光太曲折
只有日光还唱歌
明媚的角落反射着光芒
蝴蝶飞过
城市高楼开出了花
…………

维京人在歌谣中穿越挪威的森林,霍比特人在迪恩森林里与精灵对弈,大和民族穿着木屐在东亚起舞,阿妈的絮叨飘荡在屏东垦丁湾上……不论是纪念碑林立的雄伟广场,还是原始神秘的绿野仙踪,宽广的空间和多变的自然环境包容并鼓励着雕塑家的创作,更以缱绻

[美] 帕特里克·普瓦里耶:《树枝作品》,树枝,2007 年,纽约布鲁克林植物园

［波］玛格达莲娜·阿巴卡诺维奇:《未知的生长空间》,钢筋、水泥与石材,1998年,立陶宛纽斯维尔欧洲中心户外博物馆

柔情环抱着他们的作品迎接四方来客。于是艺术的鸟儿飞过平原、丘陵、高山、森林、河谷、海洋……这些天造地设的雕塑之乡,以定点雕塑公园的形式在本书中一一呈现。要治疗"移民者"的水土不服,需要胆大心细的"医生"打破僵局。不同于直接将雕塑作品移植到某处,以意大利雕塑家阿尔菲奥·博南诺(Alfio Bonanno)为先锋的开拓者们开始从废旧品和日常材料中寻找媒介,进行户外定点雕塑的创作。

语言苍白无用,唯有行动值得观照。进行户外定点雕塑创作的艺术家们,其身躯俨然成为某种能量的接收转换器。作品于他们是听众,是任务,他们彼此需要。雕塑家经由作品指点的道路在世间找到一席之地,于是它们成为雕塑家生命的仪式和象征。如果没有创作助其抒发心中郁结,雕塑家在这个世间将遗失栖身之所,而天地也将黯然失色。茂密的山林使心中的荒凉沸腾了,他们沉默地听着身体里的某些东西在崩塌,碎裂成粉屑后消散于群山的怒吼之中。这里没有物欲横流,只有鸟鸣山幽,爬满苔藓的原木足以摧毁人们于浮世中精雕细琢的防御工事。这里不必端着舍我其谁的架势，愤懑的时候大可"宁为玉碎"，还可以抡起斧子吼上几吼。

希望本书可以帮助读者看清自己。其实人类在这个世间并非渺小可怜，无所作为，我们还可以通过和雕塑握手，感知自然的温度，体会生命的悸动，认清自我的局限。在既定的花好月圆尚未出现之时，我们固然颠沛流离，但真、善、美需要被克制。经历一定程度的损害、压抑和伤痛，自由之光才会从艺术之手中流泻而出，在最后的时刻显示出某种失控力量的变形。于是，对于湖光山色变身为"前卫"雕塑的"实验场"这件事，我们只需乐观其成。

我们可以乐观其成的事情还有很多，比如西方社会已普遍关注起"社会与环境的共生与演变"的课题。我们无法乐观其成，甚至要绞尽脑汁的事情也有很多，比如现代雕塑公园这方乐土，何时得以在中国真正安家。

中国雕塑公园建设的热潮已经掀起，相关的制度和做法却亟待改进。本书除了将带读者走遍国内各大雕塑公园，也愿就运行机制、建设理念、资金运转、收藏来源等方面进行讨论，以待和读者共同考证，当代中国是否需要雕塑公园？如何建设"中国风"的雕塑公园？中国雕塑公园建设过程中有何问题？我们又将如何应对？西方雕塑进入东方古国又将产生怎样的化学反应？这些都是本书想要与读者探讨的问题，更是本书选题立意的初衷。

雕塑公园的公益性质和其得天独厚的自然景观既给城市带来了良好的社会效益，又美化了生活环境。这个全新的休闲娱乐场所在提高城市知名度及文化品位，为城市创造可观的经济效益的同时，提高了普罗大众对雕塑艺术的认知和理解，也为各国雕塑家施展艺术才华搭建了宽广的舞台，并且有力地促进了当代雕塑创作的繁荣。

传统美术的影响力已日渐式微，对于保守的安格尔们来说，新型公共艺术的强大挑战犹如泰山压顶。作为传统美术欣赏活动场所的美术馆或博物馆无疑属于公共空间的范围，但就中国来说，由于当代艺术的创作、评选、展览仍基本局限于官方组织、画院画家、艺术院

[德]尼尔斯－乌多:《克莱姆森土巢》,黏土、松树和竹,2005年,美国南加利福尼亚植物园克莱姆森大学景观建筑项目

校师生的职业圈之内,因此其对大众的吸引力一度疲软,远远低于电影、电视等消费主义下的数字媒体。从公共艺术的有效性方面来看,我认为在传统美术范畴之内,雕塑和建筑无疑最具有发展前途,因其艺术形式与构成其外在形态的物质材料互为表里,它们不像绘画那样必须借助固定的墙壁来悬挂。建筑融艺术与实用于一体,只要有人生存的地方就会有建筑的存在,而作为纯粹审美艺术的雕塑,其形式更加灵活自由,外形可大可小,街道、广场、小区、公园、书架、案几都是它的地盘。

如果说到美术馆欣赏绘画的方式是"慕名前往",那么,当代社会中建筑和雕塑的欣赏就可以用"扑面而来"形容了。大自然广袤深邃,天可为被,地可为毯,艺术的自由创造在这里邂逅了前所未有的机遇和挑战。有风、光、土、水的哺育和四时气象的呵护，作为公共艺术的雕塑必然将冲破幽墙的隔阂，从架上走向天地，将最真切的自然还原为有心跳、脉搏和信仰的公共空间。

公共艺术要在全社会掀起一场"美的思想解放运动"的任务很重。但公共艺术的任务也很轻，只是要唤醒浮世中大众的审美移情。这是一场真正关乎人类本心的运动，雕塑艺术显然在扮演着这场运动的先锋。它拼杀过，嘶喊过，挣扎过，光鲜过，也不可避免地妥协过，但蔚为欣慰的是，它从未停下激荡生命的脚步。

至少对笔者来说，执着过的儿时倔强、收藏过的旧书签，都已不再重要，不再构成我生命诗歌的韵脚；唯有对雕塑艺术之明日的向往，和城郊山脚处微茫的天光，仍让我甘之如饴。本书若能拨动观者心弦一二，实为笔者之幸。

第一讲 | 雕塑公园与现代派

1888年,一件伟大的雕塑作品在哥本哈根展出,轰动一时。然而,它受到的广泛关注非但没有在当时为作者带来荣耀和勋章,反而使他成为众矢之的,遭受到了猛烈的抨击。你一定在好奇是哪件作品拥有如此石破天惊的姿态吧?现在就为你揭开它的神秘面纱:地狱之门于滚滚轰鸣的天雷中矗立,天神震怒,凡世纷乱。诗人孤独寥落地在门前屈膝而坐,"他"肌肉发达,体魄强健,一看便知经历过苦痛生活的锤炼。"他"用粗壮的手臂支起下颚,目光凝重深邃地聚焦于身前的地面。这般淡然专注的形态,恰似沉浸于对天神震怒下的普罗大众的悲悯中,进而思考自己的前世今生。

是的,这件雕塑就是《思想者》。

提到"思想者"三个字,我想各位脑中瞬间浮现的,一定不是自己或者某位亲友垂首驻足思考的样子,而正是罗丹这件蜚声世界的雕塑名作。国人对罗丹其名的熟悉程度,就仿佛他是大家共同的一位罗姓老街坊一样,街头玩闹的稚龄儿童都可以在听到他的名字之后当即摆出《思想者》的经典"pose"。《思想者》在一个远离浓情法兰西的古老东方国度如此声名显赫,其在世界雕塑史上的地位可见一斑。那么,究竟是什么原因使得罗丹获得如斯地位?他和现代雕塑公园的出现又有什么关系呢?

1840年,当中国百姓正笼罩在鸦片战争的烟云之下时,在上万

[法] 罗丹:《思想者》, 青铜, 1.98米×1.29米×1.34米, 原作1880—1890年

公里之外的法国, 一个注定一生将有不凡际遇的男孩儿——奥古斯特·罗丹降生了。这位后来誉满世界的伟大雕塑家怀抱着艺术的梦想成长起来, 纵然满心燃烧着艺术的烈火, 可这烈火映照下的创作之路并非坦途。且不说年轻时曾三度被巴黎美术学院拒之门外, 引来了教授们"此生毫无才能, 继续报考, 纯系浪费"的嘲讽, 同胞姐姐更是在此时因抑郁而病逝。重重打击将罗丹推入了修道院的大门, 但雕塑仍是其剪不断的牵挂。

他将敏感而细腻的精神化作创作的动力, 用丰富多样的绘画性手法塑造出神态生动、富有力量的艺术形象。他的每一件作品中, 都倾注了巨大的心理影响力, 那种悲壮的力与美使得其作品具备了博大精深的艺术品格。从《加莱义民》到《青铜时代》, 从《巴尔扎克》到被收录进小学课本的《手》, 他的每一件作品都曾饱受争议, 但也都拥有一种震撼人心的精神力量。由此, 罗丹被视为19世纪末20世纪初最伟大的现实主义雕塑艺术家, 他的主要贡献就在于恢复西方雕塑

雕塑公园与现代派 15

对人类的理解和对精神世界的表现。

其实在最初的时候，罗丹只是被视作雕塑史上最伟大的肖像雕塑家，作品以逼真取胜。可是，在其作品的逼真度得到了世人的承认之后，罗丹却反而在人们的称赞中感到了不安和困惑。不过很快，他就在仔细的思索中触碰到了那隐没于黑暗中的现代雕塑的大门——是的，在他看来，极端近似意味着毫无新意，深层的思想感情才是一件优秀雕塑作品真正的命门。

对罗丹来说，艺术的美在于内心的真实表达。为此，他常常巧妙地背离人体解剖学。他作品的创作方式与他的思想保持了高度的一致，即充满了忧郁、苦闷、伤感以及反抗命运的挣扎。罗丹24岁开始正式从事艺术创作，尽管他的处女作《塌鼻男人》送交沙龙落败了，但我们还是从这件作品中读出了异乎寻常的新观念。这种观念是与学院派趣味和传统模式格格不入的。

这件《塌鼻男人》是罗丹的早期作品。那时候还是个穷小子的罗丹雇不起模特，只能请来一个收费低廉的跛脚乞丐。这个乞丐面貌丑陋，鼻梁塌陷，丝毫没有气质可言。在推崇形象美的传统艺术家眼里，这样的模特也许会是个令人头疼的"烫手山芋"。但谁让他遇到的是罗丹呢？罗丹从不刻意美化事物，在他眼里，丑陋、病态、古怪、荒谬恰好是一种现代意义上的真实。让我们来看看最终的成品，这个如维克多·雨果笔下的"钟楼怪人"一般丑陋的老乞丐，"他"的鼻子深深塌陷，面容扭曲而沉痛，就像生命的洪流刚刚侵袭而过。那悲壮而隐痛的面容似在咆哮，这是一种无奈于造物主的摧残和不公的咆哮。然而同时"他"笃定不能让世人小瞧了去，故此眉眼间还透出了背负起所有苦难的倔强和刚强。

罗丹塑造的往往都是那些在现实生活中忍辱负重的可怜人，这是因为他孜孜不倦地追求内心情感与思想的自然爆发。这是他最为惊人的"创造生命"的意识。可以说，罗丹在西方雕塑史上第一次给雕塑文化中"生命"的范畴注入了现代意识。也就是说，他所创造的是具有现代意义的生命。

［法］罗丹:《塌鼻男人》，青铜，高24厘米，原作1864年

在罗丹创造出的具有现代意义的生命里，最具代表性的作品是《行走的人》。创作这件作品之前的罗丹，已经因为雕刻人物的高超技艺而闻名了。但有些民众听信了有心人的挑唆和诬陷而质疑罗丹的技艺，认为他之前的作品都是用模特翻制的模型。这件《行走的人》就是罗丹为了洗清自己的嫌疑而当众创作的。这尊雕像既没有头部也没有手臂，然而却揭示出了一种崇高悲壮的人生境界。"他"无法用双眼探寻前路，但却昂首阔步、勇往直前、义无反顾，似乎任何外力都无法阻止"他"行进的脚步。同时，罗丹也用这具残破躯体的执拗向我们传达了一个悲剧的事实：这般漫无目的的行走，"他"究竟要走向何方？罗丹雕塑中的生命意识建立在现代人本主义的基础之上，建立在人类自我发现的基础之上。跟前人表现完美的比例结构不同，罗丹在意的是人类对自我灵魂的内省。他把人类视为黑暗中挣扎的兽类，执拗而顽强，却始终无法挣脱时间和社会的围栏。这种有意破坏前人所讲究的均衡完整的形态造型，这种人类主体精神力量的体现，是罗丹作品被打上现代性标签的主要原因。

诚然，这位西方雕塑史上划时代的人物，就在如此这般的探索

[法]罗丹:《行走的人》,青铜,高2.14米,原作1877—1878年,美国加利福尼亚大学洛杉矶分校富兰克林·D.墨菲雕塑花园

中，用作品架构起了西方近代雕塑与现代雕塑之间的桥梁。我们可以将他视为古典主义时期的最后一位雕塑家，也可以将他视为现代主义时期的第一位雕塑家。当他的左脚依然流连于古典主义的庭院之内时，他的右脚俨然已经踏入了现代派的门槛。

事实上，在罗丹迈入现代派门槛的那一刻，现代雕塑公园也差不多在那个时代同时出现了。历史就是这样巧妙而耐人寻味地迎着时代吹来的新风。我们仔细观察各地雕塑公园中最早的雕塑作品的年代，不难发现，这些作品的时间一般都晚于19世纪末期，那正是罗丹的时代。而我们也确实在最早的雕塑公园中看到了这样一个场景——罗丹及其弟子们的作品被"供奉"在了几乎每一座青草围成的"神龛"之上。不仅如此，让我们将视线短暂地移到东亚，在较早建成的日本箱根雕刻之森美术馆中，年代最早的展品也是罗丹的作品。

当"罗丹现象"成为当时雕塑之风既行的轨迹，当19世纪末期西方艺术史从传统雕塑向现代雕塑华丽转型，雕塑公园里的作品就如雨后春笋般纷纷出现了。

艺术史家赫伯特·里德（Herbert Read）显然有同样的看法。他在《现代雕塑简史》的序言部分曾这样推断："现代绘画以塞尚为开始是有充分理由的。在雕塑方面，以几乎和他完全同时代的艺术家奥古斯特·罗丹作为开端也是很有意思的。"既然是罗丹用他的现代派作品开启了雕塑公园的大门，那么如果按照里德的论断推理，雕塑公园中那些或风姿优雅，或憨态可掬的"大家伙"无疑应该在现代雕塑的怀抱中汲取到真实的归属感。

不过，真实的情况究竟如何呢？

经过实地调查，事实果然符合既有的推断——数以百计的欧美雕塑公园竟没有一座以古代雕塑为主。在今日雕塑公园那些静默的"守望者"的身躯之上，浇灌的全然是毕加索、戴维·史密斯（David Smith）、亨利·摩尔、芭芭拉·赫普沃思（Barbara Hepworth）、安东尼·卡罗（Anthony Caro）、亚历山大·利伯曼、亚历山大·考尔德、克莱斯·奥尔登堡和库斯杰·范·布吕根（Coosje van Bruggen）夫妇、马克·迪·苏维罗这些现代雕塑家的智慧和汗水。

真理之河总会在实证的沟渠中流过。如果你认为前面只是选择出了现象中的花花草草，确定了这些花花草草是根植在现代派的土壤之中，而没有提到为何看似包罗万象的雕塑公园独独被现代派土壤的气息所充斥的话，不要着急，我们不妨就在此刻细细推敲，为什么雕塑公园总是对现代雕塑情有独钟呢？

如果你曾关注户外雕塑，或者恰巧浏览过《户外雕塑在英国：二十世纪的发展》这样一篇文章，那么你会发现，英国艺术史家刘易斯·比格斯（Lewis Biggs）为我们提供了许多现成的概念。他试图用三个词总结出人们在现代雕塑出现以前把传统雕塑放置到户外的理由，当然也确实给出了令人信服的结论。

让我们先来看看他给出的第一个词吧，那就是——装饰。谈到装饰，这可是传统雕塑最常用的一种功能，无论你是否接触过现代雕塑，"装饰"都是我们日常生活中的高频词语。从建筑到园林，从家居到陈设，从服饰到妆容，甚至小到一抹隐没在画框边缘的油彩，一枚一厘米见方的小小贴纸，装饰无处不在，或者我们也可以说：无装不成饰。日常生活中尚且如此，装饰在艺术史范畴中被广泛运用的实例更是比比皆是，别的不多说，单单是在雕塑形式的演进过程中，装饰就在持续地以新鲜姿态魅惑大众视野。它就像是某一雕塑或建筑中伸出的一双无形之手，可以将观者揽在怀中，使其动弹不得，使其不时迷离沉醉于瑰丽变幻的艺术风格之中，不时喃喃着"读你千遍，也不厌倦"。

那么，什么样的装饰才能够使观者千遍不倦呢？变幻莫测而又浪漫清新的大自然显然是最为美妙恰当的选择。艺术家将自己的审美感悟尽数赋予其创造出的生灵：它们有的腰肢灵动似身姿绰约的姑娘，有的色彩绚烂如缠绕在草场间的锦缎，它们可以刚硬可以柔软，也许离无垠的天空很远，但却离花香弥漫的自然很近。

当然，除了大自然中那些最为清新的装饰，城市建筑和雕塑中的装饰也是无所不在，甚至"至广大而尽精微"。

我们都知道，"象征性"是埃及人审美思维的重要特征。正因如

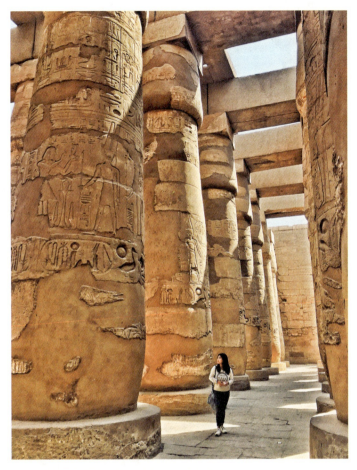

古埃及卡纳克神庙圆柱大厅,公元前 14—前 13 世纪

此,埃及人在建筑和生活用品中都对装饰异常青睐。古埃及建筑有着简约雄浑的装饰风格。那里的人们认为,建筑物的某部分在承担着某种建筑功能的同时,其外部也要覆有精美的装饰。石柱就是典型的代表。古埃及石柱的柱身是按照纸莎草的三角长秆样式来设计的,柱头有如展开的纸草花,再加上柱头周围环绕着的细碎植物纹样,使得一根不论几英尺高的石柱总能在本身没有生命的材质里焕发出勃勃的生机。而巍峨挺拔的柱身之上也遍布了线式凹槽、象形文字和刻有动物造型的浅浮雕。

古希腊的三种常见柱式，左起：多立克柱式、爱奥尼亚柱式、柯林斯柱式

既然提到了建筑中石柱的装饰，那么自然不能忽略古希腊最具代表性的柱式建筑当中的装饰。如果说多立克柱式是一位素颜的"小伙"，那么出现于它之后的爱奥尼亚柱式就是一位热衷修饰仪容的"美女"了。和少女苗条的姿态一样，爱奥尼亚柱式的特点是纤细秀美，因此又被称为女性柱，柱身有24条凹槽，柱头有一对向下的涡卷装饰。这对标志性的涡形装饰置于柱帽之上，就像从柱内绽放而出。柱帽处呈现出一种椭圆与箭头交替排列的装饰线条。最初，涡形装饰是位于同一个平面之上的，后来它们被设计成于角落处呈角度突出，这样使得不论是在正面或侧面观察，涡卷都呈现同样的宽度。这样独特的装饰形貌使得爱奥尼亚柱式比多立克柱式更为多变适用。

柯林斯柱式同样在装饰方面极具代表性。同爱奥尼亚柱式相比，它的比例更为纤细，柱头以毛茛叶纹装饰取代了爱奥尼亚柱式的涡卷纹。毛茛叶层叠交错，并以卷须花蕾夹杂其间，看起来像是一个花枝招展的花篮被置于圆柱顶端，风格豪华富丽，装饰性极强。

除了柱式结构上的装饰，许多国人心向往之的欧洲古建筑在装饰上也是独树一帜，别出心裁。它们往往重视外部装饰，各类雕刻和纹饰布满建筑主体内外。从哥特式教堂外表那些光怪陆离的滴水口，大门两旁密密匝匝的多层券花，再到巴洛克、洛可可建筑上那些轻盈、华丽、精致、细腻而又富有动感的藤蔓、花束，纷繁到有些复杂的装饰绝对会博尽眼球。

谈到建筑中的装饰，中国作为四大文明古国之一，同样不输于西方。中国古代建筑装饰热衷于使用"雕梁画栋"的装饰手法。和西方的教堂建筑有着异曲同工之妙，我们的庙堂和宫殿建筑之中的斗拱、瓦当、鸱尾、柱子、梁枋、牌坊等也大量采用了装饰雕塑。而且，我们的雕塑和纹饰无论在雕刻手法、表情姿态还是所蕴含的精神情感方面，都独具中华传统文化特色。就拿秦砖汉瓦举例来说，作为中国秦汉盛世文化的重要载体，其精美的文字、奇特的动物形象、华丽的图案，直接真实地再现了博大精深、源远流长的华夏文明。由此可以看出，装饰的作用不仅在于美化被修饰的主体，而且可以作为辅助后人探寻先人智慧、研习先人技艺和断代的重要依据。

既然我们从"装饰"中延伸出了对先人和历史的敬畏与感激，那么我们还需要明白，历史是神圣的过往，是位饱经沧桑的严师，它时刻提醒着人们应当谨记和肩负的使命与荣光。为了实现历史对人类的嘱托，人们必将铭记和纪念它。这就是刘易斯·比格斯给出的第二个词——纪念。历史的车轮滚滚而过，人类的过往是被它抛下的一道道车辙。总有湮没在泛黄史册中的帝王将相、英雄故事需要人们竖起岁月之风也无法侵蚀的丰碑来纪念。人们心中那些高大的影像于是被外化成一尊尊同样高大且厚重的户外雕塑，矗立在这世间仅存的伊甸园。它们不只寄托哀思，也怀揣使命，它们是坚毅而静默的时代使者。

下面，请跟随我的引领去古今中外一探究竟。

位于意大利米兰古城堡旁的凯旋门是1807年为纪念拿破仑的征服而建的。凯旋门作为一种特殊的建筑形式，借助独特的艺术造型来表达其歌颂拿破仑，纪念战争胜利的创作目的。类似于米兰凯旋门的凯旋门建筑在意大利有很多，它们均以石块砌筑，形似门楼，拥有一或三个拱券门洞。门楼的台基较高，四周配有用以维护安全的女儿墙，总体上呈现出稳定庄重、威武雄壮的感觉。而整座凯旋门建筑中最为精彩的部分要数岩壁和拱门内侧的浮雕，其内容大多是战争胜利之后，统治者率领军队凯旋的纪念性场景。

由盖维斯·屋大维·奥古斯都（Gaius Octavius Augustus）创建

凯旋门，建于 1836 年，法国巴黎戴高乐广场

的罗马帝国奉行激烈的对外扩张政策，帝王的杀伐决断和铮铮铁蹄为帝国不断拓宽疆域。好大喜功的罗马帝王为了标榜自己的赫赫战功和尊崇地位，往往责令艺术家为其打造极具威慑力的骑马像来供子民膜拜。其中，马可·奥勒留（Marcus Aurelius）的骑马像是典型代表。尽管公元 2 世纪末的战乱让罗马人在家国动荡中充满了悲观失望的情绪，这尊雕像也双眼无神，眼皮下垂，比例结构有失精确，表现手法较为粗糙，但它仍不失为古罗马被保留下来的青铜纪念碑雕刻中技术最成熟的作品。

除了帝国时期为统治者歌功颂德的纪念性建筑、雕塑之外，欧洲基督教时代无所不在的耶稣、圣彼得塑像也是将雕塑的纪念意义发挥到极致的表现。

与此同时，东方的华夏古国也在帝王的统治和征战中涌现出了大量的纪念雕塑精品，它们不只寓意明显，巧夺天工，而且气势惊人，比如堪称世界奇迹的秦始皇陵兵马俑。位于今西安市临潼区秦始皇陵以东 1.5 公里处的秦兵马俑坑发现于 1974 年，是秦始皇陵陪葬坑的一部分，在已发掘的三座俑坑里出土了大量的兵马俑。这些兵马俑兵

古罗马皇帝马可·奥勒留骑马像,青铜,高4.24米,170年

种齐全,队列整齐,气势浩荡,被视为秦始皇麾下一支神秘的编制健全的地下部队。而且每个俑人体型高大健壮,面目和姿态千差万别。它一经面世,便在世界范围内掀起了热潮,成为中国古代辉煌文明的一张金字名片。

就在距离秦始皇陵不远的西安市境内,有一座碑林博物馆。著名的"昭陵六骏"就收藏于此。所谓"六骏"是指唐太宗李世民生前征战沙场时与他共患难的六匹骏马。这六位战绩显著、英勇无敌的"烈士"最终都难逃战死沙场的厄运。为了纪念它们的丰功伟绩,寄托李世民的哀思,匠人将这六匹骏马的形象以浮雕的形式塑造出来,立于唐太宗昭陵之外,故此命名。

与"昭陵六骏"有类似纪念功能的大型雕塑实例还有汉代霍去病墓前的石雕群。霍去病是汉武帝的猛将,在抗击匈奴的战争中所向披靡,被封为骠骑大将军,死后更是尽享尊荣,陪葬在汉武帝茂陵旁。在陵墓入口处排列有大型石雕群,以作纪念,其中最为后人所津津乐道的就是那件蜚声中外的《马踏匈奴》。

前面我们分别举了一些中外建筑、雕塑的实例,供大家对纪念雕

[中]黎明,青年毛泽东艺术雕塑,花岗岩,83米×41米×3米,2009年,长沙橘子洲

塑加以了解。其实,不仅古代帝国时期的人们热衷于通过创作纪念雕塑来表达对某些著名事件和人物的尊崇与怀念,在现代也不乏这样的例子。就拿伟人毛泽东的雕像来说吧,由于毛泽东带领人民翻身做主,使劳苦大众摆脱了贫苦饥迫,使中国摆脱了落后便要挨打的状态,如今生活在和平年代的人们自然要铭记历史,不忘恩德。因此,毛泽东雕像广泛地矗立于城市广场、博物馆、机关院校等,尤以延安、井冈山、西柏坡等红色革命老区和伟人故乡湖南湘潭居多。

这群肩负着帮助人类铭记历史这一使命的时代使者,其实也在发挥着另一种功能——教育,这是比格斯的第三个词。不过,与纪念性的雕塑相比,在"以美育代宗教"学说出现之前,户外雕塑对人类的教化大部分还是蒙着宗教的面纱。那层面纱晦暗厚重,就像哥特尖塔窗棂后铺设祭台的天鹅绒。中世纪以来,马蹄踏过的风无法掀起这层被旧思想长久桎梏的面纱,雕塑以神灵的姿态高高耸立于神坛之上,接受教众的礼拜。事实上,当时的教众在如斯气场之下也无法不拜倒。华丽宏伟的教堂,从门楣至喷泉中央数十级的台阶之上,神像那似有若无的微笑总是无所不在,其强烈的教化意味由此可见一斑。

中国的艺术也向来重视教育的功能,时间上溯到唐代,张彦远在《历代名画记》的开篇就提到了艺术"成教化、助人伦"的功能。在唐代以前，艺术的审美功能还没有完全突显出来，艺术被赋予的教育功能更加突出，作为例子，我们不妨去看看汉代石刻艺术的杰作——武梁祠壁画。

武梁祠在考古学上有着不可替代的重要地位，是中国汉代祠堂艺术最高成就的代表之一。而武梁祠画像石的内容包括了历史人物、历史故事、神仙怪异、墓主人生前的生活等，是研究东汉后期历史与社会生活的宝贵资料。

在这些石刻中，有关历史故事和上古人物的描绘不计其数，且大多呈现的是正面积极、能够正确引导和规范后人言行的故事情节。比方说，有孝子节女如曾参、闵子骞、老莱子、丁兰及代赵夫人、梁节姑姐、京师节女等；有古代刺客荆轲、专诸、要离、豫让、曹沫等；有历史场景如"狗咬赵盾""王陵母""泗水捞鼎"等。

由此观之，说武梁祠是石制的教科书并不为过。武梁祠的历史普及，自然能够对观赏者起到历史教化的作用。司马迁的《史记》在公元2世纪已被普遍认可为史学写作的典范。著名艺术史家巫鸿认为，《史记》的内容与武梁祠壁画的图像有着直接的对应关系，如在武梁祠的壁画中，我们能看到与《史记》中对三皇五帝的记载类似的描画。而在武梁祠的石刻中，包括《梁高行》《秋胡戏妻》在内的烈女故事图像也可在《史记》中轻易找到相应的记载。二者的紧密联系向我们说明了，古人在石刻和画像艺术中同样注重历史说教的功能。

接下来我们回到讨论的重点。如果你曾在武梁祠内涵丰富的石刻或一张欧式建筑的图片中领略过传统雕塑厚重的教化意味，那么你或许不会忽略这至关重要的一点——传统雕塑的功能无论是装饰、纪念、教育，都不能单独存在。它们必须妥协，必须不同程度地屈从于某种外在于造型本身的"非审美"目的，必须负载其他含义，必须放置于某种特定的地点和场合，好像只有这样，才能与其他因素一起构成一个完整的意义系统，否则将没有任何价值。就此种意义而言，既然传统雕塑不能随意从原来的意义系统中分离出来，不能脱离其历史和宗教意义，那么它们终将无法重整队列迈入一座真正的雕塑公园。

传统雕塑总是与其周围的环境彼此护佑，从而避免它的意义体系被破坏或偏离。传统意义下的雕塑作品无法拥有"逐水草而居"的率性，它们的足下是深入土地的茂密根基，它们是一间随时会分崩离析的密室机栝。就拿大家都熟悉的古罗马城来说，它就像一个由无数建筑、广场和雕塑组合而成的大型机体，城市中的雕塑如同被放置于人体关节之上，只待你无意间扯动机关，牵一发而动全身。

已经在罗马广场上耸立将近两千余年的图拉真纪功柱就是个鲜明的例子，对于此柱，那位效忠图拉真的建筑师大马士革的阿波罗多罗斯（Apollodorus of Damascus）无疑动了不少脑筋。

首先，由于它身负为罗马帝国图拉真皇帝纪功的责任，它必须被环绕在一个庞大而华丽的阵容之中。这艰巨的使命它无法独立胜任，而必须和广场、周围建筑配合在一起，打出漂亮的组合拳以显示震慑平民的绝对权威。图拉真广场位于奎里那尔山（Quirinal）边的开阔地，这里建筑低矮，广场面积不大，纪功柱像个刚刚凯旋的将领，高耸于广场中间，睥睨着远方在自己的铁蹄下衰亡的达西亚（Dacia）。毫无疑问，从建筑群体配置的角度来看，这样的安排使得纪念雕塑充满了崇高的感觉。让我们尽情地环顾四周吧：广场东南入口处是图拉真凯旋门，东北是皮尔乌亚巴西利卡和图书馆，一系列建筑和雕塑一起构成了一个具有强大纪念功能的整体。

另一方面，如果你认为纪念雕塑在既定的安排下还可以偶尔移动位置，那可就大错特错了！纪念雕塑的位置不可挪移，当它在哪里落户，它将永远和足下的土地长在一起。要知道，这座大有名头的雕塑是为了纪念罗马皇帝征服达西亚人的胜利，试问具有这一敏感的身份，它如何可以离开帝国的首都呢？再说它所寄居的图拉真广场——也许这个名字就说明问题了。当然，此刻的重点不在这里。重点是，广场这一特定的场所从来就是城市政治活动的中心所在，在这里摆放纪念雕塑最合适不过了。纪功柱只有在这里才能受到人们的崇拜，如果把它挪到别的国家、别的省份或者自然风景中，想必它会在无人问

图拉真纪功柱,大理石,高 29.55 米,113 年,意大利罗马图拉真广场

津中将昔日引以为傲的存在感消磨殆尽,而建造者的大兴土木自然就会变得毫无意义。

  大家一定已经从上面的例子中明白了吧?纪念雕塑不能随便从原初位置挪开,与其他雕塑重新组合进入雕塑公园。再举个身边的例子:毛泽东像曾经被广泛竖立于中国各地的广场、公园、学校、矿山等处,试想一下,如果把它们搬进今日的雕塑公园,和亨利·摩尔、康斯坦丁·布朗库西(Constantin Brancusi),或者中国当代雕塑家的抽象作品摆放在一起,显然不合时宜。在江西井冈山就有这么一个名人雕塑公园,老一辈革命家的塑像被围成一圈,每件作品材质不同,风格迥异,随意组合在一起,且不说严肃的教育意义无法体现出来,单是这种迥异任性的排列方式就不合时宜,既不美观也不严肃,岂非浪费了井冈山这寸土寸金的"红色土地"?

雕塑公园与现代派

江西井冈山雕塑园，建于 1987 年

除了纪念雕塑，教育性的宗教雕塑更是无法脱离特定环境而独立存在。对艺术史有了解，或者喜爱繁缛华丽的巴洛克风格的朋友，一定不会对吉安·洛伦佐·贝尔尼尼（Gian Lorenzo Bernini）陌生。这位将巴洛克建筑风格发挥得淋漓尽致的鬼才大师，用一座《圣德列萨的祭坛》轻易地把沉迷于其中的观者带回 1652 年。雕塑刻画的内容三百余年来依旧鲜活，西班牙修女德列萨（Teresa）少年时因患癫痫，潜心侍奉上帝，这份虔诚使得她发病时幻觉丛生，竟能看到种种神迹。修女形体的刻画对雕塑家而言自然不成问题，但如何将这所谓的神迹彰显于人前，从而使教众在这神迹的导引下永远匍匐于教皇脚下，就成了考验贝尔尼尼之处。难能可贵的是，贝尔尼尼就是这么一位创作综合材质雕塑的能手。他运用各种手段围绕祭坛营造出宗教的神秘氛围，光影的配合在这里成为雕塑的一部分，光线从祭坛两侧的高窗倾泻而入，使雕塑成为明亮的中心，那奇妙的光线的来源，而不是背景中那无数巧妙布散着的金属线，被教众视为神的旨意。于是，

[意]贝尔尼尼:《圣德列萨的祭坛》,大理石,1645—1652 年

贝尔尼尼和教皇的目的达到了,圣德列萨散发出璀璨夺目的光芒,当夺目的光线照射时,教众被神的恩赐所抚触。同时,雕塑配合以周围巴洛克风格的建筑、天顶画等,在这一恢宏的整体中,雕塑作为神的载体,不得不屈从于宗教的意图。它身不由己,寄人篱下,没有独立的意志,更谈不上位置的挪移。如果单独将圣德列萨这尊雕塑搬出教堂,放置到普通的市民广场或绿草如茵的雕塑公园,在自然光的普照之下,以没有了专属金光庇佑的本来面目呈现于人前,且不说其能否获得集中的艺术效果,甚至连宗教故事的情节也无法说清。恐怕那时人们对圣德列萨的解读会换了方式,比如上帝最终放弃了这个苦寒的女子,将她孤零零地放逐于无尽的荒野之中。

即便宗教的意义不再成为艺术创作的主导,装饰雕塑也有着同样的命运,同样扎根于出生之地的命运。如果一件雕塑的存在仅仅是作为装饰的目的,这就可悲地决定了这件雕塑和主体相比并不是重要的,而是主体的附属物——一个巨型的饰品而已。它的存在恰恰是

雕塑公园与现代派　31

为了奉献，为了消失，正如比格斯所说："装饰雕塑无论是放于园林中的一点，还是用在各种建筑的表面，其目的就是让雕塑自身消失，并且毫不彰显地融合进整体的构思之中。"

看到这里，你也许会发问：在传统雕塑的范畴之内，就完全排除了自由创造的精神吗？当然事实并不是这样，但和那些驰骋于创意领域的现代雕塑相比，传统雕塑自由发挥的程度势必要落下风。就像考场上的学生在答命题作文，传统雕塑即使不规定创作方法，也大都会给定题目，将表现范围限于基本的人物、动物或植物，而风格则一般采用写实手法，艺术家们在这些条条框框的限制下变得拘谨而僵硬。罗丹就常常因为采用了表现性手法创作名人塑像，而在漫长的艺术史中备受非议。

但罗丹显然顶住了那些聒噪的非议。他用在古典主义时期锻炼出来的成熟有力的双手，用不为传统束缚的创造精神，为新时代擎起了雕塑的大旗。在罗丹精神的启示下，20世纪的现代雕塑家们完全摆脱了上述束缚，他们的思想终于开出了自由的花朵。

那么这些自由的花朵绽放之后，又需要怎样的土壤和空气来呵护呢？艺术史家总是善于在这时代转变的夹缝时期抓住创作走向的高光点。约翰·比尔兹利（John Beardsley）在《现代雕塑的风景》一书中点出了现代雕塑的生存之道："现代雕塑已经变得无家可归。尽管它还在流行，但是已经不再适合于传统的语境……雕塑家已经开始从他们作品中扫清传统的意图，如清晰可辨的人物图像、纪念功能、建筑装饰功能、象征高尚思想的功能等。相反，现代雕塑想树立起自己的价值，以其空间造型的价值取胜。它们不再负载其他内容，它们的形状和比例是自己生长出来的。它们不再负担外在之意；相反，它们将彰显内在的重要价值。"

比尔兹利的这一论断是历史性的，他从理论研究的角度——科技社会下人们总是乐于这样做，似乎只有严谨的数据分析、一丝不苟的文字定义才可以给人以信服的理由——帮助我们从不同的角度印证了现代雕塑终于获得了自由。与传统雕塑相比，现代雕塑处处透露出勃勃的生机。这些现代雕塑所表现的范围不再局限于"命题作文"。无论是人物、动物，抑或是山川、河流，宇宙中有生命或无生命的一切，都被它尽收手底。

现代雕塑甚至可以什么都不表现，它凭借自由的身份获得了任性的资格，它不再是"负载其他内容"的奴隶，而是正大光明地走上了历史和艺术的 T 型台，仅以富有创意的造型取胜。亨利·摩尔就是这自由田野中的耕耘者之一："对我来说，一件作品必须首先具有表现的活力……对运动、身体、跳跃、舞蹈形象等活力的反映……一件作品要能够内含一种被抑制的能量、一种本身的强烈生命，不受它所表现的对象的左右。"在 20 世纪之前，雕塑家敢于发表这样的言论可是需要莫大的勇气的。

因为表现的范围极度扩张，所以可选择的风格也就自然而然地丰富了起来。艺术家可以天马行空地进行创作。厌倦了写实，可以变形；腻烦了实体，可以玩玩抽象。或许就是因为那长久被压制的创造

［法］罗丹：《地狱之门》，青铜，1880—1917 年，美国斯坦福大学 B. 杰拉尔德·坎托罗丹雕塑花园

力一夕喷薄而出，现代雕塑家们在表现人物、动物以外的内容，在以原始的激情来诠释生命的本质之时，那种同样充满着原始冲动的非写实风格，就成为艺术家们更热衷选择的表现方式。

总之，现代雕塑已经将"天方夜谭"变成了天经地义，它们在更大的程度上接近了"自在自为"。"它们的形状和比例是自己生长出来的"，造型本身即构成了一个完整的意义体系。所以，它们无须迎合任何人，无须投入任何固定的环境，它们在倔强的自我守望中也有了理想——它们只为愿意欣赏自己的人而绽开。它们终于可以掀开陈旧的面纱，在自然光芒的照射下，把流溢的光彩注入晨曦与暮霭之中。它们是自然的守护者，蓄势待发的生命热情是自然流淌的情绪，以或伟岸或轻盈的身姿加持着每一个春风拂过的日子，以不语的姿态安抚着每一缕与暗夜共患难的灵魂。它们是艺术家的痴与梦，是他们的智与敬。

不再屈从于实用的功能，不再像纪念雕塑那般被困于特定的位置，不再依附于宗教氛围的笼罩之下，不再从属于建筑物做其附庸——20世纪的宏大背景给了雕塑以重生的机会。民主意识取代了偶像崇拜，世俗精神解构了宗教迷信，巴洛克的浮华装饰被永久留在了泛黄的教堂图片之中，成为历史碾过的那道悠长的车痕。

第二讲 | 户外雕塑：迎接风雨，拥抱阳光

人类为自己创造了一个适于生活的世界，接受了各种体线面，因与果，动与静，形式与内涵。好像若是没有了这些依托之物，就没人可以生存下去。但生活不是人们唯一的追求，人类用水泥高墙建造的生存条件也许并不理想。奔走在现代社会中的人们，请你回忆一下最近的亲近自然是在什么时候？是在有着几颗寥落星辰的仲夏夜？或者是久远到那个瑟缩在棉服里、眼神被冰霜蒙住的寒冬？也许你在埋怨——看哪，这个世界的天空从来都是灰色的！正因如此，我们更值得为每一抹湛蓝而欣喜。

艺术与自然原本就是一对互诉心扉的闺中密友，你用柔嫩的手指轻拢我飞散的发丝，我赤足蜷缩在你的耳畔呢喃。自然的包容无时无刻不在宠溺着俏皮的艺术。在榕树下散落的诗稿上，在风干的花片中，在林间雕塑的阴影下，在雕塑家凿刻的笃笃声里，在一切可到达或不可到达的林泉高地，艺术游走着。

那么，是谁带领着雕塑艺术进入自然的领地肆意遨游呢？恐怕我们仍旧需要追溯历史。想在寻求答案的路程中望得更远，我们首先要站到巨人的肩膀上。众所周知，这位巨人就是在现代雕塑家中把架上雕塑引向户外的一位先行者——亨利·摩尔。

1898年仲夏的一天，英国西约克郡卡斯尔福德（Castleford）小镇的雷蒙德·摩尔（Raymond Moore）和玛丽·贝克尔（Mary

Baker)夫妇迎来了他们的第七个儿子亨利·摩尔。还在 11 岁时,小摩尔就梦想成为一名伟大的雕塑家。令人遗憾的是,尽管他后来在中学时期就在泥塑和木雕方面展现出了非凡的潜力,这个看起来不切实际的梦想在双亲的反对中仍然犹如困兽,难以施展。

1917 年,第一次世界大战战事正酣,时年 18 岁的亨利·摩尔应征入伍。作为所在战团最年轻的一名士兵,摩尔在试图成为英雄的浪漫想象中,懵懂却又顺利地挨过了纷乱的战争岁月。在此之后,他人生的转机到来了。作为退伍军人,摩尔得以享受再次接受教育的资助。于是,利兹艺术学院在 1919 年迎来了其首位雕塑专业的学生,甚至专门为他设立了雕塑工作室。

此后的数年光景中,刻苦学习得来的奖学金支撑着亨利·摩尔先后来到伦敦皇家美术学院和意大利继续学业。这段艺术的积淀时期帮助他扩展了美术和雕塑的知识,而他也正式步入了对古典传统的反叛之旅。这是一段颇具现代审美品格的开创之旅,所有这些思想的生发一方面根植于亨利·摩尔对原始艺术营养的汲取,一方面根植于超现实主义对他的提点。

身为超现实主义的同代人,亨利·摩尔将其作品的抽象风格发挥得淋漓尽致。他和在利兹艺术学院认识的好友芭芭拉·赫普沃思都受

[英]亨利·摩尔:《合手少女正面》,石材,高 38.1 厘米,1930 年

[英]亨利·摩尔:《母与子》,青铜,高 15 厘米,1939 年

到了艺术家毕加索、乔治·布拉克（Georges Braque）、让·阿尔普以及阿尔贝托·贾科梅蒂（Alberto Giacometti）的影响，他们常常拜访巴黎，并尝试了超现实主义的创作。

其实，无论是温情的创作题材，还是超现实主义的抽象创作形式，亨利·摩尔的作品因其率真质朴的"真性情"总能呈现出极具张力的辨识感。那些富有生命力的象征形体是亨利·摩尔为人类与大自然生生不息而谱写的赞歌。试问，室内阴暗逼仄的环境如何阻挡得住这赞歌的飘扬？他创造出的雕塑作品恰如其人，总是乐得在大自然对万物的呵护中汲取爱的光辉。就拿其经典的"母与子"形象来说，这一永恒而崇高的爱的主题，只有融入自然，得到山河草木的呼应，才能彰显此般大爱的亘古绵延。说白了，亨利·摩尔在雕塑史上那至高无上地位的确立，也正是由于其对环境雕塑的成功实践。

早在1936年，亨利·摩尔就受不了室内逼仄沉闷的氛围了。他睁着好奇的双眼转移到户外，仔细研究起自然中"有机形"的基本特征来。看得不尽兴，他索性拿起了素描本，描绘一切细小的自然形态——比如岩石、龙虾爪、贝壳、嫩枝、骨头、鹅卵石等——对其进行细微观察。画着画着，纸上的图像渐渐地站立了起来，就像神笔马良的魔法，一挥而就间它们就化身成为可感可识的雕塑形式：一片骨头变成一段躯干，一只贝壳化成半面头像，一块石头幻出一尊胸像……就连自然物表面受到自然力后留下的痕迹也被他记录了下来，并开始在自己的青铜作品上通过表面琢磨来模仿生命的自然形态。

自此之后，亨利·摩尔彻底在自己的意识中将自然风景与雕塑看作一个整体来构思。他像是战场上一个叱咤风云的指挥官，发出喝令，引导着架子上"懒洋洋"的家伙们走下来，摆脱掉人造空间的桎梏，去享受自然环境的抚慰。他总是环视天地万象，使雕塑造型完美，生动地契合于周遭的山林、原野、湖泊和建筑物。

在他目光聚焦的地方，蓝天白云映衬下的水色天光也成为作品不可分割的组成部分。不信的话，请瞧瞧他安置在青天碧水旁那些斜倚的人体吧。为了达到与环境色彩的协调和谐，亨利·摩尔独具匠心地

[英]亨利·摩尔:《双椭圆》,青铜,1966年,亨利·摩尔基金会雕塑花园

第二讲 户外雕塑:迎接风雨,拥抱阳光

[英]亨利·摩尔:《斜倚的人体》,青铜,长4.7米,日本箱根雕刻之森美术馆

利用化学腐蚀剂在青铜表面生成绿锈为"人体"披上绿色的外衣。此般因地制宜的做法，使雕塑不但得以和山川绿树互为掩映，而且演绎出了大山般巍峨的气势与力量。

除了恰到好处的色彩点缀，阳光的反射也被亨利·摩尔考虑在内。他创作出的那些被打磨得光滑圆润的大型青铜雕塑，总是能够在阳光的照耀下熠熠闪光。那跃动的光点在金属表面移动，就像是精灵飞扬的指尖，如梦如露，如泣如诉。亨利·摩尔并非神笔马良，没有将死物变活的神力。但经他创造出来的雕塑作品，总是呈现出一种生物形态的抽象，能够使人轻易捕捉到那内在的蓬勃生命力。这种由内生发的生命气质只有在生机盎然的户外自然环境中才能表现得淋漓尽致。它们不是大工业和机械化的产物，而是从大地深处破土而出，接受风霜雨露，自然生长，故而洋溢着与整个大自然息息相通的生命气息。

奈何，天才总归要回归上帝的怀抱。1986年8月31日，88岁的亨利·摩尔在家中永远闭上了双眼。终其一生，亨利·摩尔一直没有偏离对生命和自然的关注。户外雕塑的创作成为他未竟的事业。就像亨利·摩尔自己所说的："对我而言，一件作品首先必须具有其自身的生动性，我不是指其对生活之生命力的反映，也不是指运动、身体的活动、跳跃、舞蹈等的活力，而是说一件作品应该具备内在的力量，有它自身强烈的生命力，这些并不从属于它所再现的对象。"

虽然亨利·摩尔的生命消逝了，但见证他艺术才能的雕塑"斗士们"没有离开。它们的生命力依然蓬勃，它们也将世世代代守望在旷野晨风中，以坚实巨大的身躯护卫那位将架上雕塑带入自然怀抱的梦想家，并期盼他得以永眠。

在亨利·摩尔与自然共舞的和谐氛围之下，效仿他的艺术家自然不在少数。接下来，我们来看几件形态各异的雕塑。它们来自让·阿尔普的名作《人的凝固》系列。是的，你没有读错名字，阿尔普正是在用这些看起来抽象莫名的家伙来表现女性变形的躯干和她们曼妙的曲线及曲面。对体量感的传统塑造方式到了阿尔普这里改变了路线，

［法］让·阿尔普:《凝固的人》，青铜，高 3.2 米，1954 年，委内瑞拉加拉加斯大学城

第二讲 户外雕塑：迎接风雨，拥抱阳光

向着抽象的形体间的韵律和协调走去。他和亨利·摩尔一样，将姿态袅娜多姿的"女人们"安置在户外的晓风残月中。于是，公众和人体的距离被拉近，仿佛冰冷的现代世界又瞬时回归了原始生命孕育时期的蓬勃与躁动。寓意、联想和超现实的创作手段被他揉碎并包裹进白色的石头里，那夸张的女性形式特征，在树石草木的映衬和形体光滑起伏的曲线韵律中启发着人的遐想，给人以时光凝滞的沉静之美。

事实上，如果你观赏过阿尔普的其他作品，会发现他的作品大多形体饱满、抽象夸张，但他似乎不愿意用"抽象"一词来称呼自己的作品。相反，他选择把它们称作"实体"——于自然怀抱中观望人世的实体。也就是说，你眼中诡异夸张的石头部落，在他的眼中可是活生生的"美女""先生""老人家"。这可不是说他的精神有任何问题，这位拥有德、法双重国籍的雕塑家在 1905 年起就进入了魏玛美术学校学习了，这所学校后来成为著名的魏玛包豪斯大学——大名鼎鼎的世界现代设计发源地。

亨利·摩尔远离了他珍爱的土地，但后继者们仍在前行。最精彩的东西都不是独来的，它伴了所有的美好同来。如果说，是亨利·摩尔将雕塑与自然的和谐营造得井井有条，而阿尔普走在亨利·摩尔指定的道路上，那么后继者们要做的，就是将这自然的旗帜擎得更高，甚至不惜打破雕塑与自然和谐共处的平衡界限，使自然因素以更活跃的姿态真正介入雕塑创作。自然因素的介入，让我们听到了春风细雨中踏花而来的马蹄声，那声声清脆的"嗒嗒——嗒嗒——"为当代户外雕塑艺术的发展注入了新的活力，浇灌了新的血液。

人类仰望群星时，流星燃烧了自我奔向大地。它们以充满艺术感的姿态奔袭着，划过诗句编织的天际。你可曾在枝叶交握的森林中听过雨滴敲打叶片的声音？你可曾在"石幢一夕桃花雨，便有红鱼跳绿萍"的河畔绿茵上席卧，嗅着阳光清浅和煦的气息？激情的户外雕塑创作者早就以艺术之名锁定了这里，他们塑造的"使者"正和起舞的花花草草嬉戏在一起，对望间眼波里满是眨眼的星星。

生命的最显著特征就是"活生生的"，并且能够不断"生长"和"运动"。你也许会撇撇嘴："你在开玩笑吗？雕塑是无生命的、静止不动的！"但战后户外雕塑的确做到了如生命般生长。

它们巧妙地化身成为自然界真正的生物，积极主动地利用自然中的风、光、水、土来促进自身的创造，为雕塑增添运动的效果。你马上就要看到它们那扬扬自得的神气样儿了，那是它们在炫耀般的告诉你："喂！我们也可以拥有'生长'和'运动'的状态喔！"

下面我们就来看看，它们如何"生长"，又是怎样"运动"的吧。

若是想要创作的雕塑"活过来"，以便和自然进行亲密的互动，艺术家们常常会想到利用那些"自然范儿"的媒介，比如光。日光、月光、春光、水光……自然界中的光变幻无限，正如湖水中每一缕波纹的荡漾，都配合着日光的跳跃。

为了把握住造型和光线之间那妙不可言的联系，雕塑家们常常选择使用铝或不锈钢等反光性能强的材料，巧妙地借用它们"白皙的皮肤"。例如美国雕塑家肯尼斯·斯内尔森，一位以神奇的"张拉结构"而为人称道的结构雕塑家。"张拉结构"固然精妙，但我们可不能认

[美]斯内尔森:《自由之乡》,铝和不锈钢,9.1米×18.3米×18.3米,1974年,美国纽约风暴国王艺术中心

为斯内尔森一生只是在研究那复杂的结构实体。不能忽略的是,斯内尔森的每件作品都能充分运用独特的造型,继而创造出一种"闪闪发光"的效果。他的基本风格鲜明而独特,你总是能在绿葱葱的高地树丛前轻易地辨认出来:铝管和细的不锈钢丝互相穿插,好像是上帝悬在半空的巨型管状风铃。它们连接成复杂的结构,那金属皮肤反射的光芒好似给整个公园的绿地披上了晶莹光亮的水银纱衣。

斯内尔森的《自由之乡》如今收藏在纽约风暴国王艺术中心,你可以轻易在旅客的游记中发现它的踪迹,它已是这片风景中必不可少的一部分了。

浮在空中的、不同长度和方向的铝管在阳光的照射下反射出不同强弱的光线。观者可以追随着光点在它的每一个侧面观看,这情景就像手中握着枚遥控器,可以随时选择按下某个按钮来调节这些"风铃棍"上跃动的光斑。单个铝管反射的光又被旁边的管子反射,中间的无数不锈钢丝也在环境的渲染下散发出微弱的光芒,整座雕塑简直成了一个由阳光中的众多电子管组成的巨大荧光体。

它栖息在丘陵包围的盆地之中如同冉冉上升的星云，观众若在不经意间置身巨大雕塑的构架之下，周身就会仿佛被一团飘浮的云雾笼罩，如梦如幻。柔光的幻象创造出奇妙的美景，斯内尔森用他那双"发光的手"复活了沉睡的户外雕塑。从此运动代替了静止，变幻莫测代替了雕塑的永恒。

　　吉尔伯特·霍金斯（Gilbert Hawkins）在《四根柱子和光》中选用了和斯内尔森相近的材质。四根铝柱相互穿插成三角形，在阳光明媚的环境中，光线沿柱子向天空的方向蔓延，照射的角度不同，光线在柱子上形成高光的位置随之改变。上午，明亮的中心向上爬升，直达顶端，下午又回落地面。正午时分，强光直射在距天空最近的柱顶，使整件作品宛如一柄直指天际的亮剑，而大部分时间里，光线会在柱子两边形成"明暗分界线"，每时每刻的微妙变化使雕塑就像在不停地运动一样。这就好比在观赏一场永不落幕的"5D"电影，使你身临其境地感受每一丝光线的变化，品味每一个带给视觉惊喜的瞬间。

［美］吉尔伯特·霍金斯:《四根柱子和光》，铝，15.2米×15.2米×15.2米，1973年，美国纽约风暴国王艺术中心

[美]考尔德:《活动雕塑》,铝和钢材,9.1米×23.2米,1976年,美国国家艺术画廊

"自然范儿"的媒介当然不只有光,还有一位常年跋涉于山川漠野的行者。她偶尔顽皮心起,伴着桃花微雨吹皱一池春水;偶尔娟秀娴静,用纤纤玉手洒下落英缤纷。是的,她就是大自然中最行踪莫定的使者——风。

事实上,借助风的力量来为雕塑增添动感的手法,在当代户外雕塑创作中甚至比光要更为常见。在亚历山大·考尔德于20世纪40年代首先用风的辅助作用进行雕塑创作之后,战后户外雕塑的亮点已经不在于是否利用了风,甚至也不在于雕塑能否运动,而是如何通过风和雕塑的互动营造出朦胧而多义的艺术情趣。

这些作品也许不像上述那些"光的使者"般周身洋溢着柔和浪漫的神采。它们有着钢铁铸就的身躯,乍看起来让人以为是"头脑简单"的家伙。不过揭开其神秘面纱,明白个中关窍,就要由以如下神秘人物为代表的雕塑家们来说明了。

这位"风"的使者,惹人好奇的神秘人物究竟是谁呢?恐怕要聊起他的身份,我们还得回到1933年的中国上海。当老上海的电车伴着"叮——叮——"的铃声驶过那户窗棂摆满鲜花的洋房时,随着一声清脆的啼哭,意大利侨民马克·波罗·列维(Marco Polo Levi)和希夫·迪·苏维罗(Schiff di Suvero)夫妇在翘首企盼中迎来了他们的宝贝儿子。一阵柔暖的微风拂过,这个可爱的"洋娃娃"睁开了碧蓝色的双眼,炯炯有神地注视着窗外这个古老的东方国度。满心欢喜的苏维罗夫妇为他取名马克·迪·苏维罗。

1941年,苏维罗一家离开了上海,移民美国旧金山。20世纪50年代中期正是抽象表现主义在纽约盛行的时候,本来在加州大学圣芭芭拉分校学习哲学的苏维罗受了时代新风的召唤,将自己所有的精力奉献给了雕塑的创作。不幸的是,苏维罗在一场电梯事故中受伤而高位截瘫。

不过乐观的苏维罗没有放弃,他坚持复健,再次学会了走路,并且开始尝试用电弧焊机进行雕塑创作。大型户外雕塑从一开始就是苏维罗主要的创作形式,只是随着时代的推移,他对材料的探索不再局限于轮胎、废旧金属、结构钢和废弃建筑物上留存的木材,而是将目光对准了H型钢和厚钢板。

苏维罗的作品虽然使用H型钢铁结构作为基本元素,但却从不像瑙姆·加博(Naum Gabo)、弗拉迪米尔·塔特林(Vladimir Tatlin)、卡西米尔·马列维奇(Kasimir Malevich)、安托万·佩夫斯纳(Antoine Pevsner)等人的构成主义作品那样属于非生命的形态。他的很多作品总有个别部位可以摆动和旋转,恰如关节可灵活转动的"巨人"。风来了,它们摆起手臂打招呼,瞧那摇摆的轨迹,真是像极了在为歌唱的风儿打拍子。怎么样,那些能够随风而动的部分是不是为雕塑增添了十足的灵动之感呢?

也许,每一件作品都承载了苏维罗本人的渴望与情怀。在他的内心中,一定希望他的"巨人"孩子们可以在风的帮助下,代替他体验舞动的快感。他不但没有被身体的苦痛所打败,而且为可以亲自制作和安装他的作品而自豪。你们可以想象吗,就是这个曾高位截瘫的家伙率先把起重机作为雕塑家的创作工具。这在其他身体健全的同行面前，也是一个了不起的首创呢！

苏维罗独特而大胆的作品已驻扎在世界各地的雕塑公园内，过人的实力不但使他连续成为各大展览的话题人物，更帮助他在国际雕塑中心（International Sculpture Center）举办的当代雕塑评比中荣膺了终身成就奖。直至2013年，他终于获得了美国艺术和文学学院颁发的金质奖章。

在苏维罗作品当中，摇摆的雕塑像是在打招呼，接下来一位专注"打招呼"事业的"校园侍者"可就要隆重登场了。让我们把目光锁定马萨诸塞大学波士顿分校的定点雕塑公园（Art on the Point Sculpture Park）的《哈罗》（Huru）。"Huru"一词引自澳大利亚土著民族的语言，意思是"你好"或"再见"。是不是从这善意的名字就可以看出它友好的身份呢？无论你生活于地球的哪一个角落，亲朋相见或道别最常见的方式莫过于挥手。这件雕塑巧妙地利用了风，当微风拂过，你从它的面前路过时可一定要挥手致意，并请相信它也一定会挥起手来，报以同样的热忱。这样一幅在异国校园转角遇到"绅士"学长的特殊画面，一定给予了你十足的亲切感吧？

这个彬彬有礼的"大家伙"是如何做到的？雕塑家的智慧自然功不可没。雕塑放置在学校入口处的草坪中间，头部由两个横向金属条组合而成，整体感觉就像人类伸出的手臂，并且这双手臂可以在风提供的动能下围绕中心立柱旋转，运动的姿态看上去好似在迎送每一位光临学校的贵宾。能运动的还不只是手臂，雕塑的头部也可以像荡秋千一样摇摆，使冰冷无情的钢铁巨人霎时变得顽皮和淘气起来。最为奇妙的是，如果从另一个角度看，6吨重的头部立在单薄的立柱之上，只有一个插销结构做连接，使整个作品充满了动人心魄的戏剧色彩。中央立柱部分包裹着匀称的胸甲，头部像是宙斯的花冠，躯干四肢有如凯旋的骑士般刚强健美，再配合上颔首的姿态，似乎只要给它一柄重剑和一面盾牌，它霎时就可冲锋陷阵了。

光如斯，风如斯，你是否已在阳光和微风中领略到了户外雕塑与自然那美妙无穷的契合？其实，要品尝出大自然那"水光潋滟晴方

［美］苏维罗：《哈罗》，钢铁，高16.8米，1985年，美国马萨诸塞大学波士顿分校定点雕塑公园

［美］苏维罗：《哈罗》，钢铁，高16.8米，1985年，美国旧金山克里斯场公园

好"的味道,只有光和风可不够,春风吹皱的那一池春水同样动人。

自然中流动的水可以如"飞流直下三千尺"般湍急,也可以如"泉眼无声惜细流"般静谧,但无论哪种姿态,总能给人带来一种轻松愉快的感觉。雕塑公园大多依水而建,那浪花拍岸的声响无疑会使人即便漫步在仿若时光凝滞的空旷园林之中,也可以感受到生命的律动。

传统雕塑对水的利用也很常见,不过往往以喷泉雕塑为主,雕塑和水之间的联系只是为了呼应主题。历代雕塑家总是陷于对水池浮雕中那些与水相关的故事情节的解读,却没有真正表现出水和雕塑之间的本质关系。当代雕塑则拾起了这枚被遗落在视野之外的宝石,它们在形式方面自然地利用了水的特性,有些作品更是开始直接利用水构成雕塑的基本元素,使作品充满了惊喜与神奇。

在荷兰的克勒尔-穆勒博物馆暨雕塑公园(Kroller-Muller Museum and Sculpture Park)中,玛尔塔·潘的《漂浮的雕塑》就是这样一个神奇和浪漫的体现。艺术家灵光一现,在浩如烟海的材质中选中了白色玻璃纤维和聚酯树脂。它们显然是理想的合作伙伴,水的属性和雕塑的质感被巧妙地结合了起来。塑料的雕塑主体有着均匀的肌理且呈现出半透明的质感,漂在水面上,绿水衬白影,光线一半穿过雕塑,一半反射出柔和的光泽。浮力托举着雕塑,使水饱胀的张力充分显现出来,而轮廓线浸入水面的深浅则暗示着雕塑的重量。微风袭来,雕塑底部在水面上滑动和摇摆,俏皮的水波推动雕塑缓缓向前运动,优雅的姿态如同一只休憩的水鸟,若再来尾红色的游鱼凑凑热闹,就当真有了"白毛浮绿水,红掌拨清波"的意趣。这样一件充满综合特质的雕塑作品,不仅形象地使雕塑和水之间相互依存的关系一览无余,阳光、风、水相交融的乐趣也把这雕塑连同湖光山色一起绘成了绝美的画卷。

当然,除了那些变化多端的气象因素之外,深沉质朴的自然美景本身也足够风姿绰约。花香是自然的呼吸,枝叶是自然的手臂,它们的一颦一笑也能为户外雕塑的存在孕育出气韵生动而又超凡脱俗的崇

[法]玛尔塔·潘:《漂浮的雕塑》,玻璃钢和树脂,2.16米×2.26米×1.85米,1961年,荷兰克勒尔－穆勒博物馆暨雕塑公园

高气质。你大可带着这样的观赏心情步入美国纽约风暴国王艺术中心的入口,考尔德的《拱门》就在这里恭候你的光临。这件雕塑屹立在空旷的丘陵中间,仿佛是从这块土地中生长出来的一般。它高约17米,抬头仰视,连你的胸腔中都会充斥着雄沉博大的厚重感。它是个虔诚的家园守护者,从四周和空中看去,或凝重庄严,或轻巧通透。它一时像是某种动物的嶙峋骨骼,一时又恍若高大威猛的黑色巨兽,这黑色巨兽掌下的诡异和神秘,使观者始终无法揣度它深邃的意义。

万籁俱寂处,万物寡言。雕塑长久地在深沉中缄默,远离城市的喧嚣,孤高地屹立于高山和森林中间,仿佛随时都会爆发出一声凄婉嘹亮的长啸。不怪寂静的自然时刻加深着观众对凄凉之景的体验,因为它深黑的色彩已成为长眠于地底的印记,成为生命的纪念,纪念现代雕塑的不朽杰作终于在雕塑公园中找到了属于自己的乐土:精神为之永恒,忠骨埋于荒野。

[美]考尔德:《拱门》,钢材,17.1米×13.4米×11米,1975年,美国纽约风暴国王艺术中心

第二讲 户外雕塑:迎接风雨,拥抱阳光

  欣赏者在这荒野中尝尽了自然的馈赠和艺术的甘甜。作为一名流连眷恋于户外雕塑公园的欣赏者,我在享受这旷野之风抚触的同时,心中亦不胜唏嘘。自罗丹之后,国外的雕塑大师们虽也只是驻足于自己的一方天地,但他们仍旧有着共同的传承、钟爱和信仰,那是对美的传承,对自然的钟爱和对环保的信仰。他们迎接风雨,拥抱阳光,在快乐与满足中为无形的天光云影塑造出有形的轻盈身躯。他们每一缕思想的火花,都伴着夏花的绚烂而盛放于旷野之中。遥想国内致力于雕塑创作的人士,又几时才能够摸索到那条通往碧海蓝天的艺术之路呢?它也许并不遥远,也许就在眼前,静待着你我拨开杂乱的草丛,在自然中发现它的所在。

第三讲 | 战后欧美雕塑：钢铁侠与巨无霸

"是令人恐惧，还是令人尊敬，我想二者兼顾！"看到这句熟悉的台词，想必细心的你已经想到了 2008 年上映的美国超级英雄电影《钢铁侠》。这部美国科幻大片改编自漫威漫画，讲述了发明家托尼·斯塔克在危机中制造了一套高科技盔甲，化身"钢铁侠"保卫地球的故事。也许你还沉浸在片尾两个钢铁人的终极对决中，回忆着主人公那身赋予他强大力量的全新钢铁衣——不过，你的视线该收回了，让斯塔克先生继续在喋喋不休中拯救普罗大众吧，我们且去瞧瞧"二战"后西方雕塑界那些同样炫酷的"钢铁侠"和"巨无霸"。

第二次世界大战的硝烟不仅给西方世界带来了百废待兴的沉寂，也刺激了这些躺在基座上安逸的"家伙"：西方户外雕塑突然以一种更加自信和骄傲的风格出现在世人面前，似乎它们才是从战场上凯旋的将领。让我们看看都是谁在 20 世纪五六十年代缔造了这样的新风格吧：马克·迪·苏维罗、考尔德、利伯曼、肯尼斯·斯内尔森、理查德·塞拉（Richard Serra）、理查德·弗里德伯格（Richard Friedberg）、伊萨穆·诺古基（Isamu Noguchi）、吉尔伯特·霍金斯、戴维·冯·施莱格尔（David von Schlegell）、罗伯特·格罗夫纳（Robert Grosvenor）、帕特里克·多尔蒂（Patrick Dougherty）、托尼·史密斯（Tony Smith）、乔尔·夏皮罗等，他们中的有些人至今仍活跃在西方雕塑的舞台上。

[美]苏维罗:《小舞者》,钢材,14.4米×16.8米×7米,2005—2011年,美国旧金山克里斯场公园

第三讲　战后欧美雕塑：钢铁侠与巨无霸

在我向你介绍他们中的一位之前，让我们换个方式引出这位雕塑家的身份。他是位美籍俄裔雕塑家，同时在时尚摄影方面也有卓越的建树。他曾是国际杂志巨头康泰纳仕出版集团（Condé Nast Publications Inc）的编辑总监，对旗下的所有杂志都有决定权。你一定以为我跑题了，不，我是在向你表明，他在六位主编（要知道总共才有过七位主编）都曾被残忍辞退的情况下，保全自身，在最顶尖的职位上连续掌权，可见其手段非同一般。是的，他就是雕塑《契约》的作者亚历山大·利伯曼。

在利伯曼87年的生命中，除了对权力的掌控欲望，他在雕塑领域不断试验与探索的野心也从未衰竭。比如，他总是对废品金属装配兴致勃勃，通过大型锅炉零件和其他弯曲要素的启示之后，他的精力转向了圆柱形纪念雕塑的创作。这件位于美国费城宾夕法尼亚大学的红色"巨无霸"《契约》显然就是典型之作。这一组极具视觉张力的红漆钢柱高15.24米，张牙舞爪地匍匐于校园的综合建筑之间，醒目张扬，却又好似一个烟客将腿蜷起仰躺于地，恣意吐着烟圈儿，真是有趣的视觉碰撞。而在这"巨无霸"骨架的支撑下,校园里的楼群似乎被红色的桥梁所连通。利伯曼并没有交代为何这个家伙名叫"契约",我们可以大胆猜测一下,或许就是这"红色桥梁"以刚硬的身躯将建筑群捆绑在它的势力范围之内,用倔强霸道的姿态和建筑群订下了舍我其谁的契约。这只是最直观的猜测,博诸君一笑。不过在现代社会中,这种材料对生活的强力切入也确实昭示了现代雕塑在都市环境中个性独特的审美功能。

也许你横竖也没有在这个大家伙身上读出任何端倪,这并不奇怪。利伯曼等雕塑家的风格已经几乎达到了完全抽象的地步,至少观众已经不能单纯凭直觉替它们在人物、动物、植物之间寻亲,有些作品即使在看过标题之后也很难说清主题和造型之间有何种关联。苏维罗用I型金属条组合成钢铁的"怪物",利伯曼用红色铁柱与被切割的大片金属焊接在一起,它们只是一个复杂的形状,不说明任何内

[美]利伯曼:《契约》,钢材,13.7米 × 10.4米 × 20.4米,1975年,美国费城宾夕法尼亚州立大学

容，不暗示任何意义，它们中的每一位都是雕塑界的哲学家，嘴角露出高深莫名的笑意，它们只是为了存在而存在，标题自然也就成了多余之物。

它们显然也意识到了这一点，懒得再费劲将自身摆在某个被定义的笼子里，于是它们的名字被彻底丢弃了。乔尔·夏皮罗在旧金山美术博物馆、纽约大都会艺术博物馆楼顶花园、波士顿美术博物馆及雕塑公园的二十多件作品全部称为《无题》。不过，也许只有这样才能更好地说明夏皮罗的意图，事实上他已经心疼这些雕塑好久了——它们只是一个活泼的形状罢了，为什么偏要赋予它们那么多深刻的思想？

不过，如果你由此便认为夏皮罗是个随性搞怪、全无逻辑的贪玩老头儿的话，那可就错了。事实上，这位美国当代著名雕塑家早就以充满活力的矩形拼接作品而闻名于世，巧合的是，他和中国也有着一段渊源。广州美国新领事馆前的雕塑作品《当下》就是他在2013年创作的。这件作品也是个几何体拼接而成的大家伙，虽然我们无法从它的躯干走向上悟出什么象征意义来，"当下"这个词本身也没有特定所指，但是它通体的蓝色给广州这个活力四射的城市带来了沉静。也就是说，它也不是全无思想。为了表示自己和这件"当下"一样"别致"且有思想十足，夏皮罗在雕塑落成当天身穿一件和"当下"颜色一样的亮蓝色夹克亮相广州四季酒店顶楼，真真儿是一场个性张扬的"现身说法"。

夏皮罗甚至自称是现代主义中的传统派，他的作品看似抽象，实则传统，"不仅要看到作品所传递的积极向上的东西，还希望欣赏者能够看到作品中所包含的个性"，夏皮罗笑起来憨态可掬，他总是这样精神矍铄，戴着一副睿智的黑框眼镜："现代艺术更注重人性的表达，人类的个性和共性都会成为现代创作的主题。我不会去描述一种具体、狭义的形象，比如林肯纪念像。对我来说，创作体验中最重要的就是开心地玩、自由地试。这种力量是普世的，也是超越文化界限的。它正是艺术的本质。"

［美］夏皮罗:《当下》，钢材，高 6.9 米，2013 年，广州美国新领事馆

[美]夏皮罗:《失去与重建》,钢材,高8.4米,1993年,美国华盛顿特区美国大屠杀纪念馆

是的,夏皮罗所要传达给我们的,就是艺术所具备的这种普世的力量。不过,即便这位"老顽童"一直极力推崇所谓"开心地玩"与"自由地试",我们也并不能就此忽视其作品的思想性和耐人寻味的人性力量。他是在用诙谐抽象的形式和整个宇宙与人类进行心灵的对话。

早在1970年,夏皮罗就举办了自己的首个展览。在那之后,这位纽约雕塑家的作品就华丽地入驻了世界各地的博物馆。35年之后,法国文化部授予了这些各大博物馆"常驻嘉宾"的生身之父夏皮罗"艺术与文学骑士勋章"。也就是说,在雕塑公园内外的"营区"中,夏皮罗创造出的"钢铁生灵"们一跃而升为了"骑士之子"!而这群"骑士之子"中,最具血性与人格光辉的是这一位——大型青铜雕塑《失去与重建》。它的面世源于华盛顿特区美国大屠杀纪念馆的委托。

这个身躯雄壮的"大家伙"矗立在纪念馆入口处的广场中央,通体冰冷黝黑,满面肃杀。它的母体由两件子雕塑构成,较大的那尊高耸如树,好似在苦难折磨中挣扎喘息的人类;小的那尊与之相距30米,轮廓四四方方,形态摇摇欲坠,就像一栋倒挂在硝烟中即将分崩离析的房子。扭曲的人体与破碎的房子隔空相望,无声的对话中尽显战争的激烈与残酷。为了纪念那些在大屠杀中惨遭屠戮的无辜孩童,一首犹太儿童所写的小诗被夏皮罗别有深意地附在了雕塑旁边："很久很久以后，我会再度好起来。那时我想活着，再度回家。"

我想，夏皮罗在被孩子质朴的愿望感动之后，是一直怀揣"再度好起来"和"再度回家"这般美好的信念来进行之后的创作的。在眼下这个现实社会中，孩子眼中所谓永远平静祥和的"家"究竟在哪里呢？夏皮罗把雕塑公园设定为了这样一处没有烦扰与伤害的所在。孩子们纯净的灵魂被他熔铸进了每一件用心完成的作品之中，从此伴着天光云影、鸟语花香而永生于雕塑公园。

以夏皮罗为代表的雕塑家们将他们"侠骨柔肠"的浓情一面赋予了这群"钢铁侠"。谈完他们，我们且来说说"巨无霸"。

随着时代发生变革的不只是雕塑所采用的各种不同属性的材质，户外雕塑的体型在同一时期也突然变得十分巨大。如果说，苏维罗、弗里德伯格、克莱斯·奥尔登堡和库斯杰·范·布吕根这些出生在20世纪三四十年代的年轻雕塑家偏爱好大喜功的巨大风格只是受到时代影响的个例，那么出生在19世纪末20世纪初的雕塑家，比如考尔德和利伯曼，也于20世纪60年代突然转向了巨型风格，就是个值得关注的现象了。我们不妨用数据说话，他们作品的平均高度可是都达到了6米以上！无论是考尔德的《红太阳》《高速》《女孩的连续体》，还是《鹰》《火烈鸟》《山和云》，这些于20世纪60年代以后创作出来的大型作品，从降生之日起，就从未将它们高昂的头颅低下。

如果你认为6米的高度说明不了什么问题，那么在克莱斯·奥尔登堡和库斯杰·范·布吕根创作的《大泥铲》《棒球棒》《克鲁索伞》《闪光》《锄头》《橡胶软管》《猛拉树桩》《容量支撑的管子》《倾倒的梯子和泄漏的油漆》等这些作品中，有的甚至超过了10米。当罗丹的架上雕塑还温顺地小憩于博物馆的灯光之下与观者四目相对之时，这些"巨无霸"可是已经凭借着将近三层楼的高度霸气地俯视我们了。

1929年1月28日出生于瑞典首都斯德哥尔摩的克莱斯·奥尔登堡是波普艺术家中最激进、最富有创造性的一个。1976年，在经历

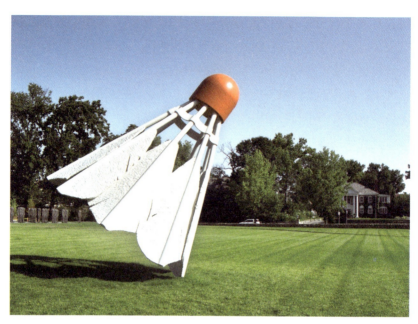

[美]克莱斯·奥尔登堡、库斯杰·范·布吕根:《羽毛球》(四件之一),铝和塑料纤维,5.6米×4.6米×1.2米,1994年,美国堪萨斯城纳尔逊-阿特金斯艺术博物馆

了一段用涂鸦般的手法组合废弃材料的艺术实践之后,他开始进行具象的实物艺术创作。

奥尔登堡的实物雕塑有许多,不仅形态上都是大块头的"巨无霸",而且在材质上他也有自己雷打不动的坚持。那就是,他似乎想把日常生活中所知所见的任何物品都转化为艺术品。

举个例子来说,他曾用有色帆布和填充塑胶泡沫制成了庞然大物——《巨无霸》。这件作品取材于美国快餐王国中具体的食品形象。相较于为人们带来食欲,奥尔登堡通过这个体积巨大的家伙带给人们的更多是一种怀疑的感觉。这样的快餐食品形象是美国快节奏商业文化中最有力的象征物之一,艺术家对其进行模仿和移用,并有意加强了其影响力度和冲撞性。它的空前成功,使得美国商业社会和工业社会诞生了某种新的图腾崇拜,平凡生活中的事物自此转化为一个壮丽的奇观。

［美］克莱斯·奥尔登堡、库斯杰·范·布吕根：《大泥铲》，钢材，87.5米×16.2米×12.8米，2001年，美国大急流城弗里德里希·梅耶雕塑公园

［美］克莱斯·奥尔登堡、库斯杰·范·布吕根：《橡胶软管》，钢材，高约11米，1983年，德国弗莱堡斯图希林格公园

奥尔登堡还提出了一个"雕塑纪念碑"的概念。也就是说，除了将日常生活用品巨型化的创作方式，他还力图将世俗的东西转化为一种场所化的雕塑，并希望通过它们来取代那些传统的纪念雕塑，完成艺术现代化的全面转型。商业社会的飞速发展打开了奥尔登堡飞速转动的视域和思维，他正是于无所不在的琳琅商品中获得了实物创作的灵感和源泉。他欣喜于他的发现，所以立志要以最为高大和醒目的方式展现他的奇思。观赏他的"巨作"，完全是一场充满荒诞、惊奇和喟叹的旅程。不信你瞧，一枚小小的衣夹在他手中摇身一变成为硕大的景观雕塑，屹立于广场中央的不是常见的音乐喷泉而是一管巨大的女用唇膏……这简直是一个用巨大实物构成的现代迷梦。

怎么样，是不是非常神气？现在我们来认识另一位"大块头"之父考尔德。作为20世纪雕塑界重要革新者之一的考尔德，出生于美国宾夕法尼亚州的雕塑世家。他的祖父亚历山大·米尔恩·考尔德（Alexander Milne Calder）和父亲亚历山大·斯特林·考尔德（Alexander Stirling Calder）皆为知名雕塑家。但尽管天生条件优越，旁人也许仍旧难以相信，这家的小孙子居然会在日后成为美国最受欢迎、在国际上享有崇高声誉的现代雕塑艺术家。

不过，如果你是他家的邻居或者亲戚，或许会嘲笑我见识浅薄了。因为小考尔德确实在11岁的时候就表现出了惊人的创造才能。他很快就不满足于把自己倾心热爱的艺术作为副业。1923年，25岁的考尔德考入纽约艺术学生联盟学习，在那里接触了简单的铁丝雕刻和传统的木制雕刻。

在不断的思索和钻研中，考尔德利用手中简单的铁丝完成了其第一件"动态雕塑"作品——《金鱼缸》。说起来，"动态雕塑"（mobiles）一词还是在考尔德创作出《航行》之后，由杜尚提出的。此后他不断发展自己的雕塑理念，更大、更复杂的动态雕塑作品从他手中创作而出，而他的精力也正式转移到户外，开始了与风、光结合的大型景观雕塑的创作。

那么，是什么促使他将自己的创作重心由结构复杂精致的铁丝雕

[美]考尔德：《红太阳》，铝和钢材，高25.6米，1968年，墨西哥城阿兹特克体育场

塑转移到巨型户外雕塑上面的呢？这恐怕离不开少年时流连于机械领域的工作经历、彼时的时代背景及艺术思潮的影响。

20世纪20年代末，受未来派与现实主义的影响，考尔德于1929—1930年创作的铁丝作品不再执着于外形的相似，而是转而关注一些较为抽象的形态。他与抽象艺术就是在彼时结缘的。那些积极与超现实主义、构成主义和荷兰风格派主要艺术成员交往并互相影响的日子，为他成为20世纪最具创新与抽象感的艺术家奠定了基础。

1934年，不甘墨守成规的考尔德向重量系统与平衡的结构关系发起挑战，开始制作更加高大且具有开关或机械操作的动态雕塑。这样的创作方式，光是听起来就异常复杂。但考尔德胸中填满了想要创新的欲望，由作品尺幅变大而带来的随机性和不可预测性极大地满足了他的创作快感。尽管随之而来的机械组成问题逐渐凸显，但这丝毫没有影响他对创新形式的热衷。

想必是感受到了挑战的刺激，接下来的二十年时间里，考尔德可谓倾其心血于户外大规格作品的创作。他在1939年应纽约现代美术馆的邀约，为爱德华·德雷尔·斯通（Edward Durell Stone）设计的国际风格大楼创作雕塑《龙虾陷阱与鱼尾》。这件巨大的动态雕塑有将近3米宽，是考尔德"二战"期间创作的户外作品中规格最大的一件吊挂动态雕塑，也正是这件作品为他奠定了公共艺术家的地位。

地位奠定之后，考尔德创作公共艺术的时期集中于1953—1976年，战后的百废待兴使得建筑浪潮在世界范围内翻涌。20世纪五六十年代，大量的公共空间亟待装点，其中不乏各类城市广场、机场、会所厅堂和美术馆。大型户外雕塑在彼时已经成为考尔德作品的主要形式，抓住了战后复建时期浪潮的他，开始为特定的地点设计巨型动态雕塑，使自己的作品"驻扎"到了更多的地方。

考尔德一生勤奋创作，1974年，76岁的他还应美国国家画廊的委托，为贝聿铭设计的东大楼创作了其一生中最后一件大型作品《动态》。为了装点这幢新的玻璃大楼，国家画廊委托了许多艺术家为它设计作品，大师考尔德自然是首位被邀请参与的。这件考尔德的告别巨作，在他去世后约一年才得以完工。

考尔德一向被视为美国现代艺术荒原上一位卓越的垦荒艺术家。站在他的作品面前，你总能快意地欣赏变化万千的造型艺术之美。可以说，不仅仅是在美国，他的作品以"大块头"的骨架和独特的创作方式完全打破了国家之间的界限。

欣赏完了包括考尔德在内的众多现代雕塑大师的作品，现在是我们思考的时候了：究竟支配战后户外雕塑风格发生变化的根本原因是什么呢？也许我们需要在现代雕塑内部矛盾向对立面转化的结果中寻找答案。

众所周知，亨利·摩尔在创作后期已将其特有的有机形态塑造得越来越抽象化，这离不开超现实主义思潮的影响。在西方现代雕塑发展的早期阶段，按照亨利·摩尔的思路创作的雕塑家还有很多。他们的启蒙老师可以追溯到布朗库西和爱泼斯坦（Jacob Epstein），而阿尔普、赫普沃思、利普希茨（Jacques Lipchitz）、海利吉尔（Bernhard

Heililger)、约阿希姆·贝特霍尔德（Joachim Berthold）、彼得罗·卡谢拉（Pietro Cascella）、阿尔贝托·维亚尼（Alberto Viani）、拉斐尔·贝纳齐（Raffael Benazzi）等雕塑大师也和他们并肩同行。

　　时间的步伐推进到这里，你可能会有疑问，包括亨利·摩尔、阿尔普在内的雕塑家们已经进入现代派的自由花园，为什么他们的作品依然被生命形态所捆绑？诚然，亨利·摩尔对生命形态的模仿开始成为阻碍现代雕塑继续发展的桎梏。尽管亨利·摩尔晚期创作过一批更加抽象、体型更加高大的作品，如收藏在日本箱根雕刻之森美术馆的几件作品，平均高度都达到了三四米，显示出超越自我的征兆，但他做出改变的决心下得不足，这些微不足道的变化仍不能使他摆脱人形、铜雕、有机物的限制，这点很遗憾。

　　正是在这样四面楚歌的时刻，战后户外雕塑开始从内部压抑的矛盾状态中挣脱出来。它们高嚷着重获解放，豪迈地冲出囹圄，这样的重生促使它们变成初生牛犊不怕虎的青年斗士，每一甩头都能抖落出一地重新使现代雕塑赶超时代步伐的信心。

　　亨利·摩尔的雕塑服从于自然，以生命体为原型，像是个摆出优雅得体的姿态，在海滩边轻啜冷饮的女子，曲线优美，眉目温婉柔和。而战后户外雕塑则体现出一种超越自然的自信，不再简单地模拟自然，而是像刚刚战罢归来的钢铁侠，身披铠甲，屹立于自然中，接受自然中的阳光、风、水对自身造型之美的塑造，那举手投足间的气势反而提升了自然之美。也许你发现了，它们和自然的关系倒有些类似于人和自然之间的关系。文明初始阶段，人类看到了世间的广阔和自身的渺小，他们畏惧自然的杀伐决断，像畏惧火山爆发、洪水席卷和野兽侵袭一样，表现出躲避自然的无知状态。亨利·摩尔的雕塑恰好揭示出这种敬畏俱存的复杂情怀，光滑的外表、通透的孔洞、母与子的题材……无不表现出一种面对神秘之物的敏感与胆怯、忐忑与伤感。

　　而文明发展之后，自然资源为日益强大的人类所利用，人类在畏惧中假想的"神灵"走下神坛，成为促进人类生存与繁衍的资源。压力与挫折再也抑制不住斗争的激情，战后户外雕塑展现出的正是这样一种厚积薄发的昂扬状态。它们的造型更加自由，与有机形无关，甚至与任何可以讲得出的名头和叫得出的名字无关，而是像个真正的侠客一样，以几何化、挺拔刚劲的钢铁皮肤来对抗曲线风格的绵软无力。

在色彩方面，亨利·摩尔的雕塑以模拟自然色彩为己任，它们使用任何想得到的方式来寻求与环境和谐一致。战后户外雕塑显然有着更加任性的想法，它们认为"勾魂摄魄"才是值得骄傲的事情，所以故意使自己在环境中显得格外突出。可以露出时下最为时髦的烈焰红唇，也可以画上不羁的烟熏妆，它们的铝质皮肤在阳光的照耀下发出不可一世的光芒，骨子里散发出特立独行的张狂气质。

然而，任性的小孩总是容易受到"乖宝宝"们的孤立，变得不合群起来。户外雕塑彰显个性的同时也使自己变得无所适从了，它们对自由的向往已经使自己与世俗和功利的城市"格格不入"。

这种"格格不入"最鲜明的体现就是，它们在密集的钢筋水泥中几乎没有立锥之地了。恐怕我们每个人对自己所在城市的回忆当中，都不会在某个转角处蹦出一个雄伟到遮天蔽日的钢铁斗士。在城市中，能够摆放大型雕塑的场地无外乎中心广场、交通枢纽广场、街道两侧与建筑前等，但是显然这些地点都不是放置高大的抽象雕塑的理想之地。还有一种类型的广场，既不属于中心广场，也不属于交通枢纽，没有特殊的政治意图，完全为了满足人们的休闲需要而建立，而且面积较大，这种类型的广场实际上倒是比较接近于公园，可以考虑发展成一个小型雕塑公园。而中心广场作为体现政治意图的场所，需要的是特定内容的纪念雕塑与其相对应，它们不会收留入不了庙堂的"野孩子"。

排除了中心广场的可行性，那么钢铁侠和巨无霸们突如其来的巨大体型是否适宜放置在交通枢纽上呢？当然不！当这些身高10米、不需要地基的异形高楼，以向两侧延伸的动势和坚硬的墙壁横亘于车水马龙的街道，再加上过于艳丽的色彩，驾驶员的注意力恐怕想不分散都是个难题。

除此之外，就只剩下建筑门前和街道的两侧，这些地点空间有限，

［美］克莱斯·奥尔登堡、库斯杰·范·布吕根:《棒球棒》,铝,高30.8米,1977年,美国芝加哥社会保障管理局大楼外

［美］克莱斯·奥尔登堡、库斯杰·范·布吕根：《克鲁索伞》，钢材，11.3米×11.3米×17.7米，1979年，美国得梅因市政中心

在国内也就仅仅够几个家属区内的孩子跑闹戏耍，完全不能满足现代雕塑发展的实际需要。不过话说回来，即便这些地点可以放置雕塑，那么人们将再次陷入必须考虑能否使雕塑和建筑协调一致的桎梏中去。雕塑将再度没落为建筑的装饰，"自在"的个性也就荡然无存了。

寂独的黄昏，幕着雾和雨。战后户外雕塑迫切需要掀开雨幕，重新在寂独的踌躇中找到一个适合生存的家园。雕塑风格的变化意味着观念的革新，这群"钢铁侠"和"巨无霸"锐利骄傲的眼神在此刻变得茫然，它们成为缺乏安全感的孩童，蜷着庞大的躯体，无法伸展拳脚。它们亟须一种新的美学体系来为自己的存在而辩护。令人欣喜的是，这个万众期待的家园在时代的发展和人们的摸索中应运而生了。"大家伙们"咬了咬牙齿，踏上了自我拯救的征程，它们从祭坛、墙壁、广场中走出，冲破藩篱，获得自由，成为名副其实的现代雕塑。它们以彼此为慰藉，在现代派的理念下互相扶持，重新组合成了一种特定的"雕塑集中摆放形式"——雕塑公园。雕塑公园在20世纪五六十年代的出现，成为灌溉户外雕塑发展的及时雨，它为现代雕塑找到了一个新的生存空间，使雕塑重归自然的怀抱，而雕塑公园自然成了当代户外雕塑得天独厚的"实验场"。

雕塑公园作为这些"大家伙"的乐土，也同样收容了在城市中疲累的人们。戴望舒有句诗吟得好："当你鬓发斑斑了的时候，当你眼睛蒙眬了的时候，金色的贝吐出桃色的珠。"诚然，我们大多数人都怀揣着一颗"金色的贝"，茫然地穿梭于钢筋水泥筑造的"巨兽"的齿缝间。有的踽踽独行，有的横冲直撞，少了秋日私语的浪漫，没了击筑而歌的兴致。"金色的贝"在脸庞镀上欲望的金粉，油光刀剑不入，却又可笑地长出浮华而躁动的褶子。但总有一天，在一个美好的地方，在一个美妙的时刻，这层厚浊的金粉会被原野的清风吹散，人们回归本真的自我，吐纳间满是野花的香气。也许，这就是雕塑公园在现代社会中无可替代的魅力。它不仅以包容的胸怀接纳了这些肆意张狂的钢铁斗士，也为人们提供了与自然邂逅的方式，恰似一颗"金色的贝"吐出了"桃色的珠"。这一刻，人们选择和这些雕塑一样静默不言，只求心与天地共澄明。

第四讲 ｜ 定点雕塑：天造地设

在今天的欧美雕塑界广泛流行着这样一个术语——"定点艺术"（Site-specific Art），特指那些为了某一地点而专门创作的作品。雕塑能够与环境和谐共处，对于雕塑家来说，他们在构思的阶段就需要充分考虑地点与环境的因素。

在雕塑公园出现的早期，雕塑家和户外博物馆的创始人还只是"小雅怡情"。他们或许沉浸于雕塑得沐天光洗礼的惬意中，却并没有认识到这一新生事物日后将发展出使雕塑和自然紧密联系的趋势，而只是以"权宜之计"来布置雕塑。但星星之火一旦点燃，总有一天将成燎原之势。雕塑公园作为一种新事物的出现，就像是上帝为大地艺术点燃的一颗火种，自降生之日起便体现出一种主动创造的精神。它们就如同千娇百媚、举止得体的姑娘，总能独树一帜地量体裁衣，选择适合自身存在的自然环境。

今天的大型雕塑公园早已不只是城郊的一片开阔地，而是已广泛地匍匐于平原、丘陵、高山、森林、海岸、海岛、河岸等多元的地形之上。宽广的空间和舒适清新的郊野晨风使艺术家们的创作更加自由，多变的自然环境为雕塑与自然的融合创造了得天独厚的条件。于是，定点雕塑也在这一片风声缱绻中应运而生了。

那么，艺术家如何创作定点雕塑呢？

艺术家们厌倦了埋头于昏暗逼仄的狭小空间内进行创作，然后再

[韩]李宰孝：《0121-1110=10210》，木材，3.5米×3.5米×3.5米，2002年，爱尔兰林地雕塑公园

颠簸坎坷地将这些或脆弱或庞大的"家伙"关进集装箱，运送到雕塑公园中进行安置。雕塑公园存在的本意已经越来越趋向于使雕塑融入自然，征集而来的"他乡之客"若能和周围的自然环境和谐共处倒也罢了，但若是出现"水土不服"，则非但体现不出艺术家创作的内涵，更会使艺术家和公园管理者头痛难忍。

当你有了信仰，并不断为这信仰而摸索、琢磨，那些新的点子总会如烟花般绽放于脑海之中，为你照亮荆棘下的前路。于是，有些善于巧思的"医生"开始试图打破僵局，治疗雕塑公园中那些征集和委托而来的雕塑作品"水土不服"的症状。20世纪70年代以后，在越来越多的艺术家眼里，自然景色与雕塑相互配合所创生出的美妙意境总是如此清幽神秘，引人探寻。那些充分利用了自然中风、光等因素的雕塑开始在雕塑公园中"自然生长"出来，俨然将雕塑公园打造成了"前卫"雕塑的"实验场"。

艺术家们受邀来到各个雕塑公园中进行实地考察，创造出和此地自然环境紧密结合的雕塑作品，一举治愈了那些"外来客""水土不服"的顽疾。游人除了欣赏雕塑作品之外，从此可以彻底体验到原始

定点雕塑：天造地设

自然生态的丰富与多变。

那些由艺术家量身打造的雕塑将永生守望在真正的家园之中，它们仿佛是从脚下的土地中长出的一样，酣然沉醉于专属于自己的一方乐土。尽管单个雕塑之间并不存在必然的联系，但由于每一件雕塑都和它们所在的地点紧密相连，所有雕塑又共同生活在一个笼罩一切、风格统一的自然生态之中，因此它们所处的雕塑公园也仿佛霎时成为一个鲜活生动的"艺术作品"。公园设计者威廉·卢瑟福（William Rutherford）是这样形容的，伴随着定点雕塑强烈的自然代入感，雕塑公园在彼时成为"一个加进了许多小雕塑的大雕塑"。

我们说到这里，想必你已经明白了定点雕塑是怎样出现的。那么，如今在那些蜚声世界的大型雕塑公园之中，定点雕塑们正保持着怎样的生存状态呢？艺术家们又是如何赋予它们生命，使它们仿佛天造地设般扎根于足下土地的呢？

下面，请跟随我进入今天的旅程，来到沉静的旷野抑或是幽深的密林中窥探一二吧！

让我们首先在亚平宁半岛登陆，来到意大利声名显赫的艺术之城佛罗伦萨。

对于佛罗伦萨的名号，热爱艺术的你一定早已听闻。但也许你想不到的是，对于当代艺术而言，佛罗伦萨可并非乐土。你猜到原因了吗？其实并不难理解，老牌艺术之都的肩上承袭的历史总是过重，繁极一时的过去不容许这里的人们低下高昂的头颅而接受前卫者的挑战，不甘心的佛罗伦萨人总是对当代艺术充满敌意。不愿冒险的他们一度被公认为是保守的传统主义者。

但是，总有不怕招惹"卫道者"的"硬骨头"出现。在靠近普拉托（Prato）西北的皮斯托亚（Pistoia），一个世界一流的私人雕塑公园——切莱的朱利亚诺·切莱农场（Giuliano Gori Fattoria di Celle）——向公众开放了。公园里汇聚着大量由国际一流先锋艺术家专门设计的户外雕塑精品，堪与美国风暴国王艺术中心相媲美。很显然，这对于佛罗伦萨人已经受伤的自尊心来说无疑是雪上加霜。

[美]詹姆士·特勒尔:《恢复元气》,混凝土,2005年,蒙特梅迪奥当代艺术中心雕塑收藏

但对于定点雕塑在意大利的创作和发展来说,可是起了至关重要的作用。

切莱农场坐落于佛罗伦萨和皮斯托亚之间的一片幽静之地。20世纪80年代初期,朱利亚诺·戈里和家人来到这里,从此,在他的管理和打造下,这里悄然成为收藏定点雕塑艺术的宝地。许多享有国际知名度的艺术家被邀请进驻这里,公园和田地的户外空间俨然成为他们挥洒艺术之光的"露天工作室"。经过他们汗水和才思的浇灌,切莱农场摇身一变,成为世界范围内拥有大量雕塑作品、大地艺术作品的胜地之一。

那么,戈里究竟为什么要搬到这里建立并打造切莱农场呢?说来还是为了实现一个已经在他的脑海中形成了相当长一段时间的想法,他想要看看,当代艺术家们会如何来回应这样的提倡:"自然空间将成为一件完整艺术品的一部分,而不再是只作为艺术品的陈列馆。"之所以会有这个想法,是因为他受到遍及20世纪70年代整个欧洲和意大利重要展览的大地艺术的感染。在参观这些展览时，戈里注意到艺术家们往往会采用暂时性的材料来打造专门的空间进行作品展示。既然如此，何不变"暂时"为"永久"，以更合适的方法将作品代入到真正契合的环境空间中去呢？

伴随着戈里的疑问，一个咨询委员会在1981年成立了，阿姆农·巴泽尔（Amnon Barzel）被任命为这个项目的管理者。因为那些受邀参与者的回应还算热烈，所以关于艺术家如何在特殊空间工作的问题在一开始就得到了解决。对这里的每个创作项目来说，挑选出来的艺术家会被邀请到公园里参观，并且只要有必要就留在那里，讨论细节以及创作中可能会遇到的问题。

进行定点雕塑的创作是艺术家们驻扎在此最基本的理念。第一步，艺术家们首先需要平心静气地逛逛公园，选择他们最想要创作作品的地点，这一段寻求灵感的过程必不可少。就像知名评论家彼得·斯特恩（Peter Stern）所说的："灵感来自此情此景，源于绵延群山的荒野之境。"当选定某个地点之后，他们接下来需要做的是和戈里一起分析影响那个特殊地点的诸项条件和元素。这种探索性的研究构成了每一个项目的基础，这就使得每一件作品都和它所在的特殊空间形成了紧密的联系。

对这些艺术家中的许多人来说，在切莱农场的工作是意义非凡的，因为这里为他们提供了一个难得的机会——发现自己的作品和佛罗伦萨的历史文化之间的联系。戈里是这样说的：

> 在这边，我们和艺术家们生活在同一屋檐下，所以不得不去理解他们的心态……要知道，他们通常都是有名望的人物。他们中的一些人在现场散完步过后会告诉我们，"我什么都懂"。尽管这样，我们仍旧必须鼓起勇气向他们提出我们的建议，来使他们意识到在这里进行定点雕塑作品的创作是一场极其复杂和麻烦的冒险。当然，我们经历了很长的一段时间，才使艺术家们能够接受这样的"冲击"。一个人要想在这里进行创作，他就必须守望

在这个独立的空间之内。

一些艺术家很快在切莱农场找到了他们进行大地艺术创作的使命。举个例子来说吧：从来没有在这里工作过的安妮（Anne）和帕特里克·普瓦里耶（Patrick Poirier）开始在切莱农场进行开放空间的作品创作；理查德·塞拉暂时离开了钢铁，转而来到这里用本地的石头进行创作；罗伯特·莫里斯（Robert Morris）也把自己转换成了一名环境艺术家。除了他们之外，切莱农场也用它宽广的胸怀接纳了许多不太有名气的艺术家。

如今，这里用以安置永久性收藏作品的室内空间已经超过了3000平方米。户外雕塑作品则在珍稀树木、池塘和橄榄园的环绕之中，其身姿与山水相互掩映，婉约而清丽。由于切莱农场常常也需要举办包括临时性展览在内的各项活动，所以在诸如此类的场合中，贝弗利·佩珀（Beverly Pepper）的雕塑《阶梯竞技场》的存在就更是锦上添花了。每当活动的大幕开启，它就从独立的艺术品摇身一变，为舞蹈、音乐、戏剧表演等提供了一个不同凡响的场地。

2004年7月，索尔·莱维特（Sol LeWitt）和克里斯蒂娜·洛尔（Christiane Lohr）受邀来此进行创作。莱维特已经是"三进宫"了，这次，他在佩佩之家（Casa Peppe）展览空间展示了他的十五面墙的图纸。观众们穿过十个房间，会发现墙面上绘制了不同方式排列的细石墨线——在黑色广场的背景上，它们尺寸相同，但是向四个不同的方向延伸。这些作品让我们确认了莱维特坚持不挠的毅力，他始终在坚持将其作品结构中呈现出的所有变量可视化。而使这"可视化"能够得以呈现的方式，就是利用周围的既存空间进行匹配。他还有另外一件名为"五个部分"的作品，是由白色铝制的立方体框架按照1-2-3-2-1的数字进行排列后呈现。

与莱维特的理念不同，克里斯蒂娜·洛尔回到切莱农场则是因为她那些"脆弱的"雕塑只有在这里才能够抓住自然的衣角，寻找到存在感和归属感。这位德国艺术家是位充满着浪漫气息的"自然使者"，

[美]索尔·莱维特：《1-2-3-2-1》，11.5米×2.9米×2.9米，2004年，美国纽约城市会堂公园

[美]索尔·莱维特：《煤渣砖》，水泥块，2001年，蒙特梅迪奥当代艺术中心雕塑收藏

她的眼光锐利而独到，但心思细密而柔软。她采集这里最为常见的植物材料来进行创作，包括香蒲种子、毛刺、蓟、常春藤在内的弱小生命经由她的双手被"点化"，以焕然一新的姿态搭筑起了饱含诗意的梦境。就是凭借着这些看起来难以掌控的材料，她创造出了一个将全球视野中的自然界浓缩到一起的微缩景观。戈里这样评价她的"小窝"和微型金字神塔："这不失为精美的文物，是调节自然生态平衡之能量的象征。"

相关的艺术家还有很多。你瞧，正是定点雕塑足够野性健美的姿态，才使得这里不仅还原了想象中雕塑公园应有的面貌，同时也被戈里打造成了一个充满创造性的"实验室"。

告别了意大利，让我们将视线移向地中海西岸那片属于"斗牛士之国"的沼泽之地。就在那片茂密的松树林里，竟然可以发现和西班牙黄金海岸一样壮丽的当代艺术痕迹，这着实是一种不同凡响的体验。

而要说是谁成就了这片不凡的湿地，则非蒙特梅迪奥当代艺术中心（Montenmedio Arte Contemporaneo）莫属。中心位于西班牙加的斯省（Cadiz）贝赫尔-德拉弗龙特拉（Vejer de la Frontera）的地中海松树林里，这里还被称为巴尔瓦特（Barbate）沼泽地自然公园。安达卢西亚自治区管理这座自然公园的理事会把这片沼泽描述为"本土拥有巨大价值的一块湿地，它占据了大西洋西部物种迁徙的优渥位置。无数野生动物从欧洲大陆中北部和非洲大陆迁徙至此，它们耗尽了自身储备的力气和能量，所以乐于在此休养生息"。

由于这里远离市中心，所以基金会特别邀请了世界各地的艺术家来此从事定点雕塑作品的创作。就像游客探索地中海森林时发现的那样，这里的每件作品都和周围的环境保持着紧密亲近的关系。迄今为止，这里已经驻扎了包括马里纳·阿布拉莫维奇（Marina Abramovic）、皮拉尔·阿尔瓦拉辛（Pilar Albarracin）、马扎·巴耶维奇（Maja Bajevic）、毛里奇奥·卡泰兰（Maurizio Cattelan）、克里斯蒂娜·卢卡斯（Cristina Lucas）、理查德·诺纳斯（Richard Nonas）、

[阿尔及利亚]阿德尔·阿尔杜塞姆:《叩拜欧洲》,铁丝,0.6米×5米×5米,2006年,蒙特梅迪奥当代艺术中心雕塑收藏

第四讲 定点雕塑:天造地设

[美]罗克西·佩因:《移植》,不锈钢,2001年,蒙特梅迪奥当代艺术中心雕塑收藏

罗克西·佩因（Roxy Paine）、艾斯特·帕蒂格斯（Ester Partegas）、圣地亚哥·谢拉（Santiago Sierra）、苏珊娜·索拉诺（Susana Solano）、黄永砅和沈原在内的40余位艺术家。在这里，基金会的主要目标就是为艺术家提供一个视角——他们只要来到这里并且悉心观察就会发现，自然景观对当代艺术创作过程的决定性作用不容小觑。这里的区位优势还不仅体现在自然环境的优渥上，人工资源的配置同样可圈可点。每一件作品从概念到生产都是由加的斯省本地的公司和技术人员在艺术家和策展人的指导下完成的。

　　除了即时展出艺术家们完成的雕塑，当代艺术中心也举办了一系列教育性的活动：公园的义务导览，研讨会、发布会的召开，观摩自然教学材料的生成……在夏季的几个月份中，这里还将为孩子们提供能够和自然亲密接触的课程，甚至包括一场美妙的户外音乐会。

　　基金会最近的计划是使观众转变成为处于艺术和生活交界线上的参与者。一些作品虽然源于自然、融于自然，却又不甘平庸。甚至可以说，它们推翻了日常的平庸生活。就像是耶珀·海因（Jeppe Hein）2006年创作的《改良社会的长椅》，这把看起来"不可能存在"的椅子被艺术家刻意设计在这田园诗般的景观之中。要知道，这样的田园本该是供人们凝视、观察、沉思的地方，这些不能坐的"社会长椅"看起来是不和谐的。但正是在这种情况下，才能产生一种位移：在真

[中] 沈原：《桥》，陶瓷，10米×1米×3米，2004年，蒙特梅迪奥当代艺术中心雕塑收藏

定点雕塑：天造地设　　77

[丹麦]耶珀·海因:《改良社会的长椅》,铝,2006年,蒙特梅迪奥当代艺术中心雕塑收藏

正地回归自然之后,人类并不知道应该做些什么,他们所追寻的事物有时也会使他们无所适从。

在这样田园牧歌般的氛围下,亚历山德拉·米尔(Aleksandra Mir)的《爱的故事》引领着我们每一个人成为社会进程中的主角和见证人。这个星球的各个角落从不缺乏爱的故事,她的作品中交织了这"爱之海洋"中的一千颗"珍珠"。她将每一个故事中的爱,也就是每一颗"珍珠",都以一棵树的形式来表达。她的作品就是要尝试在全球化和本土化之间建立联系;这些树不是死的,它们成为故事的感受者和守卫者。通过对故事进行编辑,她将自己的感悟和心绪雕刻进这些松树的躯干。接着,她把收集到的一千个故事和它们伴随的视觉效果编辑成册。这部由情感经历来描绘多元化社会的《爱的故事》最终于2008年4月出版面世。

蒙特梅迪奥当代艺术中心的雕塑公园坐落于欧洲的边缘地带,这不免使它处于一个孤立的地理文化环境之中。包括阿德尔·阿贝德赛梅(Adel Abdessemed)在内的一些艺术家将这种宿命般的孤独感渗透进了他们的作品。就拿他2006年创作的作品《叩拜欧洲》来说吧,这件作品由16公里长的带刺铁丝网组成,它一圈一圈地缠绕在一起,躺在光秃秃的地面上,乍一看诡异莫名。但是阿贝德赛梅微妙的寓意我们还是可以窥探一二,他为我们重现了这样一群移民噩梦般的经历：他们曾经想要跨越欧洲和非洲之间的米利亚（Milla）小城的铁丝网栅栏封锁线。他的那些具有强壮的物理存在感的作品，包含了一种精神维度的强烈自由表达，以及生活在暴力与死亡中的乐趣。而这种近乎犀利的表达方式，只有这里独特的地貌环境能够提供。

　　阿尔贝托·坎波·巴埃萨（Alberto Campo Baeza）也不甘寂寞，他在这里设计了一个新的空间，这个空间不仅可以举行大范围的活动和展览，而且其本身也像一件巨型定点雕塑作品一样，契合地融入了周围的自然景观之中。他的作品由此被视为表述和强调周围自然环境的骨干。

　　奥拉维尔·埃利亚松（Olafur Eliasson）也常常工作于此，进行定点雕塑和大地艺术的创作。1967年，埃利亚松出生在丹麦哥本哈根的一个普通家庭。他小时候受到的艺术熏陶完全来自他那作为业余艺术家的冰岛籍父亲。父母离异后，埃利亚松和热爱艺术的父亲一起搬到了冰岛生活，那里独特的自然和人文景观塑造了埃利亚松敏锐的

[丹麦] 奥拉维尔·埃利亚松：《准玻璃墙》，烧制钢砖和抛光钢镜，5米×1.6米，2003年，蒙特梅迪奥当代艺术中心雕塑收藏

感知力，对他日后的创作影响深远。

埃利亚松少年时期的伙伴和邻居们对他印象并不深刻，若非要回忆起点儿什么来，那就是这个俊朗的少年曾经夺得过斯堪的纳维亚地区青少年霹雳舞比赛的冠军。与其说他有从事视觉艺术的辉煌前景，人们倒更愿意相信他将来会成为一名舞蹈演员。22岁的时候，他终于迈入了丹麦皇家艺术学院的大门。毕业之后，埃利亚松决定只身去美国闯荡。他不但在那里找到了工作，还工作了相当长的一段时间。那份工作就是做艺术家克里斯蒂安·埃克哈特（Christian Eckhart）的工作室助理。

除了他形形色色的作品之外，我们很难对埃利亚松自身的经历做更多的了解。事实上，他很抵触和别人谈论关于自身的事情。在他看来，与其歌功颂德，为自己作传，不如把全部的心思放在艺术家的工作上。说起来，埃利亚松真正的创作早在艺术学院学习期间就已经开始了。虽然当时的作品较为幼稚，技术难度也和他日后的作品不可同日而语，但却明确地向世人显露出他今后艺术道路的方向——拥抱风雨，扎根自然。

人们总是乐于用"光怪陆离""气象万千"这样的词汇来描述埃利亚松的作品。虽然这两个含义宽泛的词汇在别的艺术家身上也许同样适用，但是用在埃利亚松这里就像是为他专门打造的。我们把这两个形容词的内在含义抛开不谈，只是单纯从字面上看，"光"和"气象"这样的字眼就完全可以让你感受到埃利亚松作品的独特气息。

他利用每一丝光线和四时光景的每一刻变幻来提醒我们：人们习以为常的感知并不是绝对的。他很好奇："当你觉察到早已存在于你的生活中，而你却才刚刚开始关注的东西时，你是什么样的感觉？"在当今的现实社会中，无论是无处不在的商业操控和媒介干预，还是生态系统的失衡以及环境的污染，太多因素在制约和塑造着人们原本自然的感官天性。埃利亚松不甘于此，他想要成为一名师法自然的魔术师，帮助人们捡拾起失落的天性。

他的创作手段丰富而多样：水、雾、冰雪、矿物质、光的折射和反射、镜像、几何模型、万花筒结构、针孔成像术、生物工程学、激光、霓虹及特质灯具、各类金属、玻璃、新型化工和电子产品等材料、方法都被他巧妙地融汇于作品之中。

埃利亚松以自然为材料创作出了很多蔚为大观的景观类作品，他的创作思维与大地艺术家的很多观念非常接近。但埃利亚松又不是一个传统意义上的大地艺术家。他的作品从内容到形式都更具开放性和现实意义，是他口中"为体验现实而设计出来的产物"。

我们的旅途还将继续，下面，我们将离开沼泽，步入爱尔兰神秘的林地雕塑公园，去那里拜访生于斯长于斯的"林间精灵"。

林地雕塑公园可是个神秘的所在。就连公园入口都是如此隐秘，以至人们但凡不仔细就会完全错过它。这里的外围是一片绿色的环形爱尔兰村落，景致美丽非凡，看起来简直就像是旅游手册中修过的宣传图片。当你漫步于这里，猝不及防地就会听到旅客的惊叹声，不要意外，那一定是他们不经意间发现了隐藏在林地间的定点雕塑作品。这个奇妙的地方位于都柏林南部大约20英里处的威克洛郡（Wicklow）。作为一处隐藏在森林中的特殊所在，这里保持了罕见的静谧氛围。当地的一家报刊将这里描述为这片区域的"秘密美术馆"。是不是光听起来就非常浪漫并饱含神秘气息呢？

建立于1994年的爱尔兰林地雕塑公园，在鼓励雕塑家进行定点雕塑创作的时候有这样两个理念，即"为木材变身，使之作为美感与实用的媒介"和"通过雕塑这一介质来建立关于木材的文化"。这座林地雕塑公园所处的环境是一片600英亩大的公共森林，它的名字叫作"魔鬼峡谷"。森林的管理者是负责爱尔兰林地的由政府赞助的公司。按照公司前任管理者席亚拉·京（Ciara King）的说法，"这一理念是公司的前任林业顾问马丁·谢里登（Martin Sheridan）和多纳尔·马涅（Donal Magner）的点子。他们认为这将成为一个令人雀跃的主意，因为它围绕着木材，并且融合了艺术、社会和林业问题"。

目前，这里囊括了由爱尔兰、英国、法国、葡萄牙、拉脱维亚、加拿大、墨西哥、日本和韩国雕塑家创作的18件作品。我们来看其中几件吧。当你来到"魔鬼峡谷"侧面的入口处,你会发现两条弯曲的柱状物。这件作品就是爱尔兰雕塑家米歇尔·沃伦(Michael Warren)于1998年创作的《安泰》。安泰是希腊神话中一个巨人的名字,只要它的身体和大地相连,它就是无敌的。这件作品的材质是杨树和落叶松木,它呈现出如"生理弯曲"般的姿态,突出了周围树木的垂直度。沃伦运用这种自然的雕刻和表达方式,以期使这位扎根于大地的巨人成为树木和土地之间的纽带。

对于首次到此探访的观众来说,去发现隐藏在林间的雕塑已经成为一项令人着迷的寻宝活动。这里没有任何标志,介绍作品的手册中也不提供地图。是的,你在这里将被锻造成一名"发现者"。

在一条通往停车场的不起眼的小径之上,横亘着由墨西哥雕塑家若热·迪邦(Jorge du Bon)于1996年创作的无名作品。它的形式感极强,类似于一架延伸的望远镜,躯干向上挺并且指向远方。或者,你也可以将之形容为一门孤独地瞄准远方的大炮。你可以试图去揣摩艺术家创作的初衷:一棵死去的树木无法永远保持鲜活的姿态,它将在这里以"哨兵"和守卫者的姿态获得新生。所以,我们完全可以将这件作品的含义设定为"森林卫士的自我守护"。

继续沿着停车场和邻近的野餐区行走,你会看见另外两件就地取材且原始意味浓厚的作品。雅克·博塞尔(Jacques Bosser)的《查戈》创作于1997年,是一件由欧洲落叶松木制成的415厘米高的瘦瘦的矩形雕塑。它象征非洲的火神,这位神灵"出现了,然后离开了那巨大的焦黑且被烧坏的树干。为了安抚神灵,当地人把一些金属插入他们用以祭祀的木制品中,并诚心祝祷"。这件作品不远处是由英国籍爱尔兰人德里克·维蒂奇(Derek Witticase)创作的雕塑《英镑》。这件作品创作于1998年,由16根有刻纹的有机形柱组成。有趣且神奇的是,它们就像是中国武侠小说中供僧人练武的"梅花桩",看似零散分布,实则浑然天成,自成阵法。维蒂奇说:"英镑是重量级的货币单位,代表安全和力量。"这件作品以"英镑"命名是有原因的,因为它讨论了"空间是有价值的,人类应足够重视看似散乱无

[法]雅克·博塞尔:《查戈》,1997年,爱尔兰林地雕塑公园

害的自然环境"。

沿着一条隐蔽的小路直走,我们可以发现日本艺术家关直美(Naomi Seki)1996年创作的《无题》。这件作品从表面上可以让我们联想到机器般的刚硬冰冷,那带有暗喻性质的矩形长板向外延伸着,就像是打出了一种暗示性的手势。这名日本籍艺术家是这样说的:"这件作品就地取材,结合了此地堆积的不同重量和密度的木材。我想要借助它们来表现空间的平衡。"

凯特·奥布赖恩(Kat O'Brien)的《七座神殿》同样创作于1996年。与其说是定点雕塑作品,不如说它更像是一片遗迹。它的存在是用以祭奠爱尔兰大饥荒后出生的七代人的亡灵。如果你在深夜和它们相遇,神殿看起来就会诡异莫名,那些树木枝干的拂动姿态和人的躯干异常相似,这种树木和人类之间的别样联系使得夜晚的森林充斥着诡谲神秘的气息。

[美]凯特·奥布赖恩:《七座神殿》(七件之一),木材,1996年,爱尔兰林地雕塑公园

林地雕塑公园最近被爱尔兰税务局授予了慈善机构的地位。从1999年开始,在资金允许的情况下,每年会有一名爱尔兰籍艺术家、一名国际艺术家以及一名经过公开竞争而被推选出来的艺术家来此进行创作。

按照席亚拉·京的说法,"这里的一切都是安全的,因为这是一座公共的雕塑公园——举例来说,我们根本无法在这里找到任何一处可以伤人的锋利边缘。对于征集创作这件事,我们使它公开。我们不想限制艺术家们。我们要求作品由木材制成,它需要具有耐久性,至少要维持十年的活力。我们不寻找暂时性的作品,因为我们要扎根于大地"。

结束了对户外定点雕塑创作地点的探访,接下来我将为你介绍一位户外定点雕塑创作的先锋人物——出生于意大利的雕塑家阿尔菲奥·博南诺。

意大利小伙儿博南诺在澳大利亚度过少年时期之后怀揣着坚定的艺术梦想又辗转来到了丹麦,这块属于他的"福地"。除了受当时各种流行的艺术思潮影响之外，博南诺的创作灵感受到20世纪60年代末在意大利兴起的先锋艺术流派——"贫穷艺术"的影响，他主张以废旧品和日常材料作为表现媒介，用最廉价、最朴素的废弃材料——树枝、金属、玻璃、织布、石头等进行艺术创作。"贫穷艺术"不主张墨守成规地使用材料，所以博南诺成为那里最早将自己沉浸于自然环境中进行艺术创作的艺术家之一。那时还是1970年，"先锋"的称号可见属实。

也许你不禁要问，所谓"先锋"有何独特的表现呢？让我们现在就来认识他的作品——《莫尔塞尔夫石堆》。在挪威莫尔塞尔夫旷远优美的自然风景中，博南诺用12根足有16米高的树干围住6.5米高的圆形石堆，完成了这件其貌不扬，却又似乎标新立异的作品。我们也许无法得知博南诺内心赋予它的具象含义，它没有艳丽的色彩，没有夸张的造型，但那看起来诡谲的笔直、直刺云天的树干和囚禁于其中的石堆依然低调地彰显出另类夺目的格调。作为一名环境艺术的先驱，以及大地艺术和自然艺术在欧洲发展的代表人物，博南诺一直是一位坚持进行定点创作的户外装置艺术家。他总是在向往的风景中默默圈好地，埋头进行大型雕塑的创作。那些突破了规则和意义界限的庞然大物恰同它们的缔造者一样，在静默不语间将艺术、自然以及生态之间的共生关系表现得淋漓尽致。它们借用自然的形态却又不完全融入自然，这种超越自然的信心让莫尔塞尔夫沁人心脾的青草香中也带着一丝犀利的味道。

这件标新立异的《莫尔塞尔夫石堆》是否令你印象深刻？现在我们来看看博南诺另外一件同样出彩的作品。当你来到美国南卡罗来纳州植物园的雕塑花园，就可以欣赏到他创作的这件《自然的对话》。首先，你要泛舟来到一个三面溪流环绕、半封闭的小岛上。岛中央是几块浅色的大石，周围缠绕着藤蔓植物。茂盛的枝蔓盘绕成天然的帐篷，掩映着四周略高于地平线的筑堤。两侧、前方、倾斜的后坡和上方，无论你在哪里驻足，都足以观赏到这小片区域生机盎然的景象。潺潺小溪折射出环境本身的清幽，在这万物相生的时空里，人们总是

第四讲 定点雕塑：天造地设

［意］阿尔菲奥·博南诺：《莫尔塞尔夫石堆》，树和石，高16米，2005年，挪威莫尔塞尔夫

容易陷入浓稠的感动，感动于这草长莺飞的生命礼赞。感动的同时又会心生敬畏，恍然抬眼间，风化的石块与你猝不及防地相遇，它们那岁月无法剥落的纹理足以让人体验到岁月的无情。

这是一个展开对话的空间，观者可以在这里与自然一起完成生命的自我拷问。雕塑家凭借对环境和变化过程的敏锐直觉，利用流水的串联把空间的展开、时间的绵延、生命的孕育、自然的繁衍这些复杂的意象联结起来，用雕塑的语言建构了自然与生命的对话。

是什么促使博南诺不惜各地奔波辗转，只为建构自然与生命的对话，从而寻找户外创作的"福地"？说起来还是源于他一个有趣的发现。"二战"之后，19岁的博南诺从澳大利亚回到了意大利西西里。本来他是想要就此永伴乡土了，但1966年的春天，在一次山体滑坡之后，博南诺在这场自然灾难的遗迹中发现了一个漂亮的双耳瓶。当他想要将它挪移出来时，它遗憾地碎了，无奈的博南诺只好又将它放回泥土，成为泥土的一部分。所以，一个历史的遗迹要想重回自然的视野，一定要形成一个持久的存在状态。博南诺不想再面对这样的无常和短暂，他开始寻找一个地方，期待在那里创造能够永久融入自然的艺术作品。就像他自己说的："我总是被一些风景中的遗迹所深深吸引，它们为我们讲述了许多可以依赖的故事，让我们明白了生存的意义。那样独特的例子一定可以带给我一些启发。它总是充满象征意义。"

　　丹麦，显然在后来成为他选择的胜地。在那里，"先锋"博南诺常常利用自然的材料进行创作。他对材料进行切割、抬升、挪动、弯折并为它们定位。他的作品不仅为人们建立起了同自然之间的联系，同时也提醒了我们，自然不仅可以为人类提供物质材料，也是人们精神力量的来源。说到这里，不知你是否听说过丹麦朗厄兰岛（Langeland）的提肯雕塑公园，它又名茨拉讷凯国际艺术与自然中心（Tranekaer International Centre for Art and Nature），是一个吸引了许多世界上重要的艺术家来到自然环境中进行定点雕塑创作的场所。它的创建者就是博南诺。博南诺并不满足于独享定点雕塑的创作，他热衷于鼓励其他艺术家去发掘自然材料并来此进行创作，同时把在景观中体悟艺术的方式介绍给观赏者。总之，在对"社会与环境的共生和演变"的关注方面，他可是名副其实的"实干家"。

　　博南诺喜欢亲自去触摸事物，喜欢和它们面对面交流，哪怕只是无言的微笑。这显然是他之所以选择在户外工作而不是在美术馆里的原因。对他来说，一件作品是否成功，关键在于选址。每一个地点都有其专属的故事等待着被时光娓娓道来。只要拥有足够的耐心，没有什么是做不到的。也许是一两天，也许是一两个小时，一旦和这个地点建立联系，它将马上指引着你该如何去做。而选定一个地方的关键就在于要先去发现这个地方。

　　天可怜见，一件雕塑也是一个生命的幻化，它需要从母体中汲取灵魂的精华，所以唯有生长在诞生的地方，它才能拥有真正的归属

第四讲 定点雕塑：天造地设

［意］阿尔菲奥·博南诺：《阿迈厄岛的方舟》，烧焦橡木、柏木和花岗岩，长55米，2004年，丹麦首都哥本哈根阿迈厄岛

感。联想一下那个破碎的双耳瓶吧，这些"生命"是如此脆弱而敏感。只有扎根于母体，方可凝聚灵魂深处的力量。户外定点雕塑是有生命的，它们和我们生活在同一片蓝天下，沐浴风雨，拥抱阳光，和我们共同分享着生命中的点点滴滴。

从历史的角度来看，茨拉讷凯的人们一直很善于利用朗厄兰岛的生态环境来创造一种人造景观、可种植的有机景观以及对既成景观的塑造之间的互动和共生关系。1990 年，在博南诺的倡议下，茨拉讷凯城堡周围 60 英亩的土地得到了充分的利用，那些深刻参与进自然中去的艺术品从此有了广袤的立足之地。提肯基金会为这里的户外定点雕塑创作提供了支持。丹麦乃至全世界的艺术家都将有机会来到提肯雕塑公园进行艺术创作。

和一个修剪整齐的花园相比，没有任何矫饰的提肯雕塑公园更像一座未经驯服、充满野性的森林。一条条悠闲的小径盘绕在林地、牧场和湖泊的"皮肤"上，游客们漫步其中，轻抬脚步就会和艺术不期而遇。受邀而来的艺术家们在如斯环境之下，自然也是激情盎然。他们把对自然共同的热情作为驱动力和起点来进行创作，并将自己的创作融入周围的自然环境之中。他们不像保守人士那样对自然的介入如此谨慎，比着尺寸丈量来丈量去，而是想要抡圆了臂膀"大干一场"。且不说那些生长或不再生长的自然材料，便是骨头、石头、话语或者是在你耳畔低语的风都成为他们创作的元素。

为了推动公园的发展，博南诺和提肯基金会委员会邀请了许多来自欧美的艺术家到此进行户外定点雕塑的创作。包括安迪·古德沃斯（Andy Goldworthy）、克里斯·德鲁里（Chris Drury）、大卫·纳什（David Nash）、阿兰·松福斯特（Alan Sonfist）、尤西·海基拉（Jussi Heikkila）、尼尔斯-乌多（Nils-Udo）和埃尔曼·德·弗里耶（Herman de Vries）在内的艺术家们在 1993 年的时候就已经首批入驻这里。怎么样，是不是好像笔者直接将自然艺术家的名录罗列在了这里？毫不夸张地告诉你，这里确实称得上"众星云集"。当然还不止他们，帕特里克·多尔蒂、史蒂文·西格尔（Steven Siegel）和马

[美] 史蒂文·西格尔:《挤压》,旧报纸,1997年,丹麦茨拉讷凯国际艺术与自然中心

克·鲍尔鲍里奇（Marc Barbarit）同样在这片"星河"中工作。对博南诺来说，当前的主要工作已经不在于个别雕塑的创作，而是将这里整体打造为一个包含了艺术、自然和科学的景观中心。

　　博南诺曾经受邀在哥本哈根进行过一场演讲，台下的聆听者是一群学生和青年艺术家。这群不羁的年轻人提出了许多大胆的问题，他们很好奇，博南诺创作这些雕塑竟然只是为了表达对自然和所处环境的尊重？对此，博南诺只是淡然一笑："是的，那还不够吗？"确实，有许多艺术品被创作出来是为了寻求轰动：它们身躯强壮，蔚然壮观，有的还充满了纪念意义。但一件作品无论是否展示在自然环境之中，它都值得人们观察和聆听。博南诺从不为自己的作品打上任何刻意的标记，他的作品几乎都是"无题"，就像周围任何普通平凡的事物一样。在他的十指下，一切创作都建立在与自然的真实对话之上。他把这称为"无声的革命"。

[意]阿尔菲奥·博南诺:《山毛榉和橡树之间》,落叶松、钢环和花岗岩,长12米,2001年,丹麦茨拉讷凯国际艺术与自然中心

是的,不论是在林地雕塑公园、蒙特梅迪奥当代艺术中心、提肯雕塑公园还是切莱农场,雕塑家们进行定点雕塑创作的理念都是"扎根于大地"的"无声的革命"。这里不是陈列馆,这里是雕塑诞生和成长的家园。

定点雕塑的创作发展出一种独特的、自然与艺术和谐共生的关系,使人们同时体验到一种忘我的、无功利的幸福感,表现在艺术家的身上,就是对美好未来的憧憬、正能量的传递和强烈的创作欲望。那些在户外雕塑公园中创作出的定点雕塑作品,其存在对于创作者和欣赏者来说都是大有裨益的。它们与自然环境的契合为我们寻回与自然之间的亲密关系提供了范本。它们呈现出来的原始质朴的面貌使我们压抑的精神获得了解放。人从艺术中体验到自己的本质力量,从这种意义上来讲,那些天造地设的定点雕塑作品以其独特的魅力促进了人类自我的回归。

第五讲 　雕塑公园的源头

佛罗伦萨是文艺复兴时期艺术的至高殿堂,我国的浪漫诗人徐志摩也曾写下歌颂佛罗伦萨之夜的诗篇。如今,当我们游览于意大利佛罗伦萨美术学院,除了瞻仰大师们的风华绝迹,也一定会被这样一件雕塑作品的光华所震慑。这位用云石雕刻而成的"年轻人",其周身充满了意志与力量,可谓米开朗琪罗的雕塑生涯中具有里程碑意义的作品。它没有浮华的雕饰和绚烂的色彩,赤身裸体却庄严到不含一丝情欲意味,它的复制品几乎呈现在每一座艺术场馆中,它的形象几乎印在了每一位美术院校考生的脑海里。

这件雕塑作品你一定耳熟能详,它的原型叫大卫,是《圣经》中的少年英雄。他曾英勇地杀死侵略犹太人的非利士巨人哥利亚,保卫了祖国的城市和人民。米开朗琪罗根据大卫迎接战斗时的状态,将"他"塑造成了一个有着健壮体魄,情绪昂扬的青年。那象征顽强、坚定和正义的精神气质仿佛随时可以喷薄而出。"他"并没有刻意摆出任何矫揉造作的战争姿态,而是仅仅略微扭动躯体,潇洒地将重心放在绷紧的右腿上,双目炯炯有神地凝视远方,搜索着可能存在的敌人,仿佛时刻准备着投入一场新的战斗。

与前人对战斗情况的表现习惯不同,米开朗琪罗巧妙地诠释了动静合宜的微妙瞬间,而作品也由此更具备了非凡的艺术感染力。"他"的姿态完美大方,似乎是在休息,但躯体却不由得生发出某种紧张的情绪。总的来说,整个人体动势张弛自如,同时聚集着蓄势待发而又锐不可当的战斗力。

虽然彼时叩开现代雕塑大门的罗丹尚未出生,但我们从米开朗琪罗在大卫身上取得的成功也不难看出,其实早在文艺复兴期间,欧洲雕塑已逐渐脱离了建筑的束缚,华丽转身成了一种独立的美术创作形式。这一创作形式不再拜倒于宗教神学思想的权威之下,而是以人文主义思想为基础,呈现出和中世纪雕塑截然不同的自由特征。

其首要的一个标志就是对人体美的歌颂。从米开朗琪罗到波洛尼亚,从古戎到切利尼,一尊又一尊完美的人体雕像从大师们的手下复活。它们姿态优美从容,嘴角噙着高雅端庄的笑意,从神坛上赤足走下,款款而来,带来专属于人类本我的力量。大师们不再是虔诚的教徒,他们热爱生活、个性张扬,唇齿间咀嚼的是情怀与现实主义的味道。

[意] 米开朗琪罗:《大卫》,大理石,高 3.96 米,1501—1504 年,意大利佛罗伦萨美术学院藏

他们一方面饱含激情,一方面严格秉持文艺复兴时期特有的求实精神,开创了包括人体解剖和透视法则在内的写实技法。他们是持科学与绘画的双桨划行的艺术弄潮儿。他们的每一件作品都打上了完美和规范化的烙印——对称、协调、均衡而又稳重。这便是现代派大门敞开之前,西方近代雕塑的主要传统。

然而,无论是古希腊神庙门楣上浮华的雕饰,还是文艺复兴时期以塑造"本我"为主的近代雕塑,或者是罗丹之后,受到超现实主义之风吹拂的怪诞家伙们,只要一说到雕塑,我们的眼前还是会闪过无数这样的画面:伴着希腊爱琴海畔湿润的海风,那些姿态端庄典雅、线条优美的白色人像好像在低吟浅笑;擎着大秦帝国漫漫黄沙中飞舞的旌旗,那些铁骨铮铮、面目坚毅的青铜人俑似乎在驻足远望……总之,无论是文艺复兴时的杰出大师米开朗琪罗,抑或是20世纪现代雕塑之父罗丹,不管是街心公园树荫掩映下的金属"地标",还是广场中央豪迈雄伟的纪念石雕……你总是有机会在某一个旅途的街角同雕塑不期而遇。而若要为这"不期而遇"提供一个更加浪漫的地点,那一座座风景宜人且带给人温馨闲适之感的公园无疑是绝妙的选择。

可本书要带你领略的雕塑公园果真如字面意义上讲的那样,单纯只是广义上的雕塑和普通公园的结合体吗?答案可远非如此简单。

我们不妨先从直观感受上来判断,"雕塑公园"一是要将雕塑集中摆放在一起,供人欣赏;二是要把雕塑放置在人们可以轻易涉足的、特定的公共场所,当然,前提是这个地方要对公众开放。既是把雕塑集中摆放在一起,那么那些将雕塑分散摆放的形式显然不符合我们的要求,比如说一般的街头雕塑、广场雕塑、园林雕塑等。那么你也许会问,只要将许多雕塑集中摆放在一起,就算是雕塑公园了吗?不,这里还有另一个不容我们忽略的要素。"雕塑公园"作为独立的实体,其主要特点不在于具体雕塑的数目上,关键在于它最后是否呈现为了一个特定的公共活动场所。

这是很重要的。因为全面了解了这个基本的要求,我们才能确切地明白,路边兜售雕塑的摊床、雕塑家放置未完成作品的露天仓库等

伦敦巴特西公园，东方式的和平宝塔是其标志性建筑，建于 1870 年

"临时性"雕塑集中的地点充其量只能算作是兜售商品的摊位，即便放置雕塑的数目再多，也压根儿入不了雕塑公园的名册。

　　明白了一座公园如何才能跻身于雕塑公园的花名册之内，我们就去探访一下身边名副其实的"雕塑公园"们。不过，开始我们的旅途之前，还需要格外注意的是，仍旧有些被集中摆放的雕塑并不以"雕塑公园"为名。尽管它们大隐隐于市，我们还是可以凭借自己的火眼金睛，抓住它们的形式和功能特征，让它们无法逃出雕塑公园研究的范围。

　　为了避免你看花眼，在所有的雕塑公园"兄弟团"里面，我们首先要区分它们在形态、艺术特色和功能等方面的不同，分出个老大、老二、老三来。那么，世界范围内雕塑公园的数量有多少呢？光在笔者这里，就已经为你备好了三百余座已建成的国外"雕塑公园"的饕餮盛宴。不要小瞧这个数字，它可是大致包括了世界范围内最主要的户外雕塑集中地。这盛宴中的每一道"菜肴"，笔者都精心整理了相对应的"食谱"资料，供你细细品尝。

　　除了国内能找到的介绍国外雕塑公园的书籍、文章之外，雕塑公

雕塑公园的源头

园的正规网站等都给予了笔者发掘"食材"的灵感。要知道,国外雕塑公园一般都会在其网页上详细介绍公园的地理位置、土地面积、自然环境、乘车路线、历史沿革、精彩展品、特色服务,甚至是资金来源等方面内容,很多雕塑公园还在首页上由园长或负责人开宗明义地阐述办园宗旨和发展前景,每次将发掘到的材料收录进"食谱"的过程都使我颇感振奋,这其中的裨益可要远胜于在国内许多雕塑公园中漫无边际地游荡。

看到这里,你可能会好奇,雕塑公园作为舶来品,其在国内的生存状态如何呢?别急,海峡两岸暨港澳地区目前四十余家雕塑公园的资料早已被笔者收录其中。如果你由于种种原因难以走出国门去探访原汁原味的雕塑公园,那么不妨选择国内的雕塑公园,它们有的甚至就藏于你家的楼下。笔者就是借着地利之便,对每件作品都进行了不同角度的拍摄,并且列出了便于详查的目录。但似乎我们能做的工作也仅限于此了。

这些国内的雕塑公园大多还呈现着"犹抱琵琶半遮面"的娇羞姿态。它们不知从何而来,也不明将去向何处,严格地说,就是缺乏国外雕塑公园那样对自身宗旨的论述和对发展远景的规划。比如,除了桂林愚自乐园以及长春、北京、青岛等地的雕塑公园还算是被略加推介,国内其他地区的雕塑公园在电子媒介传播领域可是毫无突破。在这个信息高度发达的社会,在这个大数据统领的时代,它们甚至都没有建设自己的宣传网站,仅凭着一股子傲气和愣头青的架势傻傻地偏居一隅,仿佛势要将寂寂无名进行到底。诸如此类的一些情况着实为我们深度探访国内雕塑公园制造了很多障碍。

别的不说,有些公园甚至像藏在深山中的原始部落那般羞涩,就连土地面积、作品数量等方面的基本数据都无处寻踪。无奈之下,笔者只得凭借采访这些公园的负责人,或者从当时报纸、杂志的新闻报道中拨开层层迷雾,寻找蛛丝马迹。

下面将要进行的一步就是要筛选这些雕塑公园,按照它们的类型、艺术特色、功能和价值取向来分类,如此这般才能给雕塑公园下

意大利蒂沃利哈德良别墅，建于 125—134 年

一个相对合理的定义。这一过程将会使你了解这些公园的属性和魅力，如此一番置身其中的品味，将会帮助你超越对"雕塑公园"一词的主观感受和肤浅理解。

从雕塑公园的源头看，古代的园林雕塑是一份较为久远的"珍宝"。它与纪念雕塑、教育性的宗教雕塑相比，十分独特，更具独立的欣赏价值。它们总是选择在花园或别墅周围集结，姿态各异而又闲适安逸，就像是欧洲贵族户外派对中相互观望、脉脉含情的俊男靓女。无论是从其体现的基本审美功能，还是从集中摆放的形式来看，古代园林雕塑都十分接近于今天的雕塑公园。

让我们来看这样一幅图景：湛蓝如洗的天空中，河畔洁白的建筑物与流动的浮云互相映衬，散发出神圣肃穆的光泽。宝蓝色的水面如丝绸般静谧，流线型的白色拱门在这里幻化为水波倒影中的白天鹅。拥有这番让人不忍打破的诗意画面的，是意大利蒂沃利（Tivoli）的哈德良别墅（Hadrian's Villa）。

这座古罗马建筑群是皇帝哈德良为自己打造的人间伊甸园。它集雕刻、建筑和水环境为一体，宛如一个驻扎在乡村的疗养胜地。仔细

雕塑公园的源头　　97

瞧瞧图片中的建筑吧，这里的花园喷泉和水池四周摆放着很多希腊和希腊化时代雕塑的仿制品，它们显然构成了古代少有的为欣赏而存在的集中雕塑实例。

而之所以这里会成为希腊化雕塑作品集合的胜地，则不能不提到那位罗马史上最有文化修养的皇帝哈德良。哈德良的祖辈在早年间便由意大利亚得里亚海岸迁居西班牙，公元76年，这位未来才华横溢、政绩昭著的罗马皇帝就在西班牙呱呱坠地了。由于父亲早亡，年幼的哈德良被托付给其表叔、罗马皇帝图拉真照管。自小便接受宫廷的良好教育且深得希腊文化熏陶的哈德良在成年后得到器重与赏识，一度青云直上。图拉真去世后，哈德良终于被推上帝位，成为这个庞大帝国的统治者。

哈德良对帝国疆域内各行省的状况相当关注。与生俱来的艺术家的活跃灵魂使他的内心常常激荡不已，满腔的文艺才华只等着一个合适的契机喷薄而出。而这个契机如何寻找呢？他选择了以"漫游者"的姿态巡察各地，以巡游和观赏来慰藉自己澎湃的心绪。而此般心绪的产生，其实恰是源于他对文化、知识的渴求和那抑制不住的广泛好奇心。接受过了种种异域文化的洗礼和熏陶，哈德良尤其醉心于灿烂古老的希腊文化艺术。在他看来，自己的前世一定与希腊有着剪不断的情缘。

强烈的爱好与求知欲望使哈德良终生沉浸于外出巡游的愉悦之中，年年岁岁，乐此不疲。不似其他帝王那般意在彰显奢华的气度和浩荡的气势，哈德良从不需要招摇华贵的仪仗队，与他同行的，往往是一批批的学者、艺术家和建筑师。当然，这位颇具艺术家气质的帝王有时也并不拒绝发号施令。比如，他像热衷巡游一般热衷于营建工程。罗马帝国在他的策划和指挥下处处大兴土木，从神庙别馆到学园画廊，从剧场到浴场，形形色色的建筑屹立起来了，有的甚至还由他亲自设计。而上文提到的哈德良别墅，便是哈德良在那个时代诸多作品中的一例。

这座占地约80公顷的豪奢帝苑，其面积可与著名的庞贝古城相较。宫殿、神庙、剧院、温泉、图书馆……这里容纳了超过30栋的建筑物，每一个细节都综合运用了古希腊、古罗马乃至古埃及建筑、雕刻中的精华元素。同时，水也是整个别墅建筑群中最不容忽视的主题之一。就拿已知的水利建筑来说吧，除了有审美效用的12个莲花形喷泉和30个单体喷泉，还有具有实际功用的6个水帘洞、6个大浴场、10个蓄水池和35个卫生间！而且，水流的疏导也是个颇为难得的技术工程。水流在最南端被引入后，通过一个由管道和水塔组成的复杂系统，最后流转整座别墅。每一座建筑都拥有自己的用水设施，可谓"麻雀虽小，五脏俱全"。

尽管哈德良别墅遗址历经千年风吹日晒，现在已是满目疮痍，但仍不失为一片美到令人窒息的废墟。它那永恒的古典气质依然闪烁在每一座沉静的雕刻之中，牵引着游人的步伐，使人眷恋难忘。它为后世的欧洲园林提供了典范，也为今人研究西方古典园林提供了丰富的素材。选一个合适的季节，阳光正暖，微风正酣，花上几欧元的价格，徜徉于罗马帝王曾觥筹交错的宫廷园林，使心灵在雕刻的凝视中归于平静，实乃人生一桩幸事。

时间继续向未来踏步。朋友们，在现代都市中你们穿梭于城市繁华热闹的商业区，一定会注意到琳琅满目的各色主题餐厅吧？相信你们不费吹灰之力就可以随意说出其中几家主题餐厅的名字和招牌菜肴。那么，且把餐厅先搁置一边，你们可知道主题花园是何时出现的呢？或者，可以叫出它们的名字吗？不要头疼，让我们把日历翻到四百五十度春秋之前。

那是1560年，红衣主教伊波利托二世（Ippolito Ⅱ）建设了埃斯特别墅（Villa d'Este）建筑群。在这座充满表现力的花园中，伊波利托二世激情四射地设计了大量喷泉雕塑和装饰雕塑，其表现内容不再是简单地复制古代作品，而是围绕某一特定的主题展开，使得一向宏伟而"不苟言笑"的建筑群霎时变得活泼灵动起来。

如果说伊波利托二世的埃斯特别墅建筑群还没有生动到与自然同舞，那么博马尔佐（Bomarzo）的瓦莱里奥·奥尔西尼（Valerio

枢机主教伊波利托二世的埃斯特别墅建筑群,建于 1560 年

Orsini)王子花园则是完全将景观安排成了诡异梦幻的白日梦。在园林的入口处,设计者似乎有意将人们引入未知的"异世界":失衡的房屋、大怪兽、地狱入口处的双翼龙和大象残忍地把士兵摔在地上……这些"惊人的雕塑"被着意安排在这里。为了表现出苍凉荒诞的效果,雕塑选用了当地的毛石粗雕而成,四周的环境也被刻意设计成荒凉的景色。在这里,雕塑已不是单纯作为点缀,它们已经开始有目的性地和环境发生了关联,或多或少地吸纳了自然的因素。

还有一处特殊的场所,我们姑且也将其唤作主题雕塑花园。那就是路易十四的杜乐丽花园(Tuileries Garden)和凡尔赛宫花园。它们是举世闻名的贵族生活之地,其中也放置了一些雕塑作品。设计师巧妙地把建筑、园艺、雕塑结合在一起,使它们同时衬托出一个王室绝对感兴趣的主题——太阳王的领地代表绝对的权威和世界的中心。

杜乐丽花园的贵族身份,说起来还是由于它曾是法国亨利二世的皇后凯瑟琳·德·美第奇(Catherine de Medici)的私产。花园的中心曾是恢宏壮丽的杜乐丽皇宫,自它落成之日起,便一直作为皇帝、

凡尔赛花园，建于 1682 年

皇后的寝宫，也是皇帝每年宴请宾客之地，繁极一时。后来凡尔赛宫落成，皇帝迁出，杜乐丽皇宫一度遭到冷落。但皇宫外围这座塞纳河畔景观怡人的花园至今仍是巴黎最令人着迷的花园之一。

当你从巴黎地铁一号线的杜乐丽宫站走出，不过三分钟的路程，你就会看到这座坐落于巴黎第一区，安静地躺卧在卢浮宫和协和广场之间的公共花园。花园建成于 1564 年，1667 年第一次对公众开放。而经过了声势浩荡的法国大革命之后，这里俨然已是一座供巴黎人欢庆、聚会、休闲的公共花园。这里是巴黎闹市中一处难得的静谧场所，闲适的人们在这里散步、小憩、读书，一阵微风拂过，落英缤纷，为这里染就了浓厚的浪漫气息。殊不知，就是那些一向自负浪漫的巴黎本地人也常常驻足于此，陶醉不已。

栗树、莱姆树和众多唤不出名字的花花草草栖息于此，为花园披上了梦幻雅致的面纱。而在一个不经意的转角，赫然出现的青铜雕塑又会立时带来一丝庄严的气息。这样奇妙的碰撞使你漫步于公园那亲切朴实的碎石土路时，可以不时感受到大自然为你带来的舒适，以及

雕塑公园的源头　101

巴黎杜乐丽花园,建于 1644 年

艺术家为你带来的未知的惊喜。

除了成群的鸽子、野鸭和林间的松鼠,散落在公园各个角落的,还有艺术大师们的雕塑杰作。它们栖止于此,见证着巴黎的世事变迁。不过,虽然这里较其他野外园林来说陈设了些许雕塑作品,也因此在游客眼中博得了"露天博物馆"的称号,但实质上,该公园中只是点缀性地摆放了一些马约尔(Maillol)的雕塑,算不上真正意义上的雕塑公园。

是它不被当地政府所重视吗?不,其实恰恰相反。通过前面我对花园景观的描述,你应该可以感受到,杜乐丽花园一直作为法国的文化遗产而受到了严格的保护。但问题恰恰出在这里。这就好比北京的北海公园和颐和园,如果有人提出在里面长期摆放现代雕塑作品,这个人一定会被铺天盖地的反对声所包围。

人们认为，杜乐丽花园是作为历史的使者而矗立于此的，将之变为供人赏玩的功能性公园就势必会降低它的档次和规格。举个鲜明的例子来说，1963年，马约尔的义女迪娜·维耶尼（Dina Vierny）想把这位雕塑家的18件作品无偿捐献给国家，放到该公园中供游人观赏。这本是个无私的义举，却遭到了强烈的反对，后来还是在法国文化部部长安德烈·马尔罗（Andre Malraux）的呼吁下才得以最终实现。

［法］马约尔:《夜》，青铜，1.1米×0.6米×1.05米，1909年，巴黎杜乐丽花园

［法］马约尔:《河流》，青铜，1.36米×2.29米×1.68米，1943年，巴黎杜乐丽花园

前面我们提到的，都是古代欧洲的集中雕塑，充其量只能说是现代雕塑公园的远祖。那么，是哪种"时代的"因素直接导致了现代雕塑公园的诞生呢？那就是近代的户外雕塑展览。正是从近代欧洲国家举办的户外雕塑展览开始，雕塑艺术才变得如此接近自然，雕塑这些昔日博物馆中备受呵护的艺术品才被放到了更加广阔的天地之中，雕塑家开始将雕塑与自然的关系作为一个重要课题认真对待。

首先，无论是参观户外雕塑展览，抑或是流连驻足于雕塑公园，我们的主要目的再清楚不过了，那就是纯粹的审美欣赏。其次，它们都是为了集中展示不同风格的雕塑作品。不过，两者相比，雕塑公园的优越性就是可以从户外展览中选择作品永久收藏，这构成了雕塑公园作品的一项来源。

除了雕塑公园所拥有的上述专属特权之外，户外雕塑展览和雕塑公园的另外一个显著的不同之处，在于临时性和永久性的差别。那么临时性和永久性的差别是怎样影响雕塑作品创作和摆放的呢？这个问题的答案是显而易见的。

试想一下，如果某位艺术家的作品要永久放置在雕塑公园中的某地，他自然而然地会去思考如何使作品与摆放地的自然环境相互协调。而对于一个临时性的展览来说，作品就像游牧民族那些可拆卸组装的"流动型"房屋，随时可以拆除，根本不必为这样的问题而苦心经营。

下面，让我们继续将目光移向欧洲大陆，探寻一番户外雕塑展览的活动踪迹。

我们的视线将首先停留在1950年的郁金香王国荷兰。这一年，荷兰的米德海姆户外雕塑博物馆（Middelheim Open Air Museum of Sculpture）在米德海姆公园举行了首届国际雕塑展。想必展览一定是取得了可喜的成绩，因为在那之后，该市市长便建议在这里建立一个永久的户外雕塑博物馆，并且得到了市议会的批准。

与荷兰相距不远的大不列颠岛上，英国的第一个户外雕塑展览——巴特西公园（Battersea Park）展览早在1948年就已由伦敦市

[英]亨利·摩尔:《国王和王后》,青铜,1.7米×1.5米×0.95米,1953年,荷兰米德海姆户外雕塑博物馆

政委员会承办了。这个由官方策划的展览共计展出了35位艺术家的43件作品,并"一路绿灯",顺利地连续举办了多年。

让我们来听听这些参展艺术家的名号吧:多布森(Dobson)、马约尔每人展出三件作品,爱泼斯坦、亨利·摩尔、罗丹、查尔斯·惠勒(Charles Wheeler)每人展出两件作品……数位大师的佳作集结于此,该展览的号召力可见一斑。不仅如此,芭芭拉·赫普沃思、理查德·贝德福德(Richard Bedford)等人也是重要的参与者。"见好就收"可不是主办方的目的,他们随后在格拉斯哥(Glasgow)和谢菲尔德(Sheffield)也举办了同样的户外雕塑展览。一系列展览活动延长了时间,扩大了活动范围,主办人终于开始注意到雕塑和环境的关系问题。

帕特里夏·施特劳斯(Patricia Strauss)在展览的前言中写道:"巴特西公园引人入胜的湖畔花园、广阔的草坪和繁茂的树林,为我们找到了一个使雕塑介入理想环境的大好时机。"那么抓住了这一"大好时机"的艺术家们究竟怎样选择作品的题材呢?在首次展览时,

雕塑公园的源头　105

显然还是人物雕塑占了上风。除了赫普沃思的《赫利肯》是一件完全抽象风格的作品，以及贝德福德的《树》是以植物为题材的自然主义写实雕塑之外，其他雕塑家的作品都是清一色的人物雕像。

正所谓"投石问路"，有了在第一届展览中摸索的经验，1949年的第二届展览显然在作品风格上有了很大的变化，从写实向抽象的发展趋势愈来愈明显。

在1951年的某本杂志中，有过这样一段评论："参观巴特西雕塑展览的大多数人完全对他们的所见感到迷惑。"举个例子来说，阿尔普、比尔（Bill）、安托万·佩夫斯纳展出的是三件抽象风格的作品。其他人的作品基本属于具象雕塑的范畴，包括安德里森（Andriessen）、巴拉赫（Barlach）、布德尔（Bourdelle）、沙鲁（Charoux）、德斯皮奥（Despiau）、埃利克（Ehrlich）、哈迪曼（Hardiman）、亨格斯（Henghes）、亨宁（Henning）、荣松（Jonzen）、科尔贝（Kolbe）、兰伯特（Lambert）、莱德沃德（Ledward）、莱姆布鲁克（Lehmbruck）、马约尔、曼祖（Manzu）、默尼耶（Meunier）、米纳（Minne）、宁普奇（Nimptsch）、罗丹、托马斯（Thomas）、惠勒的作品，但请注意相关字眼，是"基本"属于具象雕塑范畴，因为多数作品都不同程度地显示出了变形的效果。

伴随着前两届展览经验的积累，第三届展览于1954年在荷兰的公园开幕了。这次展览对"户外雕塑"的特点有了更加明确的表述，策展人终于在六年的时间之河中窥破了大自然倒映在水波中的秘密，于公众面前执起了抽象雕塑之手。就像肯尼斯·克拉克（Kenneth Clark）在介绍词中说的那样：

> 我可以断定，"表现性雕塑"更需要不规则的"自然"场合，而儒雅和建筑装饰性的雕塑更适合正规场合或人工环境……本次展览已经显示出更倾向于"表现性雕塑"的潮流，反映出对欧洲20世纪四五十年代早期占统治地位的世俗泛神论思想的温和反叛。

神户须磨离宫公园,建于 1914 年

户外雕塑展览在日本出现的时间比欧洲稍晚。1957 年末至 1958 年春,在镰仓现代艺术博物馆的庭院中举办了"58 团体户外雕塑展览"。1963 年,在宇部市的常石公园举办了国际雕塑大赛,其后从 1965 年开始又在这个公园中连续举办了几届系列展。1968 年,神户的须磨离宫公园举办了户外雕塑展,这都使户外雕塑展览在日本得到了广泛传播。1969 年,雕刻之森美术馆的开园仪式和大型国际雕塑展同时举行,从此日本进入"雕塑公园时代"。

中国户外雕塑展的创始时间远晚于西方和日本。其先行者应该是 1993 年首次举办的"中国威海国际雕塑艺术大赛",此后,各地政府纷纷效仿,掀起了举办国际雕塑大赛的潮流。雕塑家朱尚熹的文章中说道:"最早在中国出现的户外雕塑展是在威海举办的国际雕塑大赛。在不到十年的时间里,此类活动在中国大地举办了 20 来次,而且还在进一步地扩展,形势之火爆可见一斑。这类活动基本上是艺术家做一件独立地作品,在室外环境中简单地一摆,只能算永久性的室外展示活动,作品与环境的关系谈不上融洽。"这些活动包括了天津

雕塑公园的源头

泰达国际雕刻大赛、长春国际雕塑邀请展、广西愚自乐园国际雕塑创作营、北京延庆国际雕塑大赛、石家庄国际石雕展、北京国际城市雕塑展……

  1993年威海国际雕塑大赛过后，政府选择海滨的一片山坡放置展览作品，将之打造成了一个小型雕塑公园。2002年9月"中国北京·国际城市雕塑艺术展"开幕仪式与北京国际雕塑公园东区开园仪式同时举行，展览中现场制作的140余件大型雕塑永久陈列于公园之中。1997—2003年，长春市接连举办了六届国际雕塑作品邀请展，随着展览规模的扩大和作品数量的增多，迫切需要固定的场地来放置展览作品，因此雕塑公园的建设也迫在眉睫。长春世界雕塑公园开工建设两年后，在2003年9月同时举行了第六届长春国际雕塑邀请展开幕式和长春世界雕塑公园落成典礼。而此后长春市政府还将连续举办国际雕塑邀请展，长春世界雕塑公园目前也已成为国内以雕塑展览为核心，规模最大、延续时间最长、成体系发展的大型雕塑公园。

  除此之外，以主办国际雕塑邀请展为源头的雕塑公园还有北京延庆夏都公园雕塑园、福州闽江公园雕塑园、杭州太子湾公园雕塑园等。

  从古代欧洲的集中雕塑到近代户外雕塑展览，从欧美各国的"冲锋陷阵"到东亚诸国的"奋起直追"，雕塑公园的真正意义上的完整风貌在这最初懵懂的探索道路中终于逐渐清晰起来。

第六讲　｜　雕塑公园名称的由来

从古老的装饰园林驰骋到近代的户外雕塑展览，第五讲中，我们已经对雕塑公园追根溯源，明白了"雕塑公园"这个现代雕塑的乐土是如何生长与发展起来的。那么，我们接下来需要弄明白的一点是，所谓"雕塑公园"这个名称，究竟是如何得来的？

在汉字的语言功能里，总是能找到高度概括的词语来统领整个语义。就像在汉语中，我们一般把雕塑集中摆放的特定形式称为"雕塑公园"或"雕塑园"，你别看这二者有一字之差，但无论是从形态上还是功能上来说，都瞧不出太大的区别。可要是换个语境来看，这字眼中的差别就微妙了。

比如说在英语中，和"雕塑公园"相对应的名称主要有"sculpture park"和"sculpture garden"。除此之外，还有少数被称为"open air museum of sculpture"，我们可以将其分别称为"大型雕塑公园""雕塑花园""户外雕塑博物馆"……它们远远早于"雕塑公园"在中国的出现。因此，要是想对雕塑公园的来龙去脉搞个清楚，我们要摆脱晦涩的概念，踏上旅途，从这些名称出现在旖旎风光中的实例入手。

在总称为"雕塑公园"的大范围里，又可以划分为三个不同的部分。第一类区域面积广阔，景观开阔，除了陈列的雕塑以外，以自然生态为主要特色，可以称为"大型雕塑公园"。第二类环绕于其他建

美国俄亥俄州金字塔山雕塑公园。远处是［美］巴顿·鲁本施坦：《天际飞行》，不锈钢，高9.14米，2012年；近处是［美］巴里·廷斯利：《码头入口》，钢材和花岗岩，1997年

第六讲　雕塑公园名称的由来

筑而生成，面积不大，景致清幽，可以称为"雕塑花园"。第三类的功能和前两者近似，可是人们对它并没有固定和统一的称谓，可以叫"雕塑露台""纪念雕塑广场"等。但是无论你身处哪一片区域之内，只要不离开这个大范围，就可以算是"雕塑公园"。

　　如果你已经真正搞清楚了这几个称谓之间的关系，下面我们就先来观赏雕塑公园范围内的第一个类型——大型雕塑公园。这些大型雕塑公园一般都建立在城市郊外或风景秀丽的旅游胜地，面积常常达到十几英亩以上，宽阔而沉静。拿美国俄亥俄州的"金字塔山雕塑公园"（Pyramid Hill Sculpture Park）来说，它的占地面积就达到了265英亩。还有更夸张的，足以令你瞠目结舌——以展示巨型雕塑为主的纽约风暴国王艺术中心的占地面积可是足足达到了500英亩！

　　从大型雕塑公园的旷野中晃过神来之后，我们再来探访依偎于城市怀抱之中的雕塑花园。雕塑花园一般随博物馆建在城区之内，面积小巧，大多是从几十平方英尺至几英亩不等。在美国密苏里州纳尔逊–阿特金斯艺术博物馆（Nelson-Atkins Museum of Art）的堪萨斯城雕塑公园（Kansas City Sculpture Park）占地22英亩，在雕塑花园中不算小。整座雕塑花园由三个小雕塑花园组合而成，东南面露台旁低语的是皮尔逊雕塑花园（The E. F. Pierson Sculpture Garden），南边

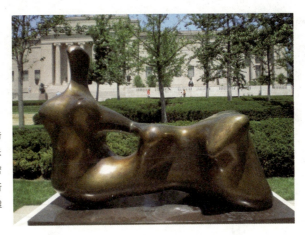

[英]亨利·摩尔:《斜倚的人体》,青铜,1.7米×2.2米×1.3米,美国密苏里州纳尔逊–阿特金斯艺术博物馆的堪萨斯城雕塑花园

草坪上小憩的是亨利·摩尔雕塑花园,向右转向西面,又是一个独立的雕塑花园……这一逐渐组合的过程就像是俄罗斯套娃,为"大型雕塑公园"和"博物馆雕塑花园"在面积大小方面的关系做出例证。

说完了雕塑公园形制规模上的不同,我们将目光回转到雕塑公园的作品户外雕塑上面来。大型雕塑公园一般会根据地形的变化,巧妙地因地制宜,将雕塑散布于覆盖有草坪的平原、山丘或水面上。博物馆雕塑花园则由于受到地理位置和占地面积的制约,没有办法借助湖光山色的辉映,不能以树木、鲜花、湖水、小型建筑等景观为主,而是只能在平整的草地上集中摆放各种风格的雕塑,从环境布局上来看不够大气,较为寡淡。但无论是大型雕塑公园还是博物馆雕塑花园,公园或花园本身并不是目的,展示其中的雕塑才是艺术家和观者的心中所想。其他任何景观、设施只是为雕塑欣赏服务的侍者,任其风姿再妖娆,也不能喧宾夺主。

除了我们反复提到的大型雕塑公园和博物馆雕塑花园,还有一类雕塑公园可称之为"户外雕塑博物馆"。这种颇具学术性的命名方法早于"雕塑公园"和"雕塑花园"的出现,或许就是由于其过于学术化的称谓,缺乏了愉悦身心的休闲性,所以这种称谓在世界范围内并没有得以广泛地流行,只能作为一种早期的雕塑公园命名方法供人

荷兰的克勒尔－穆勒博物馆雕塑公园，建于 1961 年

了解。

    以建于 1950 年的比利时米德海姆户外雕塑博物馆为例，该博物馆的雕塑作品起初是在室内展出，后来由于作品数量的增多，于 1961 年移到户外永久摆放，说起来也是不得已而为之。当然除了它，还有建于 1969 年的日本箱根雕刻之森美术馆等，不再一一列举。从这类户外博物馆的形式看，它们的面积一般介于博物馆雕塑花园和雕塑公园之间，艺术特色方面则和博物馆雕塑花园大同小异，主要以扩充雕塑摆放空间的实用目的为主，并没有显示出雕塑公园那种使雕塑和自然紧密联系的发展倾向。简言之，就是投入自然怀抱的倾向不明显，走向生态改良的悟性不高。

    从各种名称在世界范围内的分布来看，我们熟知的以"park"和"garden"命名的方法基本上是美国的一种原创。美国最早建成的雕塑花园是 1953 年由菲利普·约翰逊（Philip Johnson）设计的纽约现代艺术博物馆的艾比·奥尔德里奇·洛克菲勒雕塑花园（Abby Aldrich Rockefeller Sculpture Garden）。

和美国人惯常的快节奏步态不同的是，一向自诩为"日不落帝国"的大不列颠又在这里落了下风。同样是使用英语，并且拥有亨利·摩尔、赫普沃思等雕塑大师的英国雕塑公园出现的时间却晚了美国二十余年，直到1977年，韦克菲尔德市（Wakefield）附近才创建了英国第一座永久雕塑公园——约克郡雕塑公园（Yorkshire Sculpture Park）。不仅如此，英国除了"sculpture park"之外，雕塑公园的构成并不健全，他们甚至没有一座"sculpture garden"的实例存在。

被美国远远甩下的还不仅仅是英国。整个欧洲大陆除了丹麦哥本哈根的路易斯安那博物馆在自己的平面图中标明设有雕塑花园之外，其余各博物馆基本没有提到有雕塑花园。因此雕塑公园虽然是以欧洲的"户外雕塑博物馆"为雏形，但在美国才得到了全面的发展。按照我们的探访来看，以博物馆建筑为核心的雕塑花园应该算作是美国的一种独创了。

说到这里，当代西方其实还有一种比较特殊的雕塑集中摆放形式，我们可以称之为"雕塑之径"（sculpture trail）。例如1999年建成的美国田纳西州纳什维尔的奇克伍德植物园和艺术博物馆（Cheekwood Botanical Garden and Museum of Art）的卡雷尔林地雕塑之径（Carell Woodland Sculpture Trail）。这一名称最早起源于英国。如英格兰的奇尔顿雕塑之径（Chiltern Sculpture Trail）、迪恩森林雕塑之径（The Forest of Dean Sculpture Trail）。你可能不知道，目前这一命名方法在世界范围之内也寥寥无几。

不过，以"雕塑之径"命名的雕塑公园即便再稀少，它也还是个正规而又清雅的称谓。但最近二十年建成的几座雕塑公园，可以说像是现代社会步入了叛逆期的少年，倔强地选择剑走偏锋，以非常规的方式命名。

也许通过一些例子你就会明白，比如美国得克萨斯州的贝尔尼尼基金会暨雕塑牧场（The Benini Foundation and Sculpture Ranch），取名牧场是为了反映得克萨斯丘陵起伏的自然环境，倒也解释得过去；1992年建于新泽西州的雕塑公园许是为了彰显自己广博的土地，遂

第六讲 雕塑公园名称的由来

［英］巴巴拉·海普沃斯：《人类家庭》，青铜，1970年，英国约克郡雕塑公园

［西］若姆·普伦萨：《厄玛-努丽娅》，不锈钢，2007年和2010年，英国约克郡雕塑公园

将自身命名为"雕塑大地"（Grounds for Sculpture）……除了这类和雕塑搭得上边的名字，还有一些雕塑公园的命名方式似乎与雕塑根本无关。2003年建成的广西桂林愚自乐园，1999年建成的台北金山乡朱铭美术馆，都值得雕塑公园爱好者当作趣味来予以关注。

　　我们对雕塑公园的名称有了一定的了解，知道了雕塑公园的本质实际上就是一种雕塑集中摆放的特定形式。既然雕塑需要集中摆放，那么拥有足够面积和优异环境的场域空间自然是必不可少的。接下来，我们了解一下雕塑公园广阔而美丽的场域吧！

　　雕塑公园的场域就是指雕塑公园的面积范围。在划定了边界之后，这一区域内部的雕塑、自然生态系统和人工生态系统共同构成了雕塑公园的整体风貌。不过在这里，有一点要提醒你注意。面积虽然是决定雕塑公园不同类型的重要因素之一，但面积大小可并不代表公园内雕塑作品数量的多寡，更不代表其中雕塑作品艺术水平的高低。举个简单的例子，占地500英亩的美国纽约风暴国王艺术中心收藏有120多件雕塑作品，而占地只有17英亩的日本箱根雕刻之森美术馆却拥有超过500件雕塑作品，且其中绝大部分堪称雕塑史上的杰作。明白了这个道理之后，我们就可以专注于讨论雕塑公园的场域对其艺术特色的影响了。

　　如果你认真读了前面几讲，搞清楚了大型雕塑公园及博物馆雕塑花园的区别之后就会明白，大型雕塑公园的范围一般要比博物馆雕塑花园开阔许多。放眼世界，面积宽广的大型雕塑公园有很多：500英亩的美国纽约风暴国王艺术中心、425英亩的纽约州格里菲斯雕塑公园（Griffis Sculpture Park）、400英亩的美国科罗拉多州户外艺术博物馆（Museum of Outdoor Arts）、260英亩的英国约克郡雕塑公园、92公顷（约合227英亩）的中国长春世界雕塑公园、900亩（约合148英亩）的桂林愚自乐园、37英亩的1981年新建的贺原宠寺户外博物馆（Utsukushi-Ga-Hara Open-air Museum）、17英亩的日本箱根雕刻之森美术馆……

　　与大型雕塑公园的宽广辽阔相比，博物馆雕塑花园显然走的是

日本贺原宠寺户外博物馆，建于1981年

小巧精致的路线，它们的面积总是维持在10英亩以下。同样用例子来说明，美国华盛顿赫什豪博物馆雕塑花园（Hirshhorn Museum and Sculpture Garden）占地4.2英亩，美国华盛顿国家画廊雕塑花园占地6.1英亩，美国佛罗里达州波尔克博物馆雕塑花园（Polk Museum of Art Sculpture Garden）则仅仅占地205平方米。

博物馆雕塑花园之所以面积不大，归根结底还是受其本身性质所限。博物馆雕塑花园建在建筑物的四周，其场域内环境的烘托对象是作为主体的建筑物。也就是说，在建筑物周围散落的个别雕塑作品，只是映衬主体建筑物的"路人"而已。不过，随着出入于建筑物的人开始怀有欣赏雕塑杰作的乐趣，一个难题就出现了：周边适合放置雕塑的土地面积十分有限。因此，雕塑花园最初的设计就注定它不可能一劳永逸，随着雕塑数量的不断增加，所需面积必然会随之扩充。于是，各博物馆雕塑花园在发展的过程中试图通过各种渠道来扩展雕塑花园的范围，这一变化过程也使得各地的博物馆雕塑花园逐渐形成了不尽相同的艺术特色。

那么，究竟又有哪些渠道被应用在了博物馆雕塑花园范围的扩展上面呢？比如说，有些博物馆将原本不适合放置雕塑的场地加以改造，形成了独具特色的主题性雕塑花园。瑞典斯德哥尔摩的现代博

[美]小拉里·格里菲斯：《罗尔山雕塑》，青铜，1966年，美国纽约州格里菲斯雕塑公园

物馆（Moderna Museet）就是这个方法的践行者，它最初就是利用一个海军训练基地的故址建设而成的，而雕塑花园则是因地制宜地利用该基地的训练操场。纽约大都会艺术博物馆利用楼房屋顶建设了艾里斯·坎托&杰拉尔德·坎托屋顶花园（Iris & Gerald Cantor Roof Garden），欣赏雕塑之余，游人可以一边坐下来喝点儿啤酒，一边俯瞰绿荫如画的纽约中央公园，如今，这里已经成为纽约市民休闲娱乐的首选场所之一。同样巧妙利用了楼顶平台的雕塑花园还有建于1992年的德国波恩艺术博物馆。

　　有些博物馆雕塑花园是在不断扩展的过程中逐步成形的。美国密苏里州纳尔逊-阿特金斯艺术博物馆的堪萨斯城雕塑公园由不同时期建成的三个独立雕塑花园组合而成。东南方向的露台上是建于1972年的皮尔逊雕塑花园，其中展示有罗丹、雷诺阿、利普希茨等艺术家的雕塑作品。南边草坪上则坐落着1989年对外开放的亨利·摩尔雕塑花园，其中展有13件亨利·摩尔的巨型雕塑。1994年，博物馆四周的不同位置又分别安放了奥尔登堡的4件作品以及库斯杰·范·布吕根创作的《羽毛球》。东面草坪在1996年又增加了莱维特、乔治·西格尔（George Segal）、苏维罗、考尔德、夏皮罗、野口勇等人的作品，再次形成了一个独立的雕塑花园。

第六讲 雕塑公园名称的由来

纽约现代艺术博物馆艾比·奥尔德里奇·洛克菲勒雕塑花园,建于1953年

纽约现代艺术博物馆的艾比·奥尔德里奇·洛克菲勒雕塑花园建在三面建筑物包围,一面朝向马路的天井之中,展示有伯顿(Burton)、安东尼·卡洛、亨特(Hunt)、拉歇兹(Lachaise)、马约尔、马蒂斯、利普希茨、亨利·摩尔、纳德尔曼(Nadelman)、奥尔登堡、罗丹、戴维·史密斯、托尼·史密斯等雕塑大师在不同时期的作品。2000年博物馆进行了改造,在扩展了1953年由菲利普·约翰逊设计的雕塑花园,面积一跃达到1765平方米。同时,为了使游人能更方便地欣赏到中庭的户外雕塑,这里还巧妙地将博物馆的墙壁改造成了透明的玻璃幕墙。

除了面积扩大之外,有些博物馆在扩建和改造工程中采取了独特的创意，营造出了新颖的艺术氛围。美国阿巴拉马州的伯明翰艺术博物馆（Birmingham Museum of Art）的查尔斯·W.爱尔兰雕塑花园（Charles W. Ireland Sculpture Garden）把建筑物前面的雕塑花园分成了"红山花园""底层画廊""上层广场"三个高低错落的小花园，以应用于不同特色的雕塑展览活动。"红山花园"处于中间位置，基本保持了具有三十年历史的老博物馆花园的原貌，其中展有罗丹、利普希茨等人的作品。其余两个花园都是在1993年扩建而成的，其中"上层广场"用来放置大型雕塑作品，而空间低矮的"底层画廊"则仅限于放置不超过真人大小的作品。这三个独立的展出空间错落有致，彼此互不干扰，使整个雕塑花园呈现出新老结合、纷繁多变的艺术特色。

1969年在美国加利福尼亚州，奥克兰博物馆新馆面世。与博物馆主体建筑同时落成的还有依托于主建筑的雕塑花园。博物馆的三层建筑沿地势由低向高呈阶梯状排列，依次是自然博物馆、历史博物馆和艺术博物馆。博物馆每一较高层展厅都借助前面较低层展厅的屋顶建成雕塑花园，观众沿各层位于两侧的户外楼梯逐次进入上层展厅，就能在一路坦途中把雕塑花园中的作品一览无余。

在全世界，雕塑公园所使用的名称以及它们的面积、场域比较起来确实显得有些杂乱无章，当下的人们，更愿意用"现象"一词来表现某一突然兴起的、火爆的群体性动作。而雕塑公园的随意命名这一现象，本身反映出雕塑公园作为一种正在全世界范围内广泛传播的新事物，目前还没形成完全一致的观念，其命名方式也正处于一种错综复杂的情况。就像青春期的孩子还未定了性，总是想要突破束缚，表达个性的张扬。它们的命名很大程度上取决于创办人的个人想法，他们认为自己完全拥有突破前人命名方式的权利和自由。

第七讲 ｜ 千姿百态与因地制宜

在前面一讲，我们说了这么多雕塑公园的面积问题，其实，这只是雕塑公园场域性质的一个方面。雕塑公园的场所位置还指雕塑公园所在地点的社会属性，即是建设在博物馆周围、大学校园，还是自然风景区、工厂企业？场所对雕塑公园的艺术特色所产生的影响，也决定了雕塑公园在使用功能方面的不同。接下来，我就为你介绍雕塑公园所在场所的几种类型：

第一种类型是博物馆、艺术中心和基金会。

首先，是大家最为熟悉的博物馆。一座带有人文情怀和历史厚度的博物馆，无论其位于哪个大洲，被哪个人种所建造，其宗旨都是完成艺术品的保护和收藏。纽约现代艺术博物馆是这样阐述自己的发展目标的："创建、保护、见证一份反映现当代艺术之活力、丰富性和演变方式的高水平、永久性艺术收藏。"美国作为"二战"之后现代艺术更乐于效忠的"宗主国"，在各州主要城市普遍建有综合性的博物馆与雕塑花园，而它们也构成了区域性艺术品收藏中心。在首府华盛顿以及纽约等国际大都市，建有一批世界级的大型博物馆，这些博物馆一般都拥有悠久的历史和精美的收藏，藏品不仅限于雕塑、绘画，还包括了古代文物、自然、历史、科技等方面。

其次，是地位身份不如博物馆崇高，但较之博物馆更为灵活多样的艺术中心。艺术中心主要涉足高雅艺术领域，视觉艺术、音乐和表演艺术等都囊括其中,这里我们只列举一些建有雕塑公园或雕塑花园的艺术中心。艺术中心和博物馆相比,除了艺术品收藏和展示之外,安排有更为灵活多样的创作活动。美国纽约的奥米国际艺术中心(Art Omi International Arts Center)每年邀请世界各地的画家、雕塑家、作家、音乐家、舞蹈家等来此进行为期三周至两个月的创作体验活动。这种创作营最终促成的效果是各地艺术家喜闻乐见的,就像该中心的宗旨所言:"以寂静乡野中举办的国际创作营活动为契机,促进作家、音乐家、视觉艺术家之间的交流。"

除了博物馆和艺术中心之外,一些基金会组织也建有雕塑花园。我们都知道,西方社会有着成熟完善的基金会赞助体系。它是一种保护、收藏艺术品,为艺术家创作提供赞助的非营利性组织,资金一般来源于个人作品、遗产和土地捐赠,其中艺术家的遗产称得上是基金会的重要资金来源。西方国家法律普遍规定了征收遗产税的政策。就是说,如果著名雕塑家的作品想要留给后代,他们必须缴纳巨额税金来为自己对后代的疼爱而买单。因此,很多艺术家索性在生前立下遗嘱,把全部作品捐献给国家或成立基金会,这样做既赢得了好的名声,又可以免除大量的税收。

然而除了避税之外,这样的做法还有什么好处呢?英国亨利·摩

英国约克郡雕塑公园,建于1977年,远景为亨利·摩尔作品

[美]约翰·韦伯:《卡梅拉》,不锈钢,高 2.4 米,美国得克萨斯州贝尔尼尼基金会暨雕塑牧场

尔基金会在其官方网站的主页中写道:"亨利·摩尔基金会是一个已注册的慈善团体,通过促进人们对美术,特别是亨利·摩尔作品的欣赏来提升公共教育。"显然,雕塑作品在这里摇身成为引导公众的"教父"角色。亨利·摩尔基金会雕塑花园的土地和雕塑作品全部来自亨利·摩尔的遗产,1940 年亨利·摩尔在这里建立了工作室,并着手在房屋周围放置大型雕塑作品,逐渐汇聚成面积达 70 英亩、融雕塑和自然景观为一体的雕塑集合地。1977 年,亨利·摩尔把这间倾注了其大半生心血的工作室捐赠给了以其名字命名的艺术基金会。

而占地 140 英亩的美国贝尔尼尼基金会暨雕塑牧场则是由艺术家贝尔尼尼于 1999 年创立的。这家雕塑牧场为美国及其他国家的雕塑家无偿提供为期两年的作品展示机会,同时,基金会也邀请收藏家前来选购作品,或者委托世界各地的雕塑家来到这里进行定点雕塑的创作,并把所售作品金额的 20% 捐赠给基金会作为购买永久藏品的资金。

第二种类型是大学校园。

大学校园同样是收藏和展示现代雕塑作品的重要场所之一,以大

[美] 野口勇：《观天》，钢材，4.3米×5.2米，1969年，华盛顿特区贝灵汉西华盛顿大学的户外雕塑收藏

学校园建成雕塑公园的实例主要集中在美国。在大学校园里放置雕塑的情况如今可谓十分普遍，当你漫步于国内任何一所大学里，甚至是中学校园，总会与带有标志意义的雕塑作品不期而遇。但与国内大部分高校只是将纪念雕塑作品矗立于广场或校门处不同，美国显然是把校园雕塑上升到了独立自主的高度，甚至很多高校都建有独立的雕塑公园。现代雕塑在校园中不但可以起到装饰和美化环境的作用，更重要的是发挥了启发学生创造性思维的审美教育功能。在美国，以校园雕塑闻名的大学至少有二十一所，这些大学在校园雕塑方面的特殊性和重要地位又主要体现在下面这三个方面：

第一个方面，美国大学雕塑公园一般都具有悠久的历史，创建时间并不晚于博物馆雕塑花园。华盛顿特区贝灵汉（Bellingham）的西华盛顿大学户外雕塑收藏（Western Washington University Outdoor Sculpture）在1957年已然开始。加利福尼亚大学洛杉矶分校的富兰克林·D. 墨菲雕塑花园（Franklin D. Murphy Sculpture Garden）也在十年之后落成,它们都早于华盛顿赫什豪博物馆雕塑花园的建立。

第二个方面,在这二十一所大学雕塑公园中,直接以"garden"或"park"独立命名的就达到了十一所之多!比如马萨诸塞大学波士顿分校定点雕塑公园,斯坦福大学的B.杰拉尔德·坎托罗丹雕塑花园(B. Gerald Cantor Rodin Sculpture Garden)和巴布亚新几内亚雕塑花园(Papua New Guinea Sculpture Garden)。

当然还有其他的命名方式:得克萨斯州达拉斯的南卫理公会大学(Southern Methodist University)的梅多斯博物馆暨雕塑庭院(The Meadows Museum and Sculpture Court)的雕塑花园命名为"雕塑庭院"。剩下九所大学中有四所自称"雕塑收藏",并以捐献人的名字命名,如普林斯顿大学的小约翰·B.帕特南纪念雕塑收藏(John B. Putnam, Jr. Memorial Collection)、堪萨斯州威奇托州立大学的马丁·H.布什户外雕塑收藏(Martin H. Bush Outdoor Sculpture Collection)等。这四所大学的雕塑建设和以上十二所大学雕塑公园的区别只是命名方式不同,绝不是简单的装饰,也显示出了独立的意义。其他五所校园雕塑没有特殊的命名,有些只被称为"项目",如西密歇根大学雕塑游览项目(The Western Michigan University Sculpture Tour Program)。但即便如此,这些所谓的"项目"也都在学校的网站上拥有各自独立的板块,来详细介绍校园内雕塑的名称、作者、创作时间、实际尺寸和摆放位置等内容。

第三个方面,美国大学雕塑公园的重要性还体现出不可思议的一面,那就是,它们几乎都拥有世界著名雕塑大师的作品!斯坦福大学的B.杰拉尔德·坎托罗丹雕塑花园拥有超过200件罗丹作品,其中雕塑花园中大约放置了20余件大型雕塑作品,其他的则一部分收藏在坎托视觉艺术中心的室内展厅,一部分放置在校园其他地点,例如蜚声世界的《思想者》就安放在迈耶图书馆(Meyer Library)旁边。怎么样?拥有如此重量级的图书馆"看守员",想来学生们再不会怠懒,而是把图书馆作为朝圣的殿堂吧!

新泽西州普林斯顿大学的小约翰·B.帕特南纪念雕塑收藏则建

[法] 罗丹:《加莱义民》,青铜,2.1 米 ×2.4 米 ×1.9 米,1884—1886 年,美国斯坦福大学 B. 杰拉尔德·坎托罗丹雕塑花园

成于 1974 年,耗资达 100 万美元。这所校园内的雕塑同样是"星光熠熠",汇集了亨利·摩尔、吉奥·波莫多罗(Gio Pomodoro)、戴维·史密斯、毕加索、利普希茨、路易斯·尼文尔森(Louise Nevelson)、乔治·西格尔、克莱门特·梅亚德莫尔(Clement Meadmore)、嘉博、考尔德和佩夫斯纳等多位雕塑大师的作品。

天哪!这些哪里还是用以点缀校园环境的雕塑"路人",无论从雕塑数量、规模、创作者的身份等哪一方面来看,根本就是带有校园风情的一座座完整而又经典的雕塑公园。

想必你在为西方校园雕塑竟已发展到了如斯地步而惊讶得合不拢嘴了吧?别惊讶得太早,刚才我们只是了解了校园雕塑公园的特殊性,接下来我们索性再来看看美国校园雕塑公园都有哪些形式。

第一种形式是雕塑公园在校园之内。按照大学雕塑公园的惯例,既可以将雕塑分散放置,也可以为之建成单独的雕塑花园,比如新泽西州伯灵顿郡大学雕塑花园(Burlington County College Sculpture

千姿百态与因地制宜　125

[西]毕加索:《女人头像》,混凝土和石材,高 4.9 米,1962 年,美国普林斯顿大学的小约翰·B. 帕特南纪念雕塑收藏

Garden)和加利福尼亚大学洛杉矶分校的富兰克林·D. 墨菲雕塑花园。还有一些建有博物馆或艺术中心的大学,它们利用建筑门前或庭院的小块空地来建设雕塑花园,比如南卫理公会大学梅多斯博物馆暨雕塑庭院、内布拉斯加大学林肯分校的谢尔登纪念艺术画廊暨雕塑花园(Sheldon Memorial Art Gallery and Sculpture Garden)。

第二种形式则有些不一样,一些大学的雕塑公园选择建在校园之外,或者采取与私人雕塑公园合作的方式,使原本不属于学校的雕塑公园成为学校的教育基地,比如宾夕法尼亚大学的莫里斯植物园(Morris Arboretum)和艾德琳·K. 布彻雕塑花园(Madeline K.

Butcher Sculpture Garden）。让我们来看个有趣的，加利福尼亚大学戴维斯分校在校园旁边建设了一座植物园。从 1986 年春天开始，学校的设计学教授巴巴拉·肖克罗夫特（Barbara Shawcroft）带领学生到植物园创作各种形式的雕塑，并在那里开设了名为"风景中的构造"的教学课程。也许就在不久的将来，一座别具特色的雕塑公园将会在植物园中出现。

以上是建设于校园中的雕塑公园，下面我们来看第三种类型，也就是艺术家故居和纪念馆。

在 19—20 世纪，一些著名雕塑家的工作室和故居周围的雕塑往往被作为重要的文化遗产保留下来，成为雕塑公园向公众开放。法国巴黎的罗丹博物馆（Musee Rodin）、扎德金博物馆（Musee Zadkine），瑞典的米勒斯花园（Milles Garden），英国康沃尔郡的芭芭拉·赫普沃思博物馆暨雕塑花园（Barbara Hepworth Museum and Sculpture Garden），美国纽约州长岛的野口勇花园博物馆（The Isamu Noguchi Garden Museum）等都是如此，它们普遍利用了故居和纪念馆主建筑

［美］罗伯特·格雷厄姆：《舞蹈列》，青铜，2.6 米 ×4.2 米 ×0.4 米，1978 年，美国加利福尼亚大学洛杉矶分校富兰克林·D. 墨菲雕塑花园

法国巴黎扎德金博物馆雕塑花园，建于 1982 年

周围的庭院建成了雕塑花园。

另外，还有很多特殊类型的场所也可以因地制宜地建设成为雕塑公园。随着公益事业的发展，雕塑公园正在以更加灵活的方式参与到市民的社会生活之中，成为审美教育的活动基地。

第四种类型是广场。

雕塑公园建于城市广场的例子其实并不常见，只有小型雕塑花园可以在不影响城市规划和交通的情况下建于非交通枢纽类型的广场上。闲言少叙，我们还是直观明了地来看若干实例。

美国新泽西州克利夫顿市于 1999 年建成了一座占地 24.6 英亩的克利夫顿市政雕塑公园（Clifton Municipal Sculpture Park）。公园建于政府办公大楼和几幢古建筑环绕的广场上，周围交通并不拥挤，市民可以带着放松的心情徜徉于此，欣赏雕塑艺术。该公园的 24 件作品全部从雕塑家手中租借而来，政府只负责运输费和展出期间的保险费，展出的两年期间雕塑家可以把作品出售，也可以无偿捐献给政府。这种灵活的方式不但使雕塑家的作品获得了展示的机会，为城市

[意] 阿纳乐多·波莫多罗:《大迪斯科》,1974年,美国纽约州百事可乐集团总部广场的唐纳德·M.肯德尔雕塑花园

营造了良好的艺术氛围,而且全体市民都能从中受益。

同样在美国,占地 160 英亩的唐纳德·M.肯德尔雕塑花园(Donald M. Kendall Sculpture Gardens)建于纽约州百事可乐集团总部广场。这里收藏有罗丹、野口勇、考尔德、尼文尔森、亨利·摩尔等雕塑大师的作品,为市民们缔造了上班途中便可近距离观赏大师杰作的梦想。市民们可以欣赏世界雕塑大师作品,企业也借此营造出了热心公益事业的良好形象。

第五种类型是画廊。

民众眼中普遍认为的画廊往往是那些出售绘画作品的商业画廊,但其实画廊具有收藏各类艺术作品的强大包容性,好比影像画廊、雕塑画廊。雕塑画廊就是用来展示和出售雕塑作品的户外场所,如美国威斯康星州的林地户外雕塑画廊(Woodlot Outdoor Sculpture Gallery)、田纳西州查塔努加(Chattanooga)的河畔画廊雕塑花园(River Gallery Sculpture Garden)等。

第六种类型是名人私家花园故址。

美国纽约州哈德逊河畔的"哈德逊历史河谷"是美国最重要的文化遗产和旅游胜地之一,坐落于此的凯求特(Kykuit)别墅是洛克菲勒家族四代居住的故居。从 1935 年开始,纳尔逊·A.洛克菲勒

第七讲　千姿百态与因地制宜

［法］马约尔:《青铜躯干》，0.3米×0.15米×0.15米，1908年，美国洛克菲勒家族凯求特别墅

（Nelson A. Rockefeller）将自己多年来收藏的70余件价值不菲的雕塑安置于别墅周围的花园中，它们全然是出自毕加索、布朗库西、阿尔普、考尔德、贾科梅蒂、亨利·摩尔、野口勇、戴维·史密斯等雕塑大师手下的作品。

20世纪70年代晚期，纳尔逊将这里的全部财产无偿捐献给国家，而这里已经被缔造为一座包罗万象的艺术博物馆。除了户外雕塑之外，室内画廊陈列有毕加索等西方大师的绘画作品和中国古代的瓷器、家具，别墅外的车库内藏有各式古董汽车以及各种古代运输工具。除了这些，还有另外一件举世瞩目的艺术品收藏于家族遗产区，那就是艺术大师马蒂斯和马克·夏加尔为纪念洛克菲勒家族先辈所创作的玻璃窗画。它们安静地嵌于别墅北面的波坎提罗山联合教堂（The Union Church of Pocantico Hills）之中，其中马蒂斯的作品是

1956年他去世前两天中创作的最后遗作，1963年家族又委托夏加尔为这里创作了9件玻璃窗画。

第七种类型是旅店、餐馆。

说到旅店、餐馆，这可是旅客来到某片风光之地后休息娱乐、舒缓身心的小憩之所。能够打动人心的小小旅店，往往风情独特而又独具浪漫艺术气息。美国加利福尼亚州风景秀丽的纳帕河谷（Napa Valley）中就有这么一座以地中海风格和法国风味著名的阳光旅馆（Auberge du Soleil）。在旅馆周围33英亩的土地上，一座橄榄树林雕塑花园（Sculpture in the Olive Grove）沉谧地匍匐于此，怀中承托着65位加利福尼亚艺术家创作的110件雕塑作品。

第八种类型是厂区、工业园。

如果说风光旖旎中的小旅馆为雕塑公园增添了绮丽浪漫的色调，那么依傍于一向以冷面目示人的厂区、工业园的雕塑公园则势必呈现出截然不同的面貌了。在这里，我将为您介绍以色列的"工业公园暨户外博物馆"——雕塑公园所在的场所中最令人意想不到的所在，因为这种独特的形式把现代化工业企业的生产职能和雕塑公园的艺术教

［以］亚伯拉罕·奥菲其:《向亚瑟致敬》，
1966年，以色列芬特工业公园暨户外博物馆

育功能紧密地结合在一起。

以色列于1985—1998年在国家南部和北部建设了五个现代化的工业园区，每个园区中都配套建有面积较大的雕塑花园。最早建于北部的泰芬（Tefen）工业园占地30英亩，除了20家公司企业之外，建设有艺术画廊、雕塑花园、德籍犹太人博物馆-遗产中心、汽车博览会、工业艺术博物馆等文化设施。每年园区艺术工作室都会举办各种艺术活动，吸引了全国大中小学生、旅游者、商业人士等15万人前来参观。当然，园区内高雅的艺术氛围也促进了员工创造能力的发挥，使园区取得了产值和社会效益双赢的成果，每年的销售收入也都维持在2亿美元以上。

从实际情况看，雕塑公园可以建设在各种复杂的环境和场所之中，这大大方便了人们因地制宜地进行雕塑公园的规划。要知道，虽说它的出现最初只是为了扩充雕塑展示空间的需要，但是它拥有继续发展的能动性，即完全可以超越有限场所和空间的限制。博物馆的雕塑花园可以小到几十平方米，而大型雕塑公园的面积已经超出当年哈德良皇帝花园那种古代雕塑集中地面积的几百倍。现行民族国家体制和行政区划分仍试图把人限制在狭小的活动范围内，禁锢我们的思想，但人的意识始终在追求如何来摆脱惯有的束缚，这影响着人们对"雕塑集合体"观念的理解、认知和判断，人们通过自己的创造性实践，在持续改变着雕塑公园的场域、场所、形态和艺术特色。

或许我们可以换个"脑洞大开"的方式大胆设想一下：若干年后，人类已经广泛居住于宇宙深处，分布于各大星球。那时保不准会有雕塑家提议，把地球建设成一个"雕塑公园"。整个地球在彼时将变成一个前所未有的宽广场域，这座蔚蓝色巨型公园中的"雕塑"也将使人类永远铭记住我们往昔赖以生存的家园。

哇！这个想法听起来是不是足够匪夷所思？不过渺小的人类无疑仍需在仰望星空后回归现实。且不说把整个地球辟为雕塑公园，就是把一座城市的市区建成一个雕塑公园，可能也会被讥讽为异想天开。许多市政建设者过多地追求经济和科技发展给城市涂抹的霸气面容，他们恨不得所有街道都矗立着狰狞而高耸的"巨兽"。想要他们推开经济效益带来的面子，放弃"金山"而改建"花园"，这样巨大的思想转变想必是非一日之功可能达成的。

但毕竟钻到"钱眼儿"里的人还是少数，市政建设者中的有识之士显然已经意识到了自然环境对人类生产生活的重要性，一股"花园城市"的评选热已如火如荼地开展起来。好，既然时下中外组织都热衷于评选"花园城市"，那我们回到刚才的问题，为什么就不能把一座城市的市区建设成雕塑公园？

现今世界上规模最大且有计划、有组织的公园体系是美国费城的费尔山公园（Fairmount Park）系统，它占地9200英亩，由62个临近的公园组成，范围遍布了整个城区。而这片成体系的园林建设的幕后推手是1872年成立的费尔山公园艺术协会——美国第一家私人非营利性组织。

一个组织机构在设立之初，通常不会好高骛远地订立一个难以企及的既成目标。费尔山公园艺术协会也是如此，它在建立之初，也只是致力于提高费尔山协会会员的雕塑创作水平而已。但在随后的发展过程中，协会的视野愈见宽广，很快便扩展到为整个城市发展提供规划和服务上来，并一直努力践行着"整合公共艺术和城市计划"以及"委托、解释和保护费城的公共艺术"的宗旨。在20世纪60年代，在协会的积极策划下，埃伦·菲利普斯·塞缪尔纪念雕塑花园（Ellen Phillips Samuel Memorial Sculpture Garden）等众多城市公共艺术项目纷纷落成，直到今天它已经发展成为参与、策划费城公共艺术的主要组织和机构。

协会是这样阐述其发展目标的："费城成千上万的公共艺术作品已经使它成为一座'无墙的博物馆'，其中的每一件艺术品都是费城文化遗产中独特和不可缺少的组成部分。"该组织网站上详细标记了费城1400多件公共艺术品的图片、位置等信息，根据美国史密森学会（Smithsonian Institution）的统计，费城已经拥有比其他城市更多的雕塑，其中更不乏亨利·摩尔、克莱斯·奥尔登堡和库斯

美国费城埃伦·菲利普斯·塞缪尔纪念雕塑花园，建于1929年

杰·范·布吕根、利普希茨等雕塑大师的作品。

尽管协会还没有提出把市区变身成为一座完整雕塑公园的明确构想，费城雕塑的数量和水平也尚未使它从众多国际大都市中脱颖而出，但至少那里的雕塑发展正在面临着一个良好的时机，很有可能创造出一个独具特色的雕塑公园。大的目标不敢想，小的思路却已然就绪。费尔山协会已经明确提出把城市建成"无墙博物馆"的奋斗目标，设想若干年后费城已经拥有数量众多的雕塑精品，每年吸引世界各地的观众慕名前来，那时就算没有所谓"城市花园"的名号，它也将从本质上变成一座当之无愧的"城市雕塑公园"。

通过前面的描述，大家想必明确了——场域界定了雕塑公园的范围，而其物质总和构成了雕塑公园的内部环境。当然，内部环境只是个笼统的词语，其中又包括了雕塑、地形、植物、道路等丰富内容，它们更加直接和具体地决定着雕塑公园的风格、特点和类型。为了便于大家的了解，这些因素可以分为"自然生态"和"人工生态"两大系统。前者包括地形、地势、植被等主要表现"自然原始特征"的因素，后者则包括建筑、道路、围墙等反映"人为加工和营造特征"的因素。在实际的雕塑公园中，"人工生态"和"自然生态"并不能完全分开，有些看似属"自然生态"的因素实际上也经过了人工改造，例如大型雕塑公园中的草坪、植被都经过了修剪，地形也进行了适当的修整，而公园中的"人工生态"也时刻受到自然气候的影响，不断改变着自身的形态，所以这里的区分仅是为了说明的方便。后文将以具体的雕塑公园为例，解释这些因素是如何作用，如何使雕塑与环境相映成趣，如何因地制宜地提升公园的整体艺术魅力。

虽然在雕塑公园中是"自然生态"和"人工生态"交相作用，但二者所占比重却不尽相同。正是因为雕塑公园自然和人工生态所占的比重不尽相同，不同类型的雕塑公园之间产生了较大的区别。博物馆雕塑花园以"人工生态"营造为主，围绕建筑形成一个与周围环境相对隔离的小块区域。有些雕塑花园虽然与广袤的自然风景紧密相连，但其内部建设基本是依靠人工营造来完成。这好比洛克菲勒家族故居花园，它虽然环抱于哈德逊河谷壮丽的自然风景中，但不仅亭台楼阁、溪水、小桥等出自专业园林设计师之手，灌木、花草等植物也都经过精心挑选和栽培，走出花园就可以清楚感受到人工园林和大自然壮丽景色之间的差别。当你站在花园门口，前望是醉人的河谷风光，回首是旖旎的庭院雅趣，这俯仰对比间的微妙体悟也足够让你心旷神怡了。

大型雕塑公园就是另一种情况了，它们最大限度地保留了自然生态系统的原貌，特别是对于那些场域十分辽阔的公园，人们根本无法对其原始自然生态系统进行全方位的改造。就拿美国纽约风暴国王艺术中心来说吧，它的远处是哈德逊丘陵连绵起伏的群山，近处是一望无际的原野，中间夹杂着茂密的森林，雕塑分散于高山、林地之间，像是"躲猫猫"的孩童,在如此宽广的自然空间中,无论建筑还是雕塑都只得向大自然俯首称臣。

世界上很多大型雕塑公园都在充分利用着自身独特的地理优势,让雕塑和地球上各种神奇变幻的自然美景结合在一起,共同描绘出一幅幅波澜壮阔的艺术画卷。事实已经证明,大型雕塑公园几乎可以建设在任何一种自然生态系统中,无论植被茂密与否,无论平原还是高地,无论毗邻于城市还是隐没于深山,无论伸展于海天之间还是匍匐于湿地荒原……雕塑公园拥有足够的自由来选择自己将依托于何方。

既然拥有选择的自由,那么它们是如何来进行自由的选择的?其实,对自然生态系统的选择往往会从某人或某一集团的某种"观念"中生发出来。我们不妨来看一个具体的实例。

波特兰岛(Portland Island)是英格兰南部韦茅斯城(Weymouth)多塞特海岸伸向大海的一个小岛,经过狭长的凯斯浅滩(Chesil Bank)与大陆相连,面积只有 4.5 平方英里。这里的自然环境完全不同于一般的陆地雕塑公园,不但没有高山、丘陵等起伏的地形,也没有茂密的森林,甚至就连绿草也不像大陆上那样鲜艳。这里的地表大都覆盖着嶙峋的岩石,黑灰的侏罗纪石灰石岩片和菊石化石突出于漫长的海岸线上,从 150 亿年历史的沉积层中显露出来,形成壮丽的自然景观。

除了奇异的地表景观为人称道之外,波特兰岛还堪称一座历史博物馆,这座小岛的轮廓简直就是几百年来采石工们留下的印记。这里曾有 80 个采石场,采石的历史可以追溯到 1780 年,出产的石料源源不断地被输送到英国各地作为建筑和雕刻材料。克里斯托弗·雷恩(Christopher Wren)用陶特采石场(Tout Quarry)的石料建造了圣保罗大教堂(St Paul's Cathedral),格林林·吉本斯(Grinling Gibbons)用它雕刻出教堂里的天使,亨利·摩尔和赫普沃思也表示青睐这里石头的质地、颜色和韧性。

不仅是艺术家们能够慧眼识英,波特兰岛的居民中间更是流传着精湛的民间手艺,采石工用斧、锤、凿等简单工具把石块从峭壁上开凿出来，用锤子敲击石料，根据回音判断其内部是否有裂纹和碎片。重要的技术还包括不用黏合剂，依靠重力的挤压建造高层建筑等，这些技艺在现代混凝土被广泛使用之前，在采石工中间代代流传。但可惜的是，这些手艺受到现代技术的冲击，正在逐渐消亡。环境的变迁和社会的变革已经使古老的采石技术濒临灭亡，岛上仅剩的两座采石场也将在今后六年中被填埋。

1983年，艺术家们首次登上波特兰岛。为了保护这里的自然风光和文化遗产，他们和采石工人一起辛勤工作，共同组建了波特兰雕塑暨采石场联合企业（Portland Sculpture & Quarry Trust），以雕塑创作的方式承担起保护该岛民间文化遗产的重任。该组织目前已经使四座古老的采石场得到了恢复，每年都会邀请雕塑家来此同采石工人一起制作雕塑。二十多年过去了，当年艺术家们首次创作过的采石场已经保留了120多件雕塑作品，使这里俨然成为世界上最为奇特的采石场雕塑公园。

更令人赞叹的是，波特兰岛雕塑完全不同于美国和欧洲大陆雕塑

［英］安东尼·高姆利：《静止的下落》，石材，1983年，英格兰波特兰陶特采石场

千姿百态与因地制宜　137

英格兰波特兰雕塑暨采石场联合企业，建于 2001 年

第七讲　千姿百态与因地制宜

公园中的作品。它可不是简单地把现代雕塑移植于此，而是所有作品均完全选用本地石料，使用本地的"原始工具"，同时能与岛上的自然景观完美地融合在一起。雕塑家的创作手法在这片奇异的景观中也变得愈加灵活多样，有的是用石块"堆积"，有的是用铁器直接在峭壁上"刻画"，还有的是用刀在树藤密布的石头上"雕刻"……来到岛上欣赏雕塑的观众常常会感觉到心头"小鹿乱撞"，如同在经历一场探险，所有作品都给人一种突如其来的感觉，仿佛它们就是从那神秘壮阔的自然中生长出来的一般。艺术家和工人默契的合作保护了民间手艺，雕塑公园的建立使采石场的原貌得到了恢复，使岛上的自然风光免于了被破坏的危机，使这里重现出了往日勃勃的生机。

　　刚才我们看到的是一种独特的自然生态。其实从普遍角度来说，世界上广泛流行的雕塑公园自然生态系统仍以平原、丘陵地貌类型为主，植物群落主要是草地、树林和池塘。陆地型雕塑公园的作品一般放置于相对平坦的草坪之上，使雕塑的造型得到突出，虽然雕塑公园区域内也可以有森林、池塘，但作品一般不会放到森林里和水域内。

也就是说，自然景观作为雕塑的背景出现，并不和雕塑发生直接的关系。但是每个策划人又都可以完全自由地选择建设雕塑公园的环境。在孕育初衷、公园选址、修整土地、创作和安放雕塑的过程中，作品每时每刻都与自然环境产生"共鸣"，促使雕塑家和设计师的思想不断改变，点滴的发明和创新都会为后来者开辟新的思路，瞬息万变的自然也向公园创办者们提出挑战，刺激他们不断获得创造的灵感。

桂林愚自乐园创办人曹日章1992年起就开始在大陆四处寻访，足迹遍及西北、东北、西南、华东等省区的数十座城市，但所见之处的自然环境都不符合他心中理想的雕塑公园之所在。1997年，他终于在桂林市雁山区惊喜地发现了一处具有天人合一之美的自然环境。这里气候温暖湿润，属于典型的喀斯特地形，山峰巍耸，峭石嵯峨地凸现于平地和沼泽之间，本身就体现出雕塑的造型之美。可以说，这里独特的自然环境已经为造就一座独具特色的雕塑公园奠定了丰厚的基础。

除陆地类型外，世界各国的雕塑公园早已不甘平庸，开始尝试着建立于各种特殊的自然生态系统之中。日本的贺原宠寺户外博物馆位于日本本州岛最北端的中心地带，以海拔6000英尺的高山为背景，白雪皑皑的凹锥火山群落环绕，令人敬畏的自然景色和现代雕塑放置在一起，形成了鲜明而独特的人文景观；新西兰的康耐尔斯海岛雕塑中心（Connells Bay Centre for Sculpture）建于北部的威埃克岛（Waiheke Island），现代雕塑和起伏的地形、蜿蜒的海岸形成了优美的呼应关系；荷兰的圣艾夫斯户外博物馆德莱特班科雕塑公园（St Ives Open Air Museum Drechtbanks Sculpture Park）将雕塑放置于长达35公里的河岸两侧；加拿大多伦多奥黛特雕塑公园（Odette Sculpture Park）沿横穿市区的底特律河排列开来；美国纽约州的阿迪朗达克山-塞堪达哥雕塑公园（The Adirondack-Sacandaga River Sculpture Park）沿河岸放置了雕塑家约翰·范·阿尔斯汀（John Van Alstine）的个人作品……

以上这些公园也许足够特殊，但还不是最鲜活的。世界范围内以

[澳]鲁西·汉弗莱:《地平线》,玻璃和丙烯酸酯,直径 1.5 米,2013 年,澳大利亚悉尼"2014 海岸雕塑巡展"

第七讲 千姿百态与因地制宜

鲜活的自然生态引人入胜的雕塑展示活动应算作澳大利亚的"海岸雕塑巡展"。由于没有永久收藏的作品,它可能算不上一座真正的雕塑公园。但是每年的 3—11 月,100 多件澳大利亚及海外雕塑家的作品悉数列队,沿着悉尼的邦迪海滩到塔玛拉玛海滩排开,吸引着来自全世界的 40 万人前来参观。此时此刻,人声鼎沸的热闹场面足以使它成为世界上最具特色的"临时雕塑公园"之一。

当然,其他地方也不乏把雕塑放置于海边的做法,但它们可不会产生出能和悉尼"海岸雕塑巡展"相媲美的生机与活力。悉尼充分利用漫长海岸线上鬼斧神工的自然生态,让雕塑沐浴在和风与灿烂的阳光之中,有些作品放在水线之上,迎接海浪的挑战,有些伸入碧蓝的海水,有些浮动在水面,有些耸立在陡峭的岸边悬崖……而其他地方海滨雕塑园的作品都远远地避开海浪,养尊处优地躺卧于经硬化或种植过青草的平地上,和邦迪海滩雕塑相比,它们好像笼中的困兽,完全丧失了生机。

了解了许多不同的自然生态系统,那么大型雕塑公园是否就可以改称纯粹的"自然雕塑公园"了呢?答案是否定的。大型雕塑公园确实最大限度地保留了原始的自然生态，但实际上也离不开人工生态的营造。我们今日在大型雕塑公园中所见的清澈池塘、草地、建筑和道路，都经过了公园建设者们的辛苦劳动。雕塑公园中一般都建有大小不同的建筑，起初是为了摆放那些不适合户外欣赏的小型雕塑，后来随着设计的改进，这些建筑本身也呈现出深刻的文化内涵。建筑是人类憩息的避风港，是人类生活的标记，它使荒芜的自然具有了生活的气息。试想饥寒交迫的野客，奔走于危机四伏的森林、荒漠，眼前突然出现几栋房屋、几点灯火时的兴奋心情。杜工部不是也有"安得广厦千万间，大庇天下寒士俱欢颜"的期冀吗？

　　大型雕塑公园一般建在人烟稀少的郊外，因此即使是公园入口的几间门房也会给人一种亲切的感觉。这些"门房"可不同于随意搭建的简易棚，也不同于仅仅是外表华丽的"花架子"，新西兰的康奈尔斯海岛雕塑中心供游人住宿的小别墅是岛上仅有的拥有百年历史的建筑之一！它依山傍海，如温馨的鸟巢依偎在海湾的怀抱中，欣赏完雕塑的游客可以就近入住于海滨星空下的别墅中，既能亲近自然，又能享受到温暖如家的感觉。

　　建筑是人征服自然的第一次伟大创造，是人类文明的体现，特别是那些具有悠久历史的古代建筑，更容易引发游人的深思。在许多雕塑公园中，建筑的价值已远远超越了实用的功能，变成了一个象征符号。世界范围内的很多雕塑公园都在巧妙地利用公园内的古老建筑来突出其艺术特色。

　　英国威尔士西格拉摩根郡的摩根雕塑公园（Margam Sculpture Park）以一座哥特式古堡为中心建成，古堡建于1840年，虽然在1977年不幸遭遇大火的侵袭，但其巨大的残垣断壁至今仍是方圆几里之内最醒目的标记。20世纪末，人们在古堡周围建成了一座雕塑公园，庭院中摆满了姿态各异的雕塑，有具象雕塑、抽象雕塑，还有色彩鲜艳的钢铁雕塑，也许有人说这种做法会破坏古代文物，或者认为抽象雕塑和古堡放在一起并不协调。但在我看来，正是因为建筑的魅力才使这里成为世界上独一无二的雕塑公园——古堡勾起了对往昔的回忆，雕塑体现着对未来的憧憬，两者的共生创造出使历史和今天相邂逅的机会，使游人获得了一种超越时空的心理体验。

拉脱维亚潘维尔（Pedvale）的户外艺术博物馆（Open Air Art Museum）也巧妙地利用了原有的建筑来提升公园的文化氛围。潘维尔的历史可以追溯到1230年，彼时的这里处于德裔男爵的统治之下，而"二战"后苏联的占领使这片土地逐渐被遗弃和破坏。1993年，拉脱维亚获得独立，雕塑家欧雅斯·菲尔德（Ojars Feldbergs）在这片土地上建设起一座雕塑公园，使这片土地作为悠久的文化遗产得到合理的保护和开发，其场域内的三座古建筑也得到修复，成为公园的博物馆，周围放置了150件雕塑，室内则展出绘画作品。

古老的建筑和当代的雕塑可谓相得益彰，古建赋予雕塑以深沉的个性，雕塑使古建重新焕发出创造的激情。正因如此，雕塑公园所在的区域作为拉脱维亚少有的文化遗迹之一，已经被联合国列入世界文化遗产名录。这种利用原有古建提升雕塑公园特色的做法与当代中国雕塑公园大兴土木新建时髦建筑的做法形成了鲜明的对比。"一口吃成胖子"的做法早非当今时代的主流，我们国家在如何做到因地制宜地建设雕塑公园方面，显然还有很长的路要走。

第八讲 维格兰公园：回味漫漫人生路

在前面几讲中，我们已经欣赏过了许多不同种类的雕塑公园。然而在接下来两讲中，我将邀你关注另外两座十分独特的"雕塑集合体"：挪威的维格兰公园（Vigelang Park）和布朗库西在罗马尼亚创作的特尔古日乌（Tirgu Jiu）组雕。它们的正式名称都不是"雕塑公园"，但时间的流逝和对雕塑公园概念的含混已经使普通大众倾向于把它们当作雕塑公园。它们二者的形态已经远离架上雕塑的传统，并显示出向现代雕塑公园过渡的特征……其实，创作这两组作品的雕塑家当初也并没有把它们当成一座雕塑公园，姑且算作是迈向现代雕塑公园的过渡类型吧。闲言少叙，这一讲中就让我带你走入神秘、浪漫的北欧，揭开掩映在湖光山色中的挪威维格兰公园的面纱。

不知你是否读过一部带给人别样细腻情绪的著名小说，它所叙述的爱情故事向我们展示了青春的彷徨与迷失，而这迷失就好比徘徊于广袤、幽闭的森林之中。是的，它就是日本作家村上春树的《挪威的森林》。其实，是披头士乐队的同名曲子给了村上春树很大的灵感。那种微妙的、无以名之的感受使得人们每听此曲必油然而生一种迷失在寒冷森林深处的孤独感，这孤独感恰如青春必经的彷徨、恐惧和迷惑。也许你已经和我一样好奇了吧？现在就让我们去领略一番挪威醉人的风光，感受那里独特的清冷幽静之美。

挪威意为"通向北方的路"，有着"万岛之国"的称号。它拥有着南北狭长、异常曲折的海岸线,正是这条蜿蜒浪漫的海岸线为它孕育了多达15万个沿海岛屿！这里属于北斯堪的纳维亚半岛西部,纬度很高,全境三分之一的土地位于北极圈之内,有"午夜太阳之地"的别称。独特的地理环境,使得挪威拥有遍布冰河遗迹的峡湾风光,正像某句歌词所唱的"风迎面而来像冰,我们逃出森林,那山谷的回音,让痛苦变轻……"。

《国家地理旅游者》杂志将挪威的峡湾评选为保存完好的世界最佳旅游目的地和世界美景之首,联合国教科文组织也已将之列入《世界遗产名录》。世界上80%的峡湾在欧洲,而欧洲的峡湾主要在北欧,北欧的峡湾则主要在挪威。所谓"峡湾之国",也算实至名归。选择一个春天静谧的清晨,东方天际泛起鱼肚白的时候,航行在平如镜面的峡湾之上,远眺群山山巅上覆盖着的皑皑白雪和倾泻而下的林间飞瀑,置身其中恍如仙境。浩瀚的海洋以平静厚重的姿态迎战群山

挪威奥斯陆维格兰公园,建于1948年

的低吼，张弛之间似在进行着一场难辨输赢的战争，观光者有幸在山与海的较量中感受美妙绝伦的自然奇观，人类仿佛从未如此深感自我的渺小。

在村上那本瞧过无数次的枕边书中，挪威的森林大得会让人轻易迷失。带着这份悠远的憧憬，我们且乘北欧航空公司的飞机抵达奥斯陆来一探究竟。奥斯陆是挪威的首都，坐落在奥斯陆峡湾北端的山丘之上，环境幽雅，风景迷人，面对着大海，依托于山峦。这座欧洲著名的历史古城，始建于公元1050年。据说奥斯陆的意思是"上帝的山谷"，但挪威语的释义则是"林间空地"，它更为切合实际，也显示出了本地人谦厚的本性。整座城市濒临曲折迂回的奥斯陆湾，背倚巍峨耸立的霍尔门科伦山，苍山绿海辉映成趣，既呈现出滨海地区的旖旎风光，又在高山密林的护卫下极富雄浑的气势。

从高处鸟瞰，奥斯陆被牢牢锁控在大海与山林的怀抱中，密林中的大小湖泊如散落的宝石镶嵌在半山腰，伴着叶缝间洒下的斑驳日光时隐时现，璀璨夺目。在近处凝视，城市沐浴在清凉的晨风中，空气里满是现代都市少有的淡淡青草气息。这里每天都会有一两场甘霖光顾，想必上帝也醉心于这里的美景。挪威位于极北之地，下起雨来却毫无疾风骤雨、电闪雷鸣的蛮状，而是呈现一幅细腻的南国景象。雨过天晴，空气愈发清新，叶片也被洗涤得翠绿欲滴。充足的雨水加上冰河融化的雪水、泉水滋补着这片福地，峡湾中随处可见流泉飞瀑，它们在峭壁上舞蹈，时而叮咚如"大珠小珠落玉盘"，时而轰鸣如"铁马冰河入梦来"，节奏交错汇成天籁，替代着其他城市中喧嚣的喇叭声。

挪威人向来崇尚自然的力量，这座城市的四分之三被森林覆盖着，人均绿化面积居欧洲各国首都之首。在这里，无色无味的空气似乎也如酒香般令人迷醉，反复地轻嗅、吐息，原来呼吸也成了颇具美感的艺术，令人五识通明、心肺畅然，连脚步也轻快起来了。挪威人每天的工作时间不长，生活节奏慢，北欧人天生的浪漫气质使得他们热衷于舒适的生活感受。通常，富裕的挪威人民都拥有两处房产，一

维格兰公园的铁艺大门

处在城区,工作时间居住,另一处在森林中,度假时别提多安逸了。

若是在市区斑驳的古墙后邂逅了地铁站的话,你只需坐到马约尔斯特尔斯(Majorstus)站,穿越静谧且秩序井然的城区,来到奥斯陆西北角,就可以看到此刻我要着重向你介绍的目的地——维格兰公园。

维格兰公园安静而乖巧地守望于奥斯陆城郊迷人的光色中,占地近50公顷,建设者是挪威著名的雕塑大师古斯塔夫·维格兰(Gustav Vigeland)。园内到处是繁花绿茵,小溪淙淙,造型优美且婀娜多姿的雕塑比比皆是,繁而不乱,错落有致,这种分散的方式体现出类似于现代雕塑公园的某些特征。

大大小小共计150组的群体雕像,是古斯塔夫·维格兰在1906—1943年创作的,其中又包含192座圆雕和650件浮雕,所有作品均由铜、铁或花岗岩精心制成,绝大部分为裸体,有石雕,也有铜雕,个个栩栩如生。由于每组雕塑都是在探讨生与死的基本命题,人们也把这里形象地称为"人生公园"。正是由于陈列在这里的庞大雕塑群落，每年都会有数以万计的雕塑爱好者打破老城的宁静云集于此，使奥斯陆的"名片"加上了新的称谓——"雕塑之城"。除此之外，维格兰还亲自设计了公园的所有建筑结构、灯具装饰、地面布置等细节，可谓煞费苦心。

出了地铁站来到柯尔沃温大道，就会看到公园东侧的入口。进入大门之后，即有一条长达850米的中轴线直通公园中心。正门、石桥、喷泉、圆台阶、生死柱都位于中轴线上，主要的雕像、浮雕分布其间。除了有雕塑作品供参观之外，园内遍布着大片草地及林木，天气好的时候，总有不少当地人在这里野餐、运动，抑或只是静静地躺在树荫下看书。

沿主径的坡道缓缓漫步，一会儿你就会发现一座宏伟的桥梁横跨于池塘。石桥两侧各有29座彼此对称的铜雕。喷泉四角，各有五处树丛雕，四壁为浮雕，中央是托盘群雕。圆台阶周围是匀称的36座花岗岩石雕，中央高耸着生死柱。全部雕像，形成美丽的几何图案，匀称和谐，浑然一体。维格兰公园围绕"人生"这一宏大而基本的主题，在中轴线上设计了四片区域，象征着从出生至死亡的人生四大阶段，而各阶段的起点，就是眼前这座桥。

第一阶段，生命之桥。

这个阶段始于生命诞生的桥梁，即创作于1926—1933年的桥上作品。在两边的桥头位置，各立有一对花岗岩石柱，其中三根石柱的顶端雕刻有男人勇斗巨蜥蜴，余下的一根石柱顶端则雕刻着女人怀抱巨蜥蜴。桥旁的围栏上，装饰着形态各异的58尊铜塑人物，妇孺老少，男男女女，不同人物的内心世界被微妙地刻画出来，一颦一笑尽现人生百态。此间作品最让人印象深刻的当属左侧桥头中间那尊"愤怒的小孩"。维格兰卓越的雕刻技术由此可见一斑，这个"号啕大哭"的小男孩儿把小拳头攥得紧紧的，胳膊上的肌肉似乎因愤怒而在挥动中噼啪作响，那捶胸顿足、欲求未满的样子，既天真无邪又透出一丝诙谐滑稽。

为了和这个可爱的小男孩儿相呼应，桥下的池塘畔被维格兰有心

［挪］古斯塔夫·维格兰:《生命之桥》,花岗岩和青铜,1926—1933 年

地辟为了儿童游乐区。孩子们不仅可以在这片区域中尽情地嬉戏玩耍,也可以同河畔由八个赤裸的婴孩所组成的青铜像一样摆出俏皮的姿势,合影留念。

第二阶段,生命之泉。

穿过生命之桥,完成步入尘世的洗礼,你可以选择虔诚地祷告于面前这汪别有深意的"生命之泉"。这是一座完整的喷泉建筑,水池中央的正上方,一只巨大的石盆被四个石雕巨人合力托起,盆中涌出汩汩的泉水,似微型瀑布般洒落池中,不间断地循环。在水池的外围,20组精美的雕刻表现了不同年龄人物依生命树而息的姿态,树与人混为一体,大致展示出了四幅画面:天真烂漫的孩童、志比天高的少年、沧桑疲累的壮士和垂暮孤独的老者,它们显然是象征着人类在少年、青年、成年和老年这四个不同成长时期所背负的重担。

围绕着喷泉为中心,一个由维格兰精心设计的图案迷宫铺陈开来,迷宫路线全长约3公里,路面是由1800平方米的黑白二色大理

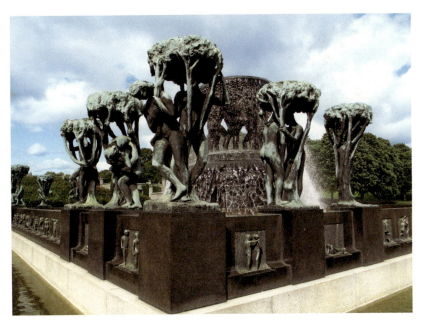

[挪]古斯塔夫·维格兰:《生命之泉》,石材和青铜

石拼成的马赛克式图样,据称如此安排是用以展现人生的纷繁复杂。走完迷宫要拐 5000 个弯,步行 3 公里,花 45 分钟,这不正彰显着人生跋涉,漫漫修远……

第三阶段,生命之柱。

在迷宫纷繁的路线中寻找到出路,绕过汩汩流淌的生命之泉,矗立于层层台阶之上的生命之柱——"幻影世界"横亘眼前,蔚然震撼。这根高约 17 米、直径 3.5 米、重 270 吨的圆形石柱耸立在椭圆形平台的中央,是公园的最高点,其制作与雕刻的过程耗费了三位工匠十四年的光阴。柱子由上而下密密麻麻地雕刻满了不同形态的裸体浮雕,这 121 个神情不同且首尾相接、向上盘旋的人体似乎意在表达人生的历程。柱子犹如一架人梯直冲云霄,不满人间的善男信女相互拥挤,扶持着向上攀登。然而,天堂在何处?人们显然是在徒劳地挣扎。柱子顶端是诡异的婴孩及骸骨,从新生儿回归尘土,再由尘埃中破土而生,这样的设计展示了人生的开端与终结。

维格兰公园:回味漫漫人生路　　149

[挪]古斯塔夫·维格兰:《生命之柱》,花岗岩

柱子四周则烘托着36组花岗石人体雕像,塑造的全部是人间的居民,以组合的群像再现了尘世悲欢的磨砺,他们欢乐,悲伤,相爱,他们踏实地活着,不再去追逐缥缈的天堂,其寓意和柱上的形象形成了鲜明的对照。艺术家借助它传达着对于生死轮回的拷问,而它也因此被称作"人生柱"。作为园内最具震撼力的一组雕塑,"人生柱"像是嵌插在维格兰中心经络中的"定海神针",对"人生"主题的巧妙契合与无与伦比的表现力使它成为维格兰最为美妙的雕刻珍宝。

第四阶段,生命之轮。

也许你看到《生命之柱》上的人体互相扶持却又互相倾轧的景象之后,胸中仍然充斥着人生无常的悲凉之感。但生命总归会走向终结,就像终结之后总会迎来新的开始一般,生命周而复始如轮转不停的圆环,无须挂怀。维格兰为了表达对于生命的释怀,就将这排在最后的一组雕塑设计成为"生命之轮"。轮环内部直径1.5米,轮中是头脚相连的四个成人和三个儿童。轮子象征着不朽,整个公园的主题通过它得到了总结:从出生走向死亡,通过快乐和悲伤,达到对永恒

[挪]古斯塔夫·维格兰:《生命之轮》,石材,1933—1934年

幻想的希望与渴求。至此,我们不难看出维格兰的巧思与深意,即点醒困顿于生死的人们——生命不息,轮回不止……

徜徉于公园的四片主题区域,就像走过了整个人生。驻足于远离主展示区的空旷草坪上回首远眺,从垂髫之年的不谙世事、天真无邪到迟暮年华的黯然销魂、孤独寂寥,一幕幕人生百态如舞台剧般被花岗石和青铜夸张而丰满地演绎着,令人不胜唏嘘。

作为公园的缔造者,古斯塔夫·维格兰并没有什么显赫的家世和财力,事实上他只是一个木匠的儿子。但他足够幸运,年轻的时候曾有幸得到现代雕塑之父罗丹的指点。1909年,时年41岁的维格兰向政府提出了一个大胆的诉求:"给我一片绿地,我要让它闻名世界!"他果然一如既往地幸运,大气而包容的挪威政府也在头疼如何对辖区内的优美景致物尽其用,因地制宜地建设旅游与艺术之都,因此很快就圆了维格兰这个华丽的梦。从此,维格兰卷起包袱来到这片绿地中当起了"隐士",耗尽十余年的心力,独立完成了公园整体规划和全部雕塑设计。

[挪]古斯塔夫·维格兰：《生命之桥上的雕塑》，青铜，1926—1933年

[挪]古斯塔夫·维格兰：《愤怒的小孩》，青铜，1938年

维格兰是一个写实主义雕塑家，他生活的年代和教育背景决定了其作品应该是学院派的架上雕塑。架上雕塑本来并不适合直接放置在户外，但是维格兰却通过有效地借鉴建筑元素，十分巧妙地把192座圆雕和650个浮雕作品彼此相互联系起来，使其成为一个意义非凡的整体。

尽管公园在维格兰辞世五年后才竣工面世，但经由他创作的150组雕塑代替他等到了这一天，昔日的豪情与诺言总归在时间的锤炼中得到了实现。如今，维格兰雕塑公园不仅是雕塑爱好者的观赏胜地，更是成为全世界赴挪威旅游的人们必去的景点。公园果真闻名世界了，而已经顺着"人生柱"攀登到天堂中的维格兰将永远守望着这里……

第九讲 | 特尔古日乌组雕：现代雕塑的永恒丰碑

在上一讲中，我们去了挪威的森林，见识到了栖息于浪漫北欧神话中的维格兰公园。而在本讲中，我们将继续沿着探寻"独特雕塑集合体"的足迹，来到东欧，揭开布朗库西和特尔古日乌组雕的秘密。

特尔古日乌组雕作为布朗库西接受官方委托而为家乡创作的纪念雕塑作品，无论从内涵主题还是艺术表现来看，其重要意义都不言而喻。而在我们正式揭开组雕的面纱之前，对布朗库西其人进行一番详尽的了解是十分必要的。这也将帮助我们更直观地感受特尔古日乌组雕中所折射出的"布朗库西精神"。

1876年一个再平常不过的日子，在罗马尼亚霍比塔一个普通农家中，老布朗库西没有像往常一般劳作着，而是穿上了当地表达喜庆的白色裤子，裤长至小脚，裤脚被塞进了黑色的长筒靴里。宾客们围坐在桌旁，一边拿着新烤出的面包蘸盐吃，一边向老布朗库西夫妇送上贺词。是的，就是在这看似平常的一天，老布朗库西家添了丁，夫妇俩为他取名康斯坦丁·布朗库西。不过，别说是当年赶来庆贺的宾客，就连老布朗库西夫妇估计也不会料想到，就是这个哇哇啼哭的男婴在日后被公认为20世纪最具原创性的重要雕塑家，成为整个罗马尼亚的骄傲。

布朗库西小时候受到了民间木雕工艺的影响，继而被开明的父母送到了首都布加勒斯特美术学校进修，可以说从韶华伊始便与雕塑为伴。1904年,"小艺术家"布朗库西来到了蜚声国际的艺术之都巴黎,此后长期活动于法国,并在53年之后长眠于此。1907年,从巴黎美术学校毕业之后的布朗库西成绩优异,再加之卓越的艺术天分,幸运的他一度得到了进入罗丹工作室的机会。可相比于别人"大树底下好乘凉"的心态,他反而认为"大树底下无法长成任何小草",故而短短一个月之后他就离开了罗丹工作室,开始寻求自我创作的道路。那段时期,无疑是他人生中最为艰难的阶段。

然而正是这段求索的阶段,时光的刻刀也将布朗库西塑造成了一名特立独行的青年。这个顽强而倔强的年轻人始终在思考,该如何走出一条不同的道路来呢?终于在1913年左右,布朗库西受到了立体派和黑人雕刻的影响,开始制作简化造型的雕刻,利用优美而和谐的线条来营造一个极致纯净、简练的艺术境界。他追求表现形式的内在精神与形式、材料结合的完美统一,采用大理石等拥有柔和质感与轮廓的材料,为雕塑去复杂化,以最简单的造型来升华整件作品的张力和灵动感。他在关注自然的理想化形象的同时,又力图刻画出物象或身体结构的真实本性。雕塑爱好者们将他尊称为彻底抽象与单纯化的前卫雕刻代表人物,也算是实至名归了。他一生醉心于形之单纯性的摸索中,没有卷入同时期的任何流派,始终"找自己""做自己",这也是最为难能可贵的地方。"东西外表的形象并不真实,真实的是东西内在的本质。"布朗库西的创作理念有着最为纯粹、凝练的语言,这一点对现代雕塑艺术产生的启发价值可谓不可估量。

前文中,我们对布朗库西其人和其创作理念进行了简要的了解,但这远远不够。接下来我们就说回本讲的正题——特尔古日乌组雕,从具体的作品来还原一个更为真实、亲近的布朗库西。

特尔古日乌,这个对我们来说名字颇为拗口的罗马尼亚西南部小城,坐落于日乌河(Jiu River)之畔,属瓦拉西亚地区。这里在古代时居住着罗马人,现在则是戈尔日县(Gorj)的首府。作为罗马尼亚的铁路、公路枢纽,这里在世界大战期间曾被设为纳粹集中营,一系列惨烈的战争故事也就此和着罗马尼亚人民的血泪被写进了史册。

[罗]布朗库西:《吻》,石材,27.9厘米×26厘米×21.6厘米,1907年

1916年10月14日,第一次世界大战的硝烟弥漫在了日乌河沿岸。就在通往特尔古日乌小镇的桥上,进犯的德军遭到了由老人、妇女、儿童组成的民兵团的殊死抵抗,又是一场血与泪的冲击。战斗持续了整整一天,一千多名罗马尼亚人伤亡,炮火染红了日乌河上方的半边天空,像是路过的神灵也在为无辜的小镇人民哀悼。所幸的是罗马尼亚军队及时前来增援,德军最终被迫撤退。

1934年,这场小镇人难以忘怀的战斗已过去了二十个年头。幸福和苦难都是平凡的,它们本身不是奇迹,也创造不出奇迹。普罗大众能做的,似乎也只有擦干眼泪,用心铭记了。为了告诫居民勿忘当年战争带来的耻辱与创伤,缅怀在战斗中失去的亲人,当地的妇联组织决定建立一座纪念碑,并将这个光荣的任务委托给了当时已是罗马尼亚著名雕塑家的布朗库西来完成。1937年7月,布朗库西回到了战争的发生地——特尔古日乌,开始了雕塑的创作与施工。大约用了两年时间,"特尔古日乌英雄纪念碑组雕"最终得以顺利完成。

布朗库西在构思之初就已经将创作思路锁定在了——"道"。这一思想使其作品与纪念的功能紧密地贯穿了起来。特尔古日乌组雕既

《沉默的桌子》与《吻之门》之间的小路和石凳

是成组展示的大型纪念雕塑，自然不能只敲打出一个"巨无霸"来敷衍了事。布朗库西善于思考的本性帮助他解决了这个问题，由此也有了《沉默的桌子》《吻之门》《无限柱》这三件互相配合、依托的作品的诞生。这"三兄弟"由西向东依次排列，沿直线放置于一条一英里长、横穿小镇的轴线道路之上，一路远望过去，似乎整个小镇都包容在了这庄严的、纪念碑式的宏大叙事结构之中。

　　《沉默的桌子》放置在临近日乌河的小镇西边界上；再将视线平移过那条不算远的林荫路，距《沉默的桌子》137米远的地方就是《吻之门》了；相对于这二者之间不过百米的距离，《无限柱》则呈现出一副"高冷"的样子，它有如"遗世独立"般的被安置在了小镇的另一端，离这儿更远。如果非要以实际距离来较真儿的话，《无限柱》和《吻之门》之间的距离要远远大于《沉默的桌子》和《吻之门》之间的距离。这样的比例安排容易使人把这三件作品分成两组，一是《无限柱》，二是《吻之门》和《沉默的桌子》。当然，它们依然是完整的整体，除了作品中间穿插的街道、教堂之外，也包括其他一些可以忽略不计的建筑元素来完成作品之间的呼应和链接。

　　既然是用来缅怀战争中的苦痛，作品的主题自然要围绕着人世间两大基本命题——生与死。作为罗马尼亚本土的雕塑家，布朗库西体内流淌的民族血液就注定了他将对这场浩劫感同身受。要知道，一个

第九讲　特尔古日乌组雕：现代雕塑的永恒丰碑

人通过承受苦难或感受苦难而获得的精神价值是一笔特殊的财富，由于它来之不易，就绝不会轻易丧失。而且我相信，当他带着这笔财富继续生活时，他的创造和体验都会有一种更加深刻的底蕴。按照布朗库西的构思，《吻之门》既是"生命之门"，又是"通往来世的大门"；《无限柱》则被描述为"通往天堂的阶梯"，两者寓意鲜明，紧扣着纪念逝者的主题。而《沉默的桌子》则不然，它使人联想到了家庭与社区的私密生活，象征着生命的谦卑与家庭的伊始。

其实，这三件单独的作品已经足够讲述一个完整的故事了——《吻之门》描绘出的是人类发展的下一个蓝图：婚姻、两性结合与世代家族。随后人们踏上漫长的英雄之路，慢慢接近"来世"的终点，并最终抵达象征永恒的《无限柱》。特尔古日乌组雕通过单件作品的组合，构造出一条完整的"生死之路"，强调的正是人类生命的归宿。毕竟逝去的已经逝去，生存的永恒沙漏将不断重新流转。

特尔古日乌组雕创作的主题已就此明确，下面我们来看看布朗库西在创作过程中使用的艺术手法。1937年，是布朗库西创作特尔古日乌组雕的年代。那年的远东已笼罩在战火的阴影中，西方世界却连连掀起文艺发展的新思潮。现代雕塑在那个时代已呈现出由写实主义向抽象风格发展的趋势，而布朗库西正是推动这一潮流前进的先驱人物。当时还没有人能将抽象形式运用在纪念性主题雕塑的创作之中，人们常见的仍然是伟人像、骑马像、连环装饰浮雕等写实性的作品。

特尔古日乌组雕是一组指向明确历史事件与教育功能的大型作品，而布朗库西能够大胆运用抽象的语言，创作出风格鲜明的艺术作品，显然是独树一帜甚至超越于那个时代的。不信的话，你大可细细观摩整件作品：我们在其中看不到任何具体的人物造型，排除了故事的情节，舍弃了叙事性的逻辑关系，而是采用象征的手法，运用抽象的造型与符号，通过体验、联想、想象等心理活动唤醒了人们对逝者的怀念，对生命的渴望，对崇高的敬意。

正如法国文学大师加缪所说："每当我似乎感受到世界的深刻意义时，正是它的简单令我震惊。"诚然，特尔古日乌组雕正是通过其简单、纯净的艺术语言,让我们感受到了特尔古日乌人对这片土地所倾注的热血与深情。无论在思想深度、语言运用,还是细节处理等方面,它都达到了崭新的高度,堪称20世纪现代雕塑史上的一座丰碑。下面,我们就来看看具体作品。

第一件作品是《沉默的桌子》,它被放置于距离日乌河大桥不远的地方,低沉于树木包围的空间中,逆光的时候只能看到一个轮廓。桌子直径2.1米,周围环绕着12个凳子。桌子加凳子的直径共5.5米,均由石灰石制成。就造型特色来讲的话,每一个凳子都是由两个半球的造型相对结合而构成的。这张无论横看竖看都平凡无比的"桌子",根本不被视为艺术品,而是经常被当作公园的休闲用具。傍晚的日乌河畔微风习习,散步的人们疲累之后往往就那么随意地坐在那里,时而远远望着河面不出声,时而与身边的友人侧耳低喃。所幸它的创作者也毫不计较,布朗库西自己也笑言:"我雕塑这件桌子和这些凳子就是要供人们用餐或休息时使用的。"

然而,笑言毕竟是笑言。布朗库西就是再追求简单,也不会容许自己在创作这些独具意义的作品时欠了考虑。《沉默的桌子》实际上远有比用餐和休息更深刻的含义。从造型上来看,《沉默的桌子》采

[罗] 布朗库西:《沉默的桌子》,石材,桌子加凳子直径5.5米,1938年。

《沉默的桌子》石凳特写

用圆形和曲线作为基调，象征团结、团聚与联合之意。特尔古日乌人民在遭遇强敌之际，确实表现出了一种同仇敌忾的团结精神，他用圆形巧妙地迎合了当地风俗对"联合意象"的习惯理解，更能获得当地人民的共鸣。凳子的造型低矮、敦实、厚重，带给人"踏实"的感觉，其造型特点与本身应有的使用功能十分相称——桌子和凳子其实都算不上什么艺术品，只是普通的生活用具。它们的造型来自罗马尼亚农民日常使用的木制矮圆桌，当时人们使用的家具就是这样贴近地面，如此低矮，如此谦卑。《沉默的桌子》的创作意图就是为了传达出一种亲切之感，桌子与凳子给人带来的那种家庭般的温暖，又有谁不曾感受过呢？

除此之外，布朗库西还有着更为细微的考量。在他以往的作品中，经常使用一种上下相连的鼓状造型作为雕塑的基座。《沉默的桌子》的基本形态也属于此类基座的造型，但此时基座的上面却是空无一物，这是为了表达"缺席"的含义。当下的"空旷无人"暗示了逝者的曾经存在，一旦亲友们坐在凳子上，追忆逝去的亲人，"缺席"

的因素就会唤醒一种主动的思维,引发内心的一种失落感,从而造成一种特定的意义。没有人真正孤寂,真正孤寂的是独坐桌畔之时那萦绕不开、令人窒息的往事。

《吻之门》安置在更远的地方。有多远呢?这样说吧,从《沉默的桌子》行进至《吻之门》,你大约需要向东走上0.4公里!为了供观者在途中休息,这里人性化地在两件雕塑之间另外放置了三十个凳子,三个为一组,每边各五组,排列在林荫道路两旁,像是引领人们走向"重生之门"的侍从,也像是守护着往生者安息之地的卫兵。

《吻之门》高5.2米,宽6.4米,深1.8米,基本造型是用两个柱子支撑起体量巨大的门楣。可以说,它既是一座雕塑,又是一座建筑。立柱加横梁的结构可以让人穿过其中,也可以环绕而行,巨大的体量使人联想到凯旋门之类的战争纪念物,又或是巨石阵一样充满着原始气息的古老遗迹;但另一方面,它看上去却又显得通透、轻盈,三个组件的巨大重量被彼此间的比例,表面纹饰,以及浅淡的色彩所抵消,门楣仿佛悬浮于柱子和中间的孔洞之上,停放于柱身镌刻的圆

[罗] 布朗库西:《吻之门》,石材,5.2米×6.4米×1.8米,1938年

圈上方，使柱顶与门楣交界处的水平线得到突出，造成整体的轻盈效果。

正是这轻盈活泼的视觉效果，为观者营造了温暖和友善之感。巨大的体量在这里没有造成任何压迫，反而似在拉近和拥抱观众，充当他们的保护伞。它延续了布朗库西多年发展起来的"吻系列"，却以更大的尺度表现了出来。为了保持"建筑式"的整体感，相拥而吻的内容已被浮雕纹样所代替，横梁部分的造型与纹饰令人联想到罗马尼亚新娘所用嫁妆箱的造型——此类婚庆物品紧密配合了下面亲吻伴侣的形象。

从布朗库西的全部作品来看，《吻之门》和《无限柱》系列从出现到定型至少已经发展了三十年。"吻"的主题最早出现于1907年创作的《吻》中，这一主题表现了两个情人热情相拥的场面。布朗库西一生创作的名为"吻"的作品数量众多，到目前为止，我至少见过十件以上的同类作品，基本形式都是相互拥抱的一对情侣，只是比例和抽象程度不同。但此时《吻之门》已代表了一种完全不同的含义，一种我们可以读出"释怀"意味的含义。借由"吻"的主题，爱情的象征性终于在此刻战胜了仇恨。

《吻》中整块的石头已经被中空的建筑结构所取代，中间则形成了拥抱观众的空间。中空部分的高度比宽度要大一些，仍然回应着1907年第一个《吻》的比例。"吻"的情节已变得相当抽象、概括，只在柱子和门楣的部分以浮雕的方式刻画出来，早已不见1907年《吻》中清晰可辨的人物形象。门柱上表示眼睛的刻线较深，门楣上和顶盖下表示头发的纹样则刻得较浅，通过仔细辨认才能感觉出来，深浅的对比关系产生了奇妙的效果，使得眼睛好像正从中心上升。1907年那件《吻》中被当作眼睛的巨大半球形，在这里被从脸部分离开来，代表鲜活生命的面容消失殆尽，只留下"眼睛的记忆"，作为一种象征符号，这样的表现方式唤起了人们对逝者的追思和对生命的渴望。

离开《吻之门》所在的公园，朝东边步行约91.4米，然后走上英雄大道，随即经过镇中一些低矮的平房，抵达圣彼得与圣保罗教堂前的广场，这才只是前往《无限柱》路上的一个"插曲"。绕过教堂，重新回到英雄大道上，就可以清楚地看到 0.4 公里外的《无限柱》了。不过"跋涉"还未结束，你需要再次前行并穿过一条铁路，继而你会看到迎面的这座小山丘，而《无限柱》就矗立在它的顶上。从《沉默的桌子》到《无限柱》之间的路途有些漫长，别说是徒步了，就连我通过文字描述向你指示这条线路也颇费了些篇幅呢，布朗库西则别有深意地对此解释为"英雄之路永远是漫长而难行的"。

高达 29.3 米的《无限柱》，其柱身由铸铁的"锥形珠子"穿过钢芯组成，包含 15 个等大的单元。此外，顶部是一个二分之一大小的单元，底部是一个三分之二大小的单元，从 0.6 米高处向下与地面相连，并没有像其他单元那样收缩，而是牢固植根于深埋地下的混凝土中，其造型从视觉上使雕塑与大地浑然一体，并且锁住和稳定了整个柱身。如果说《沉默的桌子》和《吻之门》那低矮、通透的造型给人亲切之感，有些背离了纪念碑的庄严与肃穆，那么山丘上的《无限柱》超然挺立于旷野之中，在环境的烘托下，立刻迸发出一种崇高之美。

除了庄严厚重的体魄之外，《无限柱》较之前面两件作品表现出了强烈的运动感，但它绝不是一件仅为了表现运动的抽象作品，而是在其中包含了更多"形而上的暗示"的含义。布朗库西曾解释说："就让我们将之称为通往天堂的阶梯吧！"睿智的布朗库西在构思的阶段就已为"门""英雄大道"，以及终点处《无限柱》等一系列作品进行了深刻的哲学阐释。

《无限柱》的造型是有源可溯的，那就是布朗库西对家乡霍比塔的老教堂与民间手工艺中锯齿形的深刻记忆。《无限柱》系列最早出现于雕塑的基座中，1918 年就曾作为独立作品发表过。布朗库西的早期作品十分注重雕塑底座，把底座看成作品不可分割的部分，而特尔古日乌的《无限柱》则取消了底座，把"原初的底座"直接放到地面上，这种做法反映了他对架上雕塑的颠覆，也是使雕塑适应自然环

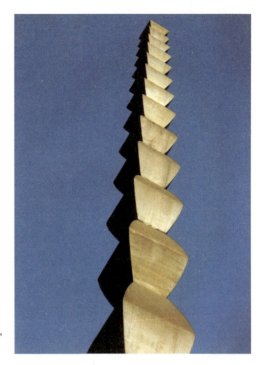

[罗]布朗库西:《无限柱》,铸铁,高29.3米,1938年

境的必然结果。

《无限柱》的全部细节都在演绎一种宇宙永恒与永无止境的效果,雕塑单元的形状、模数、比例、数量都恰到好处地为"无限"和"永恒"的主题服务。每一个单元都从下垂直向上,达到中间点后向内弯曲,使整件作品仿佛突然从地下钻出来一样,变化出连绵不绝的锥体形状。多个单元持续连接,不断攀向更高的顶部,直至形成了向上流动的纪念碑,观众的目光也随之向上,一直绵延至视线能及之外。每个"凸肚"单元的规则造型使雕塑各部分的比例始终如一,无论将柱身看成凸起或凹进,每个单元都不会独自突出出来。它们已经融进整个柱子的运动之中,象征着一种神圣的存在节奏,暗示了生命与精神的无限延续。

除此之外,特尔古日乌组雕的巧妙构思还在于充分利用自然环境提升了作品的表现效果。首先,是对雕塑与环境匹配尺度的把握。为了营造《沉默的桌子》与《吻之门》中的私密感，布朗库西一定仔细分析过周围的空间环境。《无限柱》的周围无比空旷，几乎没有参照物，环境的烘托使柱子显得格外突出。它立于山丘顶端的位置，形状随人观看位置的不同也呈现出变化多端的面貌。环绕它，朝向它，或是由近及远地凝视它，柱身实体与外轮廓剪影之间时刻都发生着美妙的变化：在远处看，柱子呈一串凹凸相间的椭圆；从近处看，柱子又变回一个完整的螺旋体。在色彩上，布朗库西考虑到了光线的因素，柱子表面通过抛光和喷铜处理，阳光照在上面呈现出耀眼的金色，两半之间形成一条精致的明暗交界线，线的对比相当犀利，好像在底部半个单元之上，不存在任何细节，强烈的对比使外形显得十分平坦，而左右的轮廓线则表现出活泼、自在的绘画效果。

单从形式上来看，特尔古日乌组雕中的三件作品仿佛是各自独立，且彼此没有关联的，好像是由不同的雕塑家创作并放置到一起的。首先，根据格式塔心理学理论，它们三者的基本形状归属于不同的格式塔形，分别是圆形、长方形和立柱形，最大限度地排除了细节。按照格式塔心理学理论，人的视直觉最容易从复杂图形中辨认出规则的几何形，并把它们看作是和整体分离的独立部分。简化的形式容易使人把它们看作独立的个体。其次，三件雕塑创造出不同感受的对比效果，也容易使人把它们看作是完全独立的。通过前面的观察，我们已经可以感受到，《沉默的桌子》和《吻之门》给人以亲切，《无限柱》则彰显出崇高。第三，它们的欣赏方式完全不同。《沉默的桌子》是水平方向的俯视，《吻之门》是透视，《无限柱》则是垂直方向的仰视。第四，建筑语言介入形成的特殊效果也使它们显示出独立的特征。在特尔古日乌组雕中，建筑语言和雕塑已经内在地成为一体，雕塑的造型即建筑形式本身，这使它们越发显示出独立自主的状态。相比之下，《沉默的桌子》是三件作品中借用建筑语言最少的一个。桌子和凳子水平延伸，形成一个规则的环形平面，外围有树篱包围，观众欣赏作品的路线仿佛围绕一个圆形围廊运动，这种对建筑空间语言的借用已经完全超越了架上雕塑的欣赏模式。最后面的《无限柱》

《无限柱》远景

用高耸的立柱引向高潮，它纤细的身姿更容易使人联想到埃及神庙门前方尖碑式的建筑结构。

  三件作品虽然看似完全独立，但实际上在它们各自的形式中包含着微妙的内在联系。布朗库西断不会敷衍了事，无论是作品组合间的微妙联系、作品个体塑造还是每件作品细部的安排，他都事无巨细地进行着周密的考量。《无限柱》中的"伸缩形"同时出现在《沉默的桌子》的凳子中，这种以伸缩为基本造型元素的方式很像中国建筑中的"须弥座"形式，而基本单元的各种变体也反复出现在建筑各部分；《沉默的桌子》中最基本的圆形同时也以眼睛的方式出现在《吻之门》的柱子上；而《无限柱》各单元中也隐藏着正圆形结构。内在联系并不损害它们之间的独立性，这种"对立统一"的关系反而使它们整体构成了一件"完美的艺术"，显示出布朗库西对抽象形式与本质语言的把握能力已达到了相当的高度。

  1904年，布朗库西抵达巴黎之后不久，就向以罗丹为代表的主流风格发起了挑战。他打破了学院派与架上雕塑的局限，改变了雕塑艺术仅仅作为"写实工具"与"造型手段"的从属地位。他不断地提炼与纯化着个人风格，探索雕塑的本质语言，为现代雕塑的发展指明了方向，堪称现代艺术的先驱。他所开创的抽象风格，受到了公众持续的关注，逐渐成为现代雕塑的主流。他对抽象艺术以及纪念碑意的理解，在 1935—1938 年创作的罗马尼亚特尔古日乌英雄纪念碑组雕上得到了充分的体现，经由他创造出的这种前所未有的全新风格，使他远远领先于他所处的时代，即使用今天的眼光来看，仍然显示出无穷的魅力，就其宏大的规模与复杂的象征性而言，堪称布朗库西最具代表性的作品，更无愧为 20 世纪现代雕塑史以及纪念碑创作领域的典范之作。

第九讲 特尔古日乌组雕：现代雕塑的永恒丰碑

第十讲 博物馆雕塑花园：精致与实用

在前面几讲中，我们已经通过不小的篇幅了解了大型雕塑公园和户外雕塑博物馆，现在是时候来关注一下以精致与实用为特色的博物馆雕塑花园了。博物馆雕塑花园作为雕塑公园的一种基本类型，同时也包括艺术中心等机构的雕塑花园在内。将自己打造成一座公园可绝非它的初衷，它在建设之初只是为了弥补室内展示空间的不足而已。要知道，雕塑不像绘画那样必须依附墙壁存在，因此人们当然更愿选择将之放到户外进行展示。

说到"花园"，仿佛单是从词语表达上就颇具亲切感与私密性。在中西方神话编织出的绮丽浪漫的梦境中，"花园"更是和"秘密"一词碰撞出奇妙的化学反应，构成了一片令人心向往之的神秘所在。而"花园"之所以自带神秘气质，是和其幽静、精致的属性分不开的。再辅以博物馆、艺术机构之学术气息和庄严气氛的辐射，怎能不令人对这神秘的"墙内景致"心生向往呢？

在美国，各级博物馆都普遍建有独具特色的雕塑花园。笔者曾就此做过专门的统计，美国建有雕塑花园的博物馆至少有37座之多！当然欧洲一些博物馆也建有雕塑花园，但数量可远不及美国。是什么造成了这种情况呢？其实并不难理解。战后美国社会财富增加，收藏西方雕塑的数量开始激增。各大博物馆为了扩大自己的收藏规模，更好地展示作品，纷纷建立起雕塑花园，大批博物馆雕塑花园就是在

20世纪七八十年代应运而生的。

中国老百姓常说一句话,"浓缩的都是精华"。在博物馆雕塑花园之中,显然我们也见到了这句话在西方的真实写照。别看"庙"不大,这花园中安置的"伙伴"可委实得罪不得,个个大有来头!从展出的作品看,博物馆雕塑花园中的雕塑一般都堪称经典之作。这些藏品一般来自重金所购,每笔交易都经过了馆方人员的慎重考虑和精心谋划,即使一些私人捐赠在最初也是收藏家从雕塑家手中直接购买所得。同时由于博物馆室内展览空间有限,怎样在有限的空间内翻出花儿来,吸引更多的观众,成了策展人亟待解决的生存问题。为此,他们自然是绞尽脑汁地投注于馆藏精品展示建设的工作之中,大有干出番光辉事业的雄心壮志。

经过几十年甚至上百年的建设,昔年凭着"不破楼兰终不还"般的斗志耕耘于博物馆墙外的策展人开始功成身退,美国的博物馆雕塑花园业已成为收藏和展示经典雕塑艺术的重要地点。正如在华盛顿赫什豪博物馆雕塑花园中,我们可以同时看到罗丹、马约尔、布德尔、亨利·摩尔、赫普沃思、考尔德等世界级雕塑大师的艺术珍品,仿若

美国华盛顿特区赫什豪博物馆,建于 1974 年

一整部的雕塑艺术发展史就在这方寸之间被一夕阅尽,时空恰似在彼时巧妙连通。到这里参观,人们可以同时享用艺术与历史的双重飨宴,那厚重却又无比清新的滋味想必定会使你受用无比。

然而在最开始,博物馆花园并没有在花园环境气氛的营造上费脑筋。设计者们显然更乐意有的放矢、直取所需——既然建设伊始是为了补充室内空间的不足,那么最初的设计思路就尽量模拟室内展览的效果好了。在这一点上,还是要拿建造于1974年的华盛顿赫什豪博物馆雕塑花园来说。它建在博物馆圆形建筑的前面,形成一个规则的长方形封闭空间,花园稍微陷于地面之下,四周则用低矮的围墙把花园和远处广场上的景物隔离开来,内部除了天空为顶之外,如同一个封闭的室内空间。这片封闭的空间也像博物馆内那样被分成了六个不同的展区,这样就可以按照艺术史断代或作品风格的不同来布置不同的区域,如此省时又省力的陈列方式对设计者来说何乐而不为呢?展区间也有围墙间隔,放在中心位置的雕塑之中间隔着镶满瓷砖的过道,这一游览导向就是室内固定路线的时空平移而已。

有时候,这"平移"也实属无奈之举。场域限制就像是博物馆雕塑花园无法掌控的宿命。一般情况下,博物馆建筑周围的空间都十分有限,远非郊区大型雕塑公园那样宽敞,同时由于博物馆珍藏了多年收藏的雕塑精品,馆方当然不会任由这些艺术珍宝在束之高阁中蒙尘,必然会想方设法地把作品拿出来展示,因此雕塑花园中作品的密度就会大而集中。正因置身于这片有限的空间内,那些展出的作品可再没工夫"拉帮结派""划分阵营"了。它们由不同的雕塑家创作完成,艺术风格、题材、内容可谓风马牛不相及。罗丹的雕塑依偎着亨利·摩尔的人体,旁边还可能挂着考尔德的活动雕塑……不过,这样的排兵布阵也是独具吸引力的。惊喜接踵而至,当你的心跳还因罗丹的佳作而无法平复时,亨利·摩尔的"人体"就在身侧对你颔首致意,从未如此近距离地被史籍中的大腕们环绕,观者此时需要一颗强大的心脏!当观众如雷的心跳声逐渐平复下来,可以开始在这种模仿室内空间的环境中静观默想,如同在博物馆内欣赏架上雕塑一样,人

[美]考尔德:《两片磁盘》,吊装场面,摄于1974年

与作品在这方寸之间进行着一对一的交流,即使旁边的作品相距不远,也不会对你的欣赏形成任何干扰。但是当然你要面临必要的取舍,因为在这里显然无法得见雕塑与自然环境的关联与互动。

和自然互动的缺席说明了什么呢?即博物馆雕塑花园主要是以单个雕塑的欣赏为核心,公园整体并没有着意要去突出审美的功能。不像特尔古日乌组雕那般由所有元素去组成一个"完整的艺术品",雕塑的摆放方式在这里完全从实用的角度考虑。博物馆雕塑花园作为公共活动场所,它的主要宗旨就是尽可能让大众欣赏到经典雕塑,获得审美教育的机会。因此,美国任何一个博物馆都会围绕雕塑花园的作品展开丰富多彩的教育活动,对教育功能的突出也就成为博物馆雕塑花园产生的思想根源。

那么,都有哪些形式的大众服务和教育活动呢?我们仍旧从赫什豪博物馆雕塑花园和美国国家艺术画廊(National Gallery of Art)雕塑花园出发,体验一下博物馆为大众提供的服务和教育机会。

美国的博物馆大多会提供一个最基本的服务项目——游览(tour)。在那里,免费讲解被视为游览必不可少的一部分,即使一些默默无闻或者边远地区的大型雕塑公园不提供伴随解说,也会无偿向观众提供相关展览的书面资料。除此之外,观众还可以通过网络下载介绍材料，进行"自助游览"。总之，各大博物馆都会针对展览提供多种颇具特色且极富人性化的讲解服务。赫什豪博物馆和雕塑花园能根据观众个人提出的要求来提供不同内容的专题讲解。除常规游览讲解外，还提供"团体游览""外语游览"，甚至有为有视觉障碍的人所提供的"触摸游览"和为有听觉障碍的人所提供的"手语游览"。注重公众教育的他们有时还提供"上门游览"：教育部门会安排员工到博物馆以外的各级学校和社区提供讲解服务。怎么样，讲解的内容是不是巧妙地契合了不同阶层、年龄、教育程度的人的需要呢？

赫什豪博物馆和雕塑花园还为各年龄阶段的学生提供了花样繁多的主题旅游项目，比方说有：(1) 形与色（幼儿园之前至三年级），发现艺术家如何运用形状和颜色构建绘画和雕塑；(2) 艺术中的动物（幼儿园至四年级），寻找画廊和雕塑花园陈列作品中的动物形象；(3) 家族和熟人（幼儿园至四年级），认知作品中引人入胜的各色人物；(4) 神奇的材料（四至十二年级），分析艺术家所使用的各种材料；(5) 奇思妙想（四至十二年级），运用记忆、联想和想象进行艺术散文写作；(6) 20世纪的美国生活（五至十二年级），以博物馆和雕塑花园中作品从写实到抽象的风格变化为脉络，反省20世纪改变美国生活的重大事件；(7) 大都市，明亮之光（五至十二年级），把观众送回大师们创造现当代绘画和雕塑的城市环境当中；(8) 环球印象（五至十二年级），发现艺术形式如何反映世界文化、民族群体的不同价值观念与信仰；(9) 现代艺术的故事（所有年龄段），学习20世纪艺术的风格变换；(10) 一百五十年的雕塑庆典（所有年龄段），追踪从19世纪晚期到当代雕塑的演变过程；(11) 艺术家——世界的塑造者（所有年龄段），研究艺术家是如何通过视觉表现来交流，并形成他们居住的世界。

不仅是在赫什豪博物馆和雕塑花园，美国国家艺术画廊和雕塑花园也为教师和学生们提供了丰富多彩的教育课程：(1) 艺术中的自画像；(2) 艺术的角度——分析艺术家和建筑师怎样使用数学知识创作作品；(3) 艺术中的计算——通过研究霍勒斯·皮平（Horace

[法] 布代尔：《蒙托邦战士》，青铜，1.86米×1.57米×0.6米，1898—1900年，赫什豪博物馆雕塑花园

[美] 迪米特里·汉兹：《钢盔V》，青铜，1.96米×0.94米×0.83米，1960年，赫什豪博物馆雕塑花园

Pippin）、韦恩·第伯（Wayne Thiebaud）的绘画和考尔德的活动雕塑探索数学和视觉艺术的关系。

除了游览讲解和教育课程，"会谈"（talk）是另一类比较轻松和自由的交流活动。艺术家会定期和观众举行见面会，为观众深入了解当代艺术新作、新观念打开方便之门。博物馆还会有心地安排例行座谈活动，即"每月首周五画廊座谈"，馆长、策展人或教育专家会在此时向观众介绍一些馆内永久藏品的知识。当地大学的艺术史研究生们也没有闲着，他们组成的志愿者队伍也会根据展览为观众提供各种话题的讨论活动，既向公众普及了相关艺术知识，也在实践与交流中加强了阅历，提升了学习能力，是一举多得的绝佳举措。

赫什豪博物馆雕塑花园的春天,近处是亨利·摩尔的《直立的主题Ⅰ》

较之"会谈"的轻松自由,"讲演"(lecture)算是一类比较严肃和正式的项目。和进行一场正规的演讲比赛一样,主讲人要在讲演前进行充分的准备,内容也更具专业色彩,比如一个名为"视觉音乐"的讲演,它就是由策展人和馆长通过事先备好的大量的图像资料,和观众一起探讨了20世纪头三十年间由音乐获得灵感的抽象绘画、摄影的发展情况。

前面说到的,都是馆方的"作为",是从知识传授者的角度来设立的项目。那么,受众方拥有以自我为主导的项目吗?答案就是"见习班"(workshop),一个为观众提供艺术实践的教育项目。观者根据自身社会身份的不同,可以参与到不同的见习项目之中。如果你是一名教师,"教师讲习班"就会依据展览或者永久藏品为包括你在内的学校教师安排和设计不同的教育课程。如果你是学龄前儿童或初识艺术的"门外汉",赫什豪博物馆下沉广场所设"艺术提高教室"(improve art room)会帮助你快速"入门",小学生在家长的带领下就可以在那里免费制作小型雕塑啦!如果你想要和孩子一起在学习中领略雕塑的魅力,不妨尝试一番。如果你想要直接上手操作也绝非难事,"艺术互动"(art interactive)这个板块就可以让你通过电脑来构思和创作一件作品,包括材料、形状、构图、颜色、质地和对大小比例进行选择等艺术创作的全过程,是不是很神奇?第一步是学习雕塑。观众以博物馆收藏的经典雕塑为实例研究大师们如何开始创作。例子包括了传统人物雕塑、有机形态主义、装配主义/现成品、几何风格四个不同的类型。第二步是创作雕塑。操作计算机把你的构思合成实际的视觉效果,通过和背景的合成还能看到雕塑摆在博物馆或花园中的真实效果。如何,是不是实现了你作为普通人的艺术家梦想呢?

远隔重洋的朋友们也许会就此羡慕本地人了吧?其实大可不必!这里博物馆的资源还将最大限度地向全社会开放。各大博物馆都拥有完善的网站建设,随时向全世界传送着展览安排和藏品的详细信息。它们热爱艺术,也热衷于艺术资讯的分享。有的博物馆建有图书馆,免费向研究机构和个人提供历次展览以及作品来源的详细资料。美国国家艺术画廊每年也会出版多种馆藏作品的音像制品,包括幻灯片、多媒体、录像带、光盘等,这些可都是免费向观众出借的!它们的做法显然得到了全世界的认可,博物馆的影响就此扩大到全球,真是一座"无墙的博物馆"。

无偿的福利当然足够吸引人,但策划者的钞票显然不是大风刮来的。为了体现出不同捐助者的待遇差别,鼓励和拉动更大型的捐助、投资,美国博物馆雕塑花园的建造者们意图在会员制度上不断翻出新的花样。除一次性门票之外,美国博物馆普遍实行会员制,分为不同等级,并且根据交纳会费的差别来提供不同的服务,较高级别的会员可以享受到更加特殊和周到的服务。这种制度的灵活和变通充分体现出"各尽所能"的原则,如为低级会员提供全年免门票和定期邮寄展览宣传页的服务,为高级会员提供专场参观以及临时性参观服务,有

[法]让·伊波斯特居伊：《穿门而过的男人》，青铜，1.96米×1.37米×1.17米，1966年，赫什豪博物馆雕塑花园

的会员甚至级别高到被容许参与博物馆及雕塑花园的管理。这种会员制类似于超级市场的会员制，其目的都是为了最大程度地吸引民众。以赫什豪博物馆和雕塑花园为例，它就为观众提供了多达十一个等级的会员资格。

由于博物馆雕塑花园位于繁华的市区，具备相当便利的交通条件，因此可以以艺术欣赏为中心，为观众提供不同等级乃至全方位的服务。经过我的观察，博物馆及其雕塑花园为市民提供的服务大致分为两个层次：第一个层次是参观服务，第二个层次是商业与生活服务。商业服务的内容必须根据该博物馆和雕塑花园的配套设施而定，如对外出租会议室（报告厅）、宴会厅、影剧院等。生活服务包括购物和餐饮，这可是每个博物馆及雕塑花园必备的项目。结合所属的环境属性，博物馆中最基本的餐饮场所是咖啡馆，或各种特色餐厅，有些博物馆甚至不厌其烦地在主页上展示从早餐至晚餐的全部菜谱。其他生活服务还包括出租博物馆室内设施及户外雕塑花园，以举办私人聚会、生日宴会、毕业典礼、新婚庆典、商业典礼等。除了

［西］曼祖：《对话》，青铜，1.68米×6.21米×8.15米，1994年，赫什豪博物馆雕塑花园

服务内容不尽相同，服务对象也十分广泛，可以是个人、公司企业、学生会、妇联，甚至是宗教团体。美国各界名流就经常借用博物馆雕塑花园来举行庆祝活动。2005年6月7日，庆祝大卫·洛克菲勒（David Rockefeller）九十寿辰的生日宴会就是在纽约现代艺术博物馆艾比·奥尔德里奇·洛克菲勒雕塑花园举办的，前来道贺的贵客不仅有美国前国务卿亨利·基辛格，还有著名超级写实主义画家查克·克洛斯（Chuck Close）等蜚声国际的艺术家。

我们都知道，国外雕塑公园的作品来源主要有获赠、购买、租借三种方式。既然前文提到了会员对博物馆和雕塑花园的捐助，我们不妨就此来探讨一下这些顶级会员中的大人物。

具有悠久历史的博物馆及雕塑花园往往收藏有大量的艺术史经典之作，其核心部分主要是来自一些著名收藏家的捐赠。在这里，我就带领大家来认识一下美国最著名的两位收藏家和慈善家——洛克菲勒和坎托，体会他们为雕塑公园公益事业所做出的杰出贡献。

纳尔逊·奥尔德里奇·洛克菲勒（Nelson Aldrich Rockefeller，1908—1979），这个举世著名的财阀家族成员，褪去财富环绕的荣光，也只是约翰·洛克菲勒和艾比·奥尔德里奇·洛克菲勒六个子女中的老三。他自小便继承了母亲对绘画和雕塑的兴趣，从20世纪30年代早期就开始了艺术品的收藏之旅，不久便成为大都会博物馆和纽约现代艺术博物馆的理事。1957年，他在纽约创立了原始艺术博物馆（The Museum of Primitive Art），后来合并到大都会博物馆中。三年后，纳尔逊搬到了父亲居住过的凯求特别墅，并带来了自己的一部分藏品。他委托考尔德为那里的阳台创作了第一件重要的作品《巨大的多刺物》（Large Spiny），同时还有从亨利·摩尔、尼文尔森、戴维·史密斯等雕塑家那里购买的作品。热衷于慈善公益事业的他，在临终之时立下遗嘱，把凯求特别墅的全部艺术品无偿捐献给了国家历史保护组织。

　　B. 杰拉尔德·坎托（B. Gerald Cantor）是著名的全球有价证券公司——坎托·菲茨杰拉尔德公司的主席和创始人。1972年，该公司发明了电子屏幕公债经纪人业务，这是把活动的市场信息显示在计算机屏幕上的一项革命性创造。1983年，该公司成为美国第一家提供世界范围内电子屏幕证券报价业务服务的企业。虽然在和艺术并不相关的领域内打拼，也不妨碍坎托在命定的时刻与雕塑艺术不期而遇，从此心心念念，至此终年。那是在一次参观大都会博物馆的活动中，坎托偶然见到了罗丹创作的《上帝之手》，并立马深深爱上了这件作品。十八个月后，他设法购买了另一个版本的《上帝之手》，并从此开始了自己"极不平凡"的艺术品收藏和捐献之路，可谓一见罗丹误终身。长达五十多年的收藏经历，使得坎托手中形成了世界上最广泛和丰富的罗丹雕塑收藏，包括了近750件罗丹雕塑、版画、素描和罗丹遗物。

　　但坎托最大的贡献可不仅仅在他的藏品，更值得纪念的是他对公益事业不灭的热情。坎托一生为全世界70余家组织、机构无偿捐赠了超过450件罗丹作品，还捐赠创办多家画廊、博物馆雕塑花园，资助各种展览活动。在洛杉矶，坎托为当地艺术博物馆捐献了52件罗丹雕塑和4件素描，并于1974年在那里创立了B. 杰拉尔德·坎托雕塑花园。1986年，创立了艾里斯和B. 杰拉尔德·坎托露天雕塑广场。1988年，创办了艾里斯和B. 杰拉尔德·坎托画廊，并着手为博物馆

[美]亚历山大·阿尔希品科:《威尼斯船夫》,青铜,1.81米×0.63米×0.4米,1957年,赫什豪博物馆雕塑花园

建筑维修等措资金,他还捐给博物馆超过45件19、20世纪艺术家的绘画和雕塑作品。1987年,赞助了名为"圣地宝藏"的展览活动。1990年,支持了博物馆二十五周年纪念活动,设立了用于购买19世纪雕塑的专项基金。1995年,为庆祝坎托·菲茨杰拉尔德公司创立五十周年,他在洛杉矶艺术博物馆承办了名为"古斯塔夫·卡耶博特(Gustave Caillebotte):城市印象主义者"的展览活动。他甚至还出资新建了洛杉矶音乐中心。

1969年,坎托开始将自己的公益视点聚焦学校教育,支持斯坦福大学的艺术事业。斯坦福大学所拥有的187件罗丹雕塑均来自他无私的馈赠,其中包括《思想者》《地狱之门》《巴尔扎克头像》《三个影子》等经典杰作,斯坦福也由此一跃成为继巴黎罗丹博物馆之后的世界第二个罗丹作品收藏胜地。同时,他在学校创立了罗丹研究基金,资助申请斯坦福大学罗丹研究方向的博士候选人进行调查研究和艺术考察。很多受过坎托资助的学者已经在各博物馆和大学担任了馆长和教授职位。由于坎托对公益事业的热心捐助,他从各个国家、政府、博物馆、大学获得的各种奖励和荣誉不计其数。这里我只从其中

[美]鲁宾·纳基肯:《鲁克丽斯的劫掠》,钢铁,3.59米×3.93米×2.21米,1958年,赫什豪博物馆雕塑花园

挑选出两项荣誉加以介绍。1973年,为了奖励坎托为罗丹奖学金所做的贡献,法国巴黎罗丹博物馆馆长亲手赠送给他一件《上帝之手》的石膏原件。1995年,克林顿总统亲自授予坎托"国家艺术奖章"以奖励他一生对艺术公益事业做出的杰出贡献。从这个角度看,坎托的捐助是极富历史意义的。数十年来,他从未停下自己从事慈善、公益事业的脚步,还记得1989年美国西海岸地区发生的那场严重震灾吗?灾后坎托为斯坦福大学艺术博物馆的重建和扩建项目提供了大部分资金,新建筑也就此被命名为艾里斯和B.杰拉尔德·坎托视觉艺术中心。想必每当学生们经过艺术中心的门口,总会缓缓驻足,以最虔诚的心意来致敬这位伟大的慈善家吧。

第十一讲 ｜ 大型雕塑公园：天地大美

如果说博物馆雕塑花园是以精致和实用著称，却由于条件限制而无法同自然建立过多联系的话，大型雕塑公园这一类型显然包含着比博物馆雕塑花园更加丰富的内容。尽管博物馆雕塑花园在发展过程中也产生了一些变化，例如野口勇为以色列博物馆设计的比利·罗斯雕塑花园（Billy Rose Sculpture Garden）创造的特殊效果也强调了雕塑和自然的关系，但面积和规模依然限制了雕塑和自然之间联系的进一步发展，其条件远不及以原始自然生态为主的大型雕塑公园。另外，像比利·罗斯雕塑花园这样的特例在世界范围内也并不多见。但这样是否就证明大型雕塑公园的建设更加如鱼得水呢？是否证明大型雕塑公园的概念就可以随意划定呢？答案远非如此。博物馆雕塑花园还可以依附于建筑，而大型雕塑公园却由于缺乏这类基本的规定性，使概括其特点的过程变得更加复杂。

最初的时候，人们将建立的类似于大型雕塑公园的形式称为"户外博物馆"，如比利时米德海姆户外博物馆和日本箱根雕刻之森美术馆。它们的面积介于大型雕塑公园和博物馆雕塑花园之间，也不一定围绕建筑建造，但它们的艺术特色基本强调的是类似于博物馆雕塑花园那样的一种实用形式，并不突出雕塑和自然的联系。这一事实说明，在雕塑公园出现的早期，雕塑家和户外博物馆的创始人都没有认识到这一新事物日后将发展出使"雕塑和自然紧密联系"的趋势，而

远眺美国纽约风暴国王艺术中心，建于 1958 年

只是以"权宜之计"来布置雕塑。除此之外，多数建于校园、广场、艺术家故居、工厂、画廊和宾馆等地的雕塑花园，也主要以停放雕塑的实用功能为主，因此也不能成为一种独立的类型。

　　但眼睛长在前面，就是要让我们避免"摸着石头过河"，审时度势，看清楚眼前的路。发展的脚步势如破竹，无人可挡。雕塑公园作为一种新事物一旦出现，就迅速体现出一种主动创造的精神。它们因地制宜地选择适合自身存在的自然环境，同时使自身得到了迅速的发展——面积不断扩大，形态不断改变，最终演变成了今天的大型雕塑公园。放眼山河内外，今天的大型雕塑公园已广泛建立在平原、丘陵、高山、森林、海岸、海岛、河岸等多种地形之上，宽广的空间使雕塑的放置更加自由，多变的自然环境也为雕塑与自然的融合创造了得天独厚的条件。雕塑艺术就此被导引向了融汇自然风景的轨道中去，开始借用自然因素来发展自己。

　　发展的现状已一派明朗，大型雕塑公园的未来将继续显示出无限

大型雕塑公园：天地大美

完善的能量，不断改变我们对"雕塑集合体"形式的认知、理解和判断。无论如何，我们可以预见，这种"创新"必然符合时代前进的规律，因为它是真正的创新，是完全的创新，而非改头换面地迂回到传统雕塑的老路上去。

美国人民对于官方的干预嗤之以鼻，事实上，官方才懒得干预。美国实行土地私有制，因此是否在自己土地上建雕塑公园完全是个人私事。只要你拥有足够的财产和兴趣，不需要任何职务和身份，也不需要假装"文艺青年"，你就可以买块"风水宝地"来建设自己的雕塑公园。20世纪50年代后，美国的社会财富迅速增加。对于一些拥有成片森林和草原的富人来说，依靠兴办工矿企业来进行原始资本积累的过程已经完成，金钱不再成为一种急需品。社会经济已经发展到这样一种阶段：即使把手中的土地全部开垦成农田，也并不一定就能带来丰厚收入，而投资雕塑公园这一既不污染环境，也不破坏生态，既能满足自身对艺术的爱好，又能落下热心公益事业美名的举措，显然是一举多得。在这种情况下，投资建设雕塑公园自然而然地就成为一种全新的选择。

当然，上面说的是宏观背景对人们选择的导向，然而建设雕塑公园的原因再具体而微到个人，就呈现出五花八门的态势了。美国雕塑公园的建设可以出自各种"看似稀奇"的理由。加利福尼亚州的"杰拉西艺术家驻区项目"于1979年首创，创办者卡尔·杰拉西（Carl Djerassi）实施该项计划的初衷只是为了纪念他英年早逝的女儿——诗人兼画家帕梅拉（Pamela），该项目每年邀请世界各地的雕塑家前来创作，至今已经坚持了几十年。光阴荏苒，在这片土地上创作的雕塑最终将这里成就为了一个免费开放的雕塑公园。

雕塑公园建成的另外一种常见方式是雕塑家把自己的土地捐献出来建成雕塑公园，把工作室变成博物馆，并用遗产成立基金会，维持雕塑公园的日常运作。但有时由于缺乏一次性投入和维持日常运作的资金，雕塑家热心慈善事业的义举实现起来也并不容易。纽约州石场山艺术公园（Stone Quarry Hill Art Park）是由美国著名女雕塑家

人们在愉悦地用餐,背景是苏维罗《贝多芬四重奏》,美国纽约风暴国王艺术中心

多萝茜(Dorothy)和丈夫鲍勃·里斯特(Bob Riester)共同创办的。1950年,夫妻俩买下了距锡拉丘兹(Syracuse)20公里远的卡泽诺维亚(Cazenovia)的一块山地作为避暑之地,1959年,乐不思蜀的他们直接在那里建起了工作室,并且修建了通向交通干道的土路。各地到雕塑家工作室参观的宾客逐年增多,这里也摇身一变成为附近艺术家的聚集地。如果你不是艺术家,也并非显贵名流,而只是途经此处的"白丁",是否就无法进入一探究竟呢?不是的,除了私人聚会外,这里的有些活动也是无偿向公众开放的哦!多萝茜任教的锡拉丘兹大学陶瓷协会帮助雕塑家在此建起了烧陶窑,多萝茜也邀请了一些当代著名艺术家前来讲座,她还义务向群众传授制陶手艺。

为了未来艺术事业的发展更好地为公众服务,夫妻俩想把自己的土地无偿捐献给一些组织和机构托管,但都遭到了无情拒绝,其中包括卡泽诺维亚政府、卡泽诺维亚大学、埃沃森博物馆(Everson Museum)、纽约州公园事业部等,因为维持这样一座公园的日常费用

［美］考尔德:《拱门》，钢铁，17.1米×13.4米×11米，1975年，美国纽约风暴国王艺术中心

仍然是一个不小的负担，谁愿意给自己添麻烦呢？但夫妻俩却着实有一番"不坠青云"的志气。他们没有放弃进行公益事业的决心，在不懈的努力下，1991年石场山艺术公园正式成立。在没有企业赞助的情况下，夫妻俩的好人缘和他们奉行的公益理念发挥了不小的作用，雕塑家和来自各界的朋友对公园建设给予了极大的支持，很多人甚至利用自己的业余时间来此充当志愿服务者。

同样的例子在美国和欧洲相当普遍，如美国马萨诸塞州的巴特勒雕塑公园（Butler Sculpture Park）、纽约州的阿迪朗达克山雕塑公园、佛罗里达州的阿尔宾·波拉谢克博物馆暨雕塑花园（Albin Polasek Museum and Sculpture Garden），法国巴黎的扎德金博物馆雕塑花园等都是如此。但这些公园还不足以说明太多问题，最能代表大型雕塑公园发展趋势的是创始于1958年的美国纽约风暴国王艺术中心。

曾经到过美国旅行的朋友都知道，美国纽约风暴国王艺术中心被各大旅行社都列为必去景点，在世界各地的背包客中耳熟能详。虽然它的名声很响，但难免有人会就此怀疑，我为什么要把一个根本没有被称为雕塑公园的例子放到这里专门介绍呢？这个原因，说起来可要颇费一番周折呢，你且听我细细道来。在风暴国王艺术中心创建之初，建设者们的目标还没有那么远大，他们并没有想到要把这里建设成为一个使雕塑与自然和谐共生的大型雕塑公园。1969年，中心创始人拉尔夫·奥格登（Ralph Ogden）在和《美国艺术》杂志的记者谈话时是这样说的："我把这所博物馆看成是一座乡村博物馆，希望它能对大城市博物馆的审美教育起到辅助作用。"中心在早期还不是雕塑的乐园，展品主要是油画、版画和素描等等。那是在1961年，中心的创始人奥格登拜访了奥地利的一个采石场，并从那里的几个雕塑家工作室首次购买了三件雕塑。这三件作品被安置在了中心的户外环境中，周围群山环抱，雕塑在诱人景致的衬托下焕发出独特的艺术气质，这般格外微妙的感受激发了人们的另一番雄心——我们为什么不干脆因地制宜地利用这里优美的环境，继续进行雕塑作品的收藏呢？此后，奥格登默默怀着这样的愿景，专程参观了荷兰的克勒尔-穆勒博物馆暨雕塑公园，也去了亨利·摩尔故居的绵羊之地。但回忆起中心的发展历程，公园的另一位创始人彼得·斯特恩总结道："灵感来自此情此景，源于绵延群山的荒野之境。"

听到斯特恩形容的"荒野之境"，你也许会疑惑了，如今呈现在我们眼前的那般优美景致难道竟不是天然形成的吗？其实，有些公园的自然条件本来不适合建设雕塑公园，但经过彻底改造之后"旧貌换新颜"，前来参观的游客已经很难把这里优美的景色和以前丑陋的环境联系起来。不得不说，这也算是对环境的二次治理了。

众所周知，美国纽约风暴国王艺术中心的景色以优美静谧著称。但在建设伊始，展现在卢瑟福面前的景色可并非如此优雅平整，简直是满目疮痍。中心的西边当初在修建纽约州际高速公路时，留下的临时采石场在山坡上形成了一个深60英尺的大坑。为了遮蔽这块丑陋的疤痕，中心在建筑的四周种上高大植物，形成了一个相对封闭的小

[以]梅纳什·卡迪什曼:《悬垂》,钢材,7米×10米×1.2米,1977年,美国纽约风暴国王艺术中心

空间。然而"圈禁"起来的小空间如果不加以彻底改造,也不可能使这里时至今日发展成以大型雕塑闻名于世的著名雕塑公园。卢瑟福于是经手了一场大刀阔斧的环境改造:深坑被人力掩埋,无垠的绿地大面积地铺陈开来,就连西边山峰的边际也经过重新设计,种上了高低错落的杂树和鲜艳婀娜的杜鹃花。除了增添必不可少的点缀,卢瑟福还有效地进行了空间的重构。建筑四周的高树被清理干净,在其东边设计出了一个石质露台,而南面的小花园则被取缔,转而拓展成与东草坪连成一体的大块草原,茂密且充满勃勃的生机。

自然景色与雕塑相互配合所创生出的美妙意境指引了中心未来的发展方向,从此之后,中心收藏的所有作品必须以能够促进雕塑和自然之间的和谐共生为目标。尽管大多数作品都不是为艺术中心专门创作,但决策者们完全可以发挥他们在挑选作品时的智慧。从20世纪70年代开始,中心对作品的选择基本排除了架上雕塑、写实雕塑等不适合直接放置于自然环境中的作品,而那些体量巨大,风格抽象,充分利用自然中风、光等因素,代表着时代创新精神的雕塑作品从世界各地源源不断地汇集到这片土地上,把中心变成一个名副其实的"前卫"雕塑的"实验场",同时也使这个几十年前扮演"配角"的"乡村博物馆"发展成为一个可以与世界著名博物馆相媲美的雕塑胜地。

20世纪70年代之后,除了从其他地方购买作品以外,中心又增加了第二种扩大收藏的手段,即邀请著名雕塑家前来创作。野口勇、理查德·塞拉、大卫·凡·施莱格尔、罗伯特·格罗夫纳、杰罗姆·基尔克(Jerome Kirk)、米娅·韦斯特兰德·罗森(Mia Westerlund Roosen)、查尔斯·西蒙(Charles Simonds)等杰出雕塑师云集于此,在崭新的自然环境中开启崭新的创作模式。为了能够创造出和此地自然环境紧密结合的雕塑作品,中心决策者要求艺术家在创作之前亲自到实地考察,这种方式正在成为中心发展自身浓郁艺术特色的有效手段之一。以青天为被,以碧草为毯,以和风为友,落日的余晖从云缝间洒落斑驳的光点,雕塑在远方渺茫处飘来的晚祷声中染上了金色的光圈……雕塑家们可不是沉迷苦修的卫道者,能够在如斯醉人的画卷中纵情创作,何乐而不为呢?

除了邀请雕塑家前来进行定点创作,雕塑公园每年也都会承办各种类型的雕塑展览活动,并从中选择作品扩充永久收藏。美国纽约风暴国王艺术中心之前正在为理查德·贝拉米(Richard Bellamy)和苏维罗两位雕塑大咖举办联合展览。在刚过去的几年中,中心承办的展览还包括:"查卡亚·布克(Chakaia Booker)在风暴国王艺术中心"、查卡亚·布克和彼得·伦德伯格(Peter Lundberg)租借作品展、"直觉的盛宴:考尔德纪念碑雕塑展"、"安迪·戈兹沃西(Andy Goldsworthy)在风暴国王艺术中心"等,不胜枚举。

单是举办展览还不够,有些雕塑公园甚至每年会主办一次以上的展览活动。美国新泽西州"雕塑大地"就在2005年一年内主办了包括个展:"汉斯·范·德·伯文卡普(Hans Van de Bovenkamp):竖石纪念碑,梦想,神话和神性""和谐的对话:匈牙利雕塑社团十周年纪念展""国际雕塑中心:2005当代雕塑奖优秀学生获奖作品展"在

[美]大卫·凡·施莱格尔:《无题》,铝和不锈钢,6.1米×92.6米×8.8米,1972年,美国纽约风暴国王艺术中心

内的三场大型展览。

尽管从表面上看,大型雕塑公园作品的来源方式有很多,进行户外定点创作也逐渐吸引了决策者和艺术家的目光,但新事物的发展是需要走过漫长而曲折的道路的。目前大型雕塑公园的作品获得方式和博物馆雕塑花园一样,仍以"异地收藏"为主要方式,因此公园内部作品之间也不会像特尔古日乌组雕那样各部分发生本质和必然的联系。于是问题来了,大型雕塑公园如果想要把这些四处挪来、风格迥异之作合理地安放到自然风景中,使它们形成一种统一的审美意蕴,就不能简单地扯上周围环境当幕布,而是必须对原始的自然生态加以改造,对雕塑摆放的空间、次序进行精心的安排和布置。要知道,雕塑和自然的和谐共生,并不是简单地将雕塑摆在户外风景中自生自灭,而是要把它像"种子"一般"种植"在最适宜的土地之上,如此方可汲取最适宜的养分,和周遭环境一同"生长"。而最适宜的土地

［美］考尔德:《五座宝剑》,钢材,5.4米×6.7米×8.8米,1976年,美国纽约风暴国王艺术中心

如何选择,就要看我们如何进行恰如其分的改造了。

  风暴国王艺术中心宽广的自然空间使设计师根本无法进行像博物馆雕塑花园那样的全面改造,而且即使可以那样做,也必然破坏了原始风景的自然美,同时也落于模仿的窠臼,使大型雕塑公园失去了自身的艺术特色。中心的规划师威廉·卢瑟福大胆地贯彻了这样一条基本原则:在使公园形成和谐整体意蕴的同时,尽量避免人工的痕迹,保持原始自然生态的面貌。

  卢瑟福接手公园设计之前,有一个小型雕塑花园建在中心唯一的建筑之前。花园是用篱笆围合而成的规则长方形,显然是模仿了博物馆雕塑花园的形式。他果断拆除了篱笆,向四周拓展草场,并使它们自然延伸到森林边缘。草地本身也进行了精心设计,不同地点的草中种上不同的野花,呈现出不规则的野生状态,而公园整体感觉显现出一种天真平淡的野趣。地面上尽量排除人工铺设的道路,游人可以踏着草地随意活动。空山新雨之后的午间,草场愈发翠绿起来,嫩叶上还未滚落的雨珠儿在阳光照射下璀璨动人,低头俯瞰,星星点点犹如散落碧绿绸缎中的钻石。人们不必认识,也无须交谈,我们只是刚好坐在同一片草地上,看着同一个方向,仅仅如此,却足够支撑起这场不平凡的旅程。裛娜的青草香沁人心脾,仿佛能够看到绿色的香雾在缠绕间渗入雕塑的皮肤。天空越来越低,低到仿佛稍稍踮起脚尖,就会粘到一手黏稠的云朵。小心当你凝神观赏雕塑作品的时候,某团调皮的云朵会软绵绵地"趴"上你的发顶,你只需轻轻仰头,就会在猝不及防间吃了一嘴云!

置身此间,我们不想要时光机,不想要回头看,只是想要享受当下,用全部的生命拥抱眼前的雕塑。雕塑的前面当然没有那些冷冰冰的标牌,人们凭入园时免费发放的导游图辨认方向,随时可以了解到每件雕塑作品的"身家背景"。相比之下,国内雕塑公园总是程式化地把标牌放置在作品前面,且大多是以石头刻字的形式出现,这样的标牌虽然起到了提示作用,但那种生硬的"植入感"同时也干扰了审美过程的连续和完整,简直扫兴!由此不难看出,美国纽约风暴国王艺术中心的所有措施都是为了使游人彻底体验到原始自然生态的丰富与多变,它们的做法显然收获了观者诚心的认可和共鸣。

幕布既已铺设完成,接下来必须认真完成的是对雕塑的布局进行合理安排。较小的作品围放在建筑四周,大型雕塑则逐渐向更远的群山边际扩散,它们的间隔也更加宽阔,疏密、远近变化形成的层次感产生了一种由有限到无限的节奏。那绵延的纵深感如声波般向着草场边际震荡而去,仿若随时可与群山展开一场私密的对话。随着地形的起伏,作品的摆放也随之变化。野口勇的《桃太郎》是典型的例子。这一公园中罕见的石制雕塑被巧妙地安放在了小雕塑向大雕塑过渡地带的一座丘陵上,无论是雕塑材质的特殊性还是摆放位置的突出都使这件作品在冥冥之中创造出了一种"界标"的效果。

经过精心的设计,所有雕塑在公园中都找到了适合它们生活的专属地点,仿佛从那里生长出来一样,变身成为土生土长的"本地人"。尽管单个雕塑之间并不存在必然的联系,但由于每一件雕塑都和它们所在的地点紧密相连,所有雕塑又共同生活在一个笼罩一切、风格统一的自然生态之中,因此整个公园就仿佛再次形成了一件鲜活生动的"艺术作品"。按照卢瑟福本人的形容,这里仿佛成了"一件加进了许多小雕塑的大作品"。

[美] 野口勇:《桃太郎》,花岗岩,2.74 米 × 1.05 米 × 6.58 米,1977 年,美国纽约风暴国王艺术中心

    雕塑的多样与布置的统一,使美国纽约风暴国王艺术中心充满了匠心独运的艺术魅力,与此同时,自带魅惑"妆容"的优美环境也使大型雕塑公园具备了博物馆雕塑花园无法比拟的巨大优势。观众在这里除了能够欣赏到雕塑的艺术美,更是时刻沉浸在原始自然生态那一片缱绻温柔的浪漫气氛之中。你可以纵情地在草坪上席地而坐,倚靠着雕塑大师们的杰作,时而随手翻动草片,和"罗丹们"一起观察虫儿的惊惶;时而闭目仰头,和"摩尔们"一起聆听晚风的呢喃;时而双手交握诚心祝祷,和"考尔德们"一起欣赏人生中最静谧的日落。这里的每一段时光、每一抹动容、每一缕妙音和每一分味道,都恣意挥发着造物主恩赐的欢畅,以最明丽舒爽的姿态将那浮世喧嚣尽数化为了绕指柔。

    "自然美"就这样在一片柔情中成为大型雕塑公园生而独具的"杀手锏"。那么,大型雕塑公园除了具有这梦幻般的审美教育功能之

［中］张洹：《三腿佛》，青铜，高 8.53 米，2010 年，美国纽约风暴国王艺术中心

外，还有哪一更深层次的贡献呢？答案当然是它——增进了人与自然交流的机会，体现出一种使人身体放松、心情舒畅的强大休闲功能！如果说博物馆雕塑花园集中了艺术史上的经典雕塑，为大众提供了一种"正规和严肃"的审美教育，大型雕塑公园则以原始的自然野趣启发人的思考，"以身作则"地向大众展示了何为回归万物天性，何为真正的放松与随意。

  人类和浩瀚的宇宙相比，固然渺小有如蚍蜉。但身为自然的赤子，人类终其一生都在不断地适应自然、改造自然，同时也改变了人类自身。随着文明的逐步发达，人类远离了自然，将自身囚禁在钢筋水泥的"囹圄"之中，奔忙于喧闹嘈杂的大街上，挣扎在忙碌与功利的社会中……让－雅克·卢梭（Jean-Jacques Rousseau）早已深刻意识到"文明人"和"自然人"的区别，马克思更是称之为"异化"。虽然人类已变得"老于世故"，但当在城市的霓虹中再也望不到童年灿烂的星空时，他们终于倦怠了"文明"的武装，开始由衷地渴望回到那"质朴的原初状态"。这是一种与生俱来的思乡感或恋母情结，

第十一讲　大型雕塑公园：天地大美

是足下的大地和母亲的怀抱为人类打下的烙印。这个烙印将人性最原初的本性和情感封印在心房之中，即便肉体已被机械时代锻造得百炼成钢、刀枪不入，心房却总会在与自然的对话中悸动，而那熟悉且亲密的悸动终将打破封印，释放出洪水般汹涌的情感。

不信你看——在假期的公园中，有这样一幅温馨的图景常常上演着：城里的男人结束了一周忙碌的工作，于是携妻带子，踏青郊游，享受回归自然怀抱时的兴奋和喜悦。这个时刻胜过了职场里的钩心斗角，胜过了应酬中的推杯换盏，胜过了烟尘下的车水马龙，胜过了工地上的轰鸣喧嚣……仿佛只有这一刻，人们才终于从生育他的母体中获得了安全感，重新找回了内心的和谐与宁静。

这样看来，大型雕塑公园广阔的自然生态之所以能使人产生轻松和舒畅的心情就容易理解了吧？人们在自然中获得的快乐是纯粹至极的，它完全涤除了某种"形而上学"。"幸福"在这里是通过"神思"来交流，而并非刻意思考。博物馆雕塑花园则不然。它既然身处钢筋水泥围成的都市腹地，其环境必然使观众难以忘记城市的喧嚣，也就无法体验到自然的安宁。博物馆雕塑花园里集中布置的经典雕塑让人肃然起敬，人们绷紧的心中更多体验到的是伟大与庄严，而大型雕塑公园发展了自然与艺术和谐共生的关系，人们在这里才能真正体验到"无伤害的""互利性的""双赢的"感觉，这种感觉往往被我们称为"幸福感"。在这种幸福感的基础上，理性必然重新回归，并从更高层次上升华，表现为对美好未来的憧憬和强烈的创造欲望。人已经不可能逃离自己生活的时代，已经不可能否定先辈缔造的文明之路，他们必须继续前进。席勒（Schiller）发展了卢梭的观点："自然的属性我们曾经拥有，并且我们一定会重新达到。我们要像他们那样自然，并且我们的文化必将通过理性和自由使我们回归自然。"

大型雕塑公园的自然环境使我们压抑的精神获得了自由，雕塑使我们的创造力和鉴赏力得到提升，人类在艺术中体验到了自己的本质力量，坚定了依靠理性获得发展的决心。从这种意义上讲，大型雕塑公园还因其独特的魅力促进了人类的进步事业，是"地球村"名副其

[中]林璎:《雕刻大地》,占地约 11 英亩,波峰高 4.6 米,2008 年,美国纽约风暴国王艺术中心

[美]利希滕斯坦:《美人鱼》,铝和环氧树脂,2.44 米 ×2.35 米 ×4.27 米,1994 年,美国纽约风暴国王艺术中心

实的"荣誉村民"呢！

　　当然，这并不代表博物馆雕塑花园就一无是处。这两种"雕塑的集中摆放形式"各有千秋，都是拱卫雕塑艺术的坚实壁垒。美国的博物馆雕塑花园和大型雕塑公园之间就"情比金坚"，不但不相互指摘，而且还相互补充、相互促进。博物馆雕塑花园一般位于市区之内，大型雕塑公园则匍匐于城市远郊的湖光山色之中。

　　博物馆雕塑花园以其经典的雕塑、方便的地理位置、周到的生活服务吸引游客，大型雕塑公园一般离市区较远，会员制显然就无法构成优势。它们的经营必须避开博物馆雕塑花园的优势，另辟蹊径。大型雕塑公园也可以为大众提供聚会、婚宴等生活服务，并使这样的服务在水色波光的滋润中焕发清新夺目的色彩。但有碍于并不便利的地理位置和尚未完善的交通条件，此刻的它们似乎只能选择以秀丽、壮美的自然风光为筹码，吸引游客的到来。但谁又能说，这个唯一的砝码不够分量呢？

第十二讲 ｜ 雕塑之径：曲径通幽处

我们每个人的学生时代，都诵读过不少描写山林幽静景致的诗句。唐代诗人常建在《题破山寺后禅院》中的诗句"曲径通幽处"是否曾令你遐想不已，心向往之呢？今日的我们若想一赏幽径美景，还真有个不俗的去处，那就是除了博物馆雕塑花园和大型雕塑公园之外的第三种雕塑公园形态，我们可以称之为"雕塑之径"。在这条幽径中，我们赏的不再是古人笔下的"禅房"，而是同样迷人的现代雕塑艺术。

"雕塑之径"源于英国大湖地区的"格里泽戴尔艺术项目"，这一项目更早的源头可以追溯到1968年由比尔·格兰特（Bill Grant）创办的格里泽戴尔社团。该社团最初的关注焦点其实主要在表演艺术方面，直到1977年才开始雕塑创作活动，并逐渐扩大规模。但在当时，这样的雕塑创作形态还没有被统一称为"雕塑之径"，毕竟社团当时还在成立之初，对其发展目标远没有更为明确的定位。

但随着类似形式的活动逐渐在英国广泛传播，它逐渐被定型成"雕塑之径"的正式名称，比如1985年创立的迪恩森林雕塑之径、1986年创立的英格兰奇尔顿雕塑之径和1997年创立的艾沃尔雕塑之径（Irwell Sculpture Trail），其后的波特兰雕塑暨采石场联合企业、基尔德水面和森林雕塑公园（Kielder Water and Forest Park）、古德伍德雕塑（Sculpture at Goodwood）公园等虽然并没有完全照搬"格里

［英］蒂姆·诺里斯：《警戒哨》，绿橡木和沙石，30米×4米，2001年，英格兰艾沃尔雕塑之径

泽戴尔艺术项目"那种雕塑与森林结合起来的方式，但实质仍然是在延续该项目衍生出来的某些观念。除此之外，美国也有几个类似的户外雕塑创作项目，如1979年在美国西部加利福尼亚州创立的"杰拉西艺术家驻区项目"（Djerassi Artist in Residence Program）、1999年美国田纳西州纳什维尔奇克伍德植物园艺术博物馆的卡雷尔林地雕塑之径。但需要注意的是，雕塑公园在美国更多是以博物馆雕塑花园和大型雕塑公园的方式出现，欧洲大陆也没有广泛发展"雕塑之径"的例子，这充分说明了"雕塑之径"基本可以被看作是英国的创造。也难怪人们一听到某某"雕塑之径"，就会联想到英国了。那里的森林、高地幽深清冷，植被密集、潮湿，确实具备开辟"雕塑之径"的独特地形优势。

　　从获取作品的方式看，英国的"雕塑之径"和美国的博物馆雕塑花园、大型雕塑公园之间的区别十分明显，也可以说是截然不同。英国的"雕塑之径"主要全部采用邀请艺术家结合公园环境创作雕塑的方式，而美国的博物馆雕塑花园和大型雕塑公园则以世界各国雕塑的"异地收藏"为主。从作品来源看，"雕塑之径"主要选择本国的在世雕塑家前来创作，而美国的博物馆雕塑花园和大型雕塑公园主要收藏那些艺术史的经典之作，即使邀请艺术家前来创作也会挑选已经成名的雕塑家。

　　那么为什么它们之间会存在这两个层面上的差别呢？究其原因可能和两个国家战后的经济发展背景有关。说白了，还是民间老百姓常常念叨的那句话："有钱能使鬼推磨。""财大气粗"的美国雕塑公园可以去世界各地购买作品，但是如果你手头拮据，也就只能依靠自己创作来获得作品了。

　　"雕塑之径"的名称源于雕塑的布置方式。美国的大型雕塑公园以草坪为主，看看风暴国王艺术中心就明白了，整个公园的地面简直就是一整张绿色巨毯。英国的"雕塑之径"则不然。它其实就是一条穿插于密林间的步道，凭靠着大片森林为依托。大湖地区的格里泽戴尔森林占地面积达8700英亩，雕塑"隐藏"在迂回曲折的林间小路中，游人在茂密的森林中不能随意行走，只能按照地图，沿着小径寻找雕塑的踪迹，"雕塑之径"的名称也由此得来，绝对是名副其实。

雕塑依存的自然生态的不同也决定了雕塑公园审美追求的不同，大型雕塑公园场域中也可以有大片树林，但树木一般作为雕塑的背景出现。而格里泽戴尔遮天蔽日的森林中，雕塑就生活在树木的身旁，高大的树冠和茂密的树枝遮挡住天空，使雕塑几乎无法接触到灿烂阳光和疾劲的野风。森林代替草地体现出了不可逆转的优势，大型雕塑公园中的作品如果挪到这里，一定会感到强烈地"水土不服"：苏维罗的"钢铁巨人"根本无法放到树林中间，考尔德的活动雕塑在密不透风的包围中也完全失去了特色，斯内尔森的"闪光雕塑"在这里也会魅力全无……

雕塑家必须根据"雕塑之径"的特点来创造，雕塑和森林不可逃避的迫近感强迫两者更加紧密地联系在一起。评论家斯蒂芬尼·布朗（Stephanie Brown）说："格里泽戴尔森林艺术明显表现出一体化的倾向：那里的雕塑几乎成为自然的一部分，它们和树木、小溪合体，要不然就隐蔽在黑暗而青葱的森林中。"

特殊的自然环境自然会造成艺术观念的改变。绿草如茵的大型雕塑公园带给人一种轻松愉快的感觉，幽暗的森林则容易使人感到郁闷，心怀郁结，体验到人类生活的艰辛，因此"雕塑之径"似乎表现出了对历史和人文精神的关怀。这里的雕塑不是貌合神离地模仿自然物的外表，也不像草坪雕塑那样"浓妆艳抹"和"高高在上"，而是在缓慢融于自然的过程中使历史的变迁得到显现。

雕塑家离开自己的工作室，远离城市的喧闹，没有助手的帮助，辛苦的劳动使他们对历史有了更加深刻的体验，而此时此刻，静默的森林早已变成人类改造自然的精神积淀。猎人的小屋让人体验到祖先们的机智和勇敢；森林中的树木是烧炭的原料，这里到处保留着烧炭工人留下的印记；地下埋藏着丰富的煤矿，曾源源不断供给人们取暖，林中炼铁炉剩下的废铁业已成为工业时代来临的证明；还有森林

［英］托尼·克拉格:《倾斜》,铜、涂料,2.4米×2.3米×3.6米,2005年,英格兰古德伍德雕塑公园

［拉脱维亚］维托克·季莫费耶夫:《X》,钢材,3米×2.3米×2.3米,2013年,英格兰古德伍德雕塑公园

中居住的各种生命,茂盛的植物、流浪的野鹿、盘旋的老鹰……都成为揭示自然灵魂的鲜活画卷。雕塑家们在这里隐居,仿佛使自己游荡在自然与历史中间,他们用雕塑的语言把这些感悟表达出来,这正是"雕塑之径"的价值所在。

说到这里，你是不是已经对"雕塑之径"栖息的神秘森林神往不已？接下来我们就用事实说话，去"雕塑之径"的主场英国看看。

在格洛斯特郡（Gloucestershire）西南12公里处有片皇家密林，它的名字叫迪恩——是英格兰最古老的橡树森林，早在1939年就被辟为了国家公园。你甚至有理由怀疑，在这片域外圣境，是否生活着魔幻故事中常年身着天鹅绒旧袍子的孤独女巫和智慧超人的俏皮精灵。事实上，这片林子也确实凭借它的神秘气息与绝世美景启发了作家们的灵感。且不说这里是英国作家约翰·托尔金（John Tolkien）《指环王》系列中精灵居住的森林原型，就连风靡世界的《哈利·波特》系列中妙不可言的魔法世界也带有这里的影子。小说作者 J. K. 罗琳（J. K. Rowling）曾在幼年时生活于此，也正是这里的草草木木点燃了她天马行空的想象力与激情。她的字里行间都流露出对这片土地深情的依恋：躲在韦斯莱家"陋居"地下搞怪的地精、藏身在树丛中的家养小精灵和奇珍异兽、海格教授简陋朴实的木头屋子……在系列作品的最后一本《哈利·波特与死亡圣器》中，哈利一行人历经磨难从魔法部盗走魂器后下意识"幻影移形"到的地方也正是迪恩森林。

古老的迪恩森林曾是英国皇家狩猎场，生长于斯的橡树更是被用来制造拿破仑时代和都铎王朝时期军舰的"御用"材料。橡树根系发达、树枝粗壮、生命力旺盛，除了可以用之打造坚不可摧的军舰之外，同样是整个西方文化中不可替代的重要树种。橡树纯粹自然的生命力使它们无须他人的悉心栽培，即可自行生长成为"温良世界里的巨人族"。独立自主的崇高精神品格使它们成为驻守森林猎场的"精兵良将"，它们是天生的战士。

除了橡树，这里的山毛榉和欧洲栗也很常见。每当"秋姑娘"云游至此，无数枝木的树冠就被染上了姑娘手中黄色绢帕的色彩——金灿灿又黄澄澄。山风哼着咏叹调穿林而过，叶片齐刷刷打起了拍子，整个林场泛起由黄至红的渐变色波浪，耀眼夺目。著名的世界旅行指南"孤独星球"把这里列为全球十大欣赏美丽秋景的最佳地点，是不是光听着这样的描述,就令人心痒难耐,恨不得即刻打包行李前往呢?

迪恩森林的魅力还不仅如此。这里是英国人为破坏最小的森林保护区,更拥有着种类繁多、不胜枚举的野生动物。也许你没有幸运地邂逅托尔金笔下友好的精灵,但你很可能不幸地遭遇传说中扑朔迷离、行踪难觅的"迪恩怪物"。说起所谓的"迪恩怪物",其实还有个通俗的名字叫"麇猪"。它们如同"加大码"的野猪,个性鲁莽,发起脾气来会生猛地撞断树木、毁坏栅栏。当然,如果你不去招惹它们,旅途依然会惬意非凡。

这是不是一个很有趣的地方呢?我愿意把这里形容为没有桃花的"桃花源"。试想一下,如果"雕塑之径"就横卧在这方净土之上,该是梦一般的体验了吧?既然我们已经粗略见识了迪恩森林优美宜人的大环境,接下来不妨一探"迪恩森林雕塑之径"的芳踪。作为古老的皇家森林所在地,这条被称誉为"雕塑之径"的环状步道长约3.5英里,是英格兰最古老的步道之一。穿行过整条步道,观者大约需要三个小时,沿途共计经过约20尊雕塑。但有个首要前提是你没有偏离路径太远,不然偌大的森林会轻易使人迷路,搞不好就会同"迪恩怪物"来场亲密接触。不过你也无须步步惊心,只要耐心地围绕既定区域行走,按图索骥就可以找到藏在步道不远处的雕塑。那些外表沧桑的雕塑作品和环绕它们的橡树一样,都是森林的"卫士",它们的全部血脉都倾注在这里,这里是它们的家乡。

来到这些"森林卫士"拱卫的"王城"——"迪恩森林雕塑之径",有一位前辈是我们无法绕开的身影:杰瑞米·里斯(Jeremy Rees)。里斯是英国西部港口布里斯托尔(Bristol)的阿诺菲尼画廊(Arnolfini Gallery)创始人,他有着林业工作的背景,早在1982年"雕塑之径"创想浮现之初,就对此表达出热情的支持。"雕塑之径"的最初形态就这样在同样具有林业背景的马丁·奥勒姆(Martin Orrom)、里斯和阿诺菲尼画廊的策展人鲁伯特·马丁(Rupert Martin)的联手指导、塑造下诞生了。他们以这种独特的形式向人们介绍了一组组杰出的雕塑作品,尽管其中的一些已经消失在了历史的洪流之中，但大多数仍旧被热爱雕塑艺术的"有心人"妥善保存着。

如今，这条"雕塑之径"已在英国形形色色的雕塑公园中占据了非常重要的地位。别看这里表面上一派"遗世独立"的清幽气象，实则云集了英格兰最著名的雕塑大师。下面，我们就来欣赏一番这些英伦绅士们耗尽心力的杰作。

大卫·纳什1945年出生于英国南部，除了是杰出的雕塑家、地景艺术家之外，他还拥有着许多头衔：极简抽象艺术家、观念艺术家和符号探求者。采用自然中有生命力的材料，并在其中应用永恒的象征符号是他惯用的艺术语言。锥体、球体、立方体……这些象征性的形式经由纳什之手诞生、成长，继而转化成有关自然与生命的复杂主题。《黑色圆屋顶》是他在"迪恩森林雕塑之径"中的经典作品。横亘在游人眼前的是一个黝黑的圆形突起形状，和长满蕨类植物的地面形成了鲜明的对比。仔细观察，原来这个其貌不扬的"黑色的圆形"是由900块锥形的松木焦炭堆积而成的，寂静地匍匐在那里，好像是古人的坟墓。它们之存在有效地加强了作品对选址地的认同感，展现出了审美的自然特性。作为终将回归自然的雕塑作品，随着时间的逐步衰减，它在既定宿命下保持了自然之威严的节奏。纳什是这样回忆其创作过程的："1978年，我曾在坎布里亚郡（Cumbria）的格里泽戴

［英］大卫·纳什：《黑色的丘》，烧焦的橡木，4.9米×3.1米，英格兰特雷明希尔雕塑花园

[德]玛格达莱娜·耶特波娃:《地点》,橡木,4.3米×5.2米,1986年,英格兰迪恩森林雕塑之径

尔森林工作,经常看到具有百年历史的烧炭遗址在地面留下的圆形空间,从山坡经过,刚好辨认出它们的模样……这些痕迹虽然难以辨认,但它显现出人的活动,烧炭浓缩着一种在场的感觉,它令我印象深刻。"

德国女艺术家玛格达莱娜·耶特洛娃(Magdalena Jetelová)的作品《地点》使用了最基本的交叉结构,表现出了一种原始的多意形象,而且从本质的高度上还原了森林的历史。如果你是从坎诺普山谷(Cannop Valley)来仰望这件作品,那原始的崇高感足以令你虔心敬畏。它被安详地放置在小山丘上,如同国王的宝座。远远望去,像是一位首领正在俯瞰自己的领地,姿态强壮有如童话王国中刀枪不入的怪兽。而换个角度观望它,又会使人联想到史前的石栏,仿佛冥冥之中已经在那里矗立了千年万年……

我们再来看两个使用"悬浮"手法的创作。在科妮莉亚·帕克(Cornelia Parker)1986年创作的作品《吊火》中,那火焰般成捆的金属悬挂于树木枝干的上方,从远处看犹如一顶加冕用的皇冠,阳光直射时,皇冠又化为了熊熊燃烧的火炬,连带着下面的树枝也仿佛在热烈的熏烤中噼啪作响。彼得·阿普尔顿(Peter Appleton)创作的《梅丽莎的秋千》则是一个悬浮的声音雕塑装置,名字取自雕塑家的女儿。这片幽深密林"大人物"的名字可以和新兴艺术家并存,它成

［英］科妮莉亚·帕克：《吊火》，钢环，1986年，英格兰迪恩森林雕塑之径

［英］凯尔·史密斯：《铁路》，红柳桉树枕木，1986年，英格兰迪恩森林雕塑之径

为英国最重要的当代雕塑和表演活动场所之一。在这里，艺术得以和自然水乳交融，相映生辉，以最灵巧和迷人的方式对话。这样的选址是得天独厚的，它强化了雕塑风格和雕刻艺术的多样化。

凯尔·史密斯（Keir Smith）的一件名为"铁路"的雕塑作品也唤起了人们对这个地区过去的工业活动之回忆。在这件作品中，他挪用了某片区域中一段废弃铁路线路中的20件桉树枕木，并将这些废旧的轨道材料雕刻成了一种极富诗意的表达——森林的前世和今生在婆娑光影下重逢。在这里，艺术家愿意化身成为"时间使者"，将你我的注意力导引向那未曾谋面的神秘历史。

走完了"铁路"，也许你想试试上一段"楼梯"。布鲁斯·艾伦

［英］布鲁斯·艾伦:《天文台》，上漆木材，1986年，英格兰迪恩森林雕塑之径

［英］索菲亚·莱德:《小鹿》，茅草和树枝，1988年，英格兰迪恩森林雕塑之径

第十二讲 雕塑之径：曲径通幽处

（Bruce Allan）创作于1986年的作品《天文台》将成全你的想法，他不但为你铺设了一段阶梯，甚至还是一段超现实主义的阶梯。当你走上这段楼梯之后，仅仅只能瞥见一个不符合自然特征的"池塘"，那简直只是一个充水的平底船或者是一个没有任何形式美感的缩孔：自然由此返回这个昔日的矿址之中，并且完成再次的转换。也许你不曾真的读懂艾伦蕴藏在这件作品中的哲学思考，但不必较真儿，在这件作品旁边就是一个正常且可爱的家伙——英国女雕塑家索菲亚·莱德（Sophie Ryder）早期创作的《小鹿》。

下面介绍一位大家可能会熟悉的诗人、艺术家：伊恩·汉密尔顿·芬利（Ian Hamilton Finlay）。生于1925年的芬利被誉为"20世纪苏格兰最重要艺术家之一",曾经创作了苏格兰最具野心的永久装置作品《小斯巴达》。芬利习惯于用古典铭文阐述、雕刻,再加上令人不安的典故,来表现战争幻想和暴力美学,许多作品被奉为概念艺术的杰作。在"迪恩森林雕塑之径"中,他致力于把用不同语言雕刻的石质徽章铭文应用到其作品《寂静之林》的树木之中去,为守卫森林的"卫士"竖碑立传。

彼得·兰德尔–佩奇(Peter Randall-Page)那硕大的《松果与容器》是围绕一棵松树和一棵橡树创作而来的,为的是提请人们注意自然界中存在的那些微小且脆弱的形状,并将这脆弱放大,供人审视曾被忽略的细节。你瞧,松果和装橡子的杯子就这么"豪气冲天"地立在它们各自的树下,一眼就可以看到,完全无须对它们进行错综复杂的解释。与《松果与容器》同样显眼的是凯文·阿瑟顿(Kevin Atherton)那安置于林中小径一侧树冠之上的花窗玻璃作品《教堂》,它的"皮肤"折射出流光四溢的色彩,像是一座富丽堂皇的大教堂,为重叠茂密的树冠披上了瑰丽的霞帔,绚烂之极,颇为浪漫。

[爱]凯文·阿瑟顿:《教堂》,彩色玻璃窗,4.6米×4.9米,1986年,英格兰迪恩森林雕塑之径

[英]内维尔·加比:《未经加工》,橡木,2001年,英格兰迪恩森林雕塑之径

艺术家们的想象力似乎在这里得到了极致的发挥,他们前赴后继,在自然中创造自然,在色彩中描绘色彩。雕刻而成的松果、橡子杯已经见怪不怪,埃里卡·塔恩(Erika Tan)甚至铸造了青铜竹子。他们认为迪恩森林中隐没了一段古老的文明,并且不遗余力地尝试着在这失落的文明中创作应该专属这里的"圣物"。

艺术家们的创作动力当然不仅仅是形而上学的哲学思想在作祟,在英格玛·塔林(Ingemar Thalin)那件创作于2002年并在后来被人为捣毁了的作品《生命周期》中,有当地居民提供的鸟窝受到庇护的照片,这般做法的意义已经超越了单纯追求对象与自然的融合,而是提升了雕塑公园存在的社会意义。在另一个象征性的雕塑活动中,卡罗尔·德雷克(Carole Drake)在森林地表之下埋藏了五块钢板。钢板是现代工业社会的产物,用原始的林间泥土将其掩埋,其效果便是向人们展示大自然的伟大之处——不要和自然作对,它可以不费吹灰之力地捕获、隐藏整个的人类历史。

在"迪恩森林雕塑之径"中,形形色色、极富创意思想的大型创作还有很多。内维尔·加比(Neville Gabie)在自己的作品《未经加工》中就成功玩儿转了本地的特色守护神——橡树,从对原木的挪用、切割到对地表的挖掘和形体的拼接,加比在这个项目中淋漓尽致地发挥了由拿破仑时代"海军橡树"所启发的灵感。英国在建造军舰的选材用料上毫不含糊，建造过程中亦是精益求精。在拿破仑时代著名的英法特拉法尔加海战中，英国舰队最终取胜。时任英国舰队司令纳尔逊的旗舰"胜利号"就是由一棵百年老橡树制造的。英国人在制造橡木舰船的时候简直像德国人一样严谨，甚至到了"一根筋"的地步。他们经过周密的考究之后认为，选用一百年以上的橡树是为了使建造军舰的项目具有更高的强度和硬度，而且这些橡树在采伐之后必须经过十四年的时效处理才能被用于建造军舰。所谓"时效处理"的目的则是为了保证橡木不开裂、不变形，并保持尺寸的稳定性。建造"胜利号"时，像这样精挑细选的橡树一共动用了5000棵，整个建造过程更是足足耗时十九年！当年的"日不落帝国"能够驰骋海上无所畏惧，橡树真是功不可没。英国人将橡树视作皇家的珍木，如今这片橡树林子里简直是聚满了"皇家卫兵"，或者可以戏剧性地将它们比作英国植物界的"锦衣卫"。雕塑家来到这些"皇家卫兵"的驻地进行创作，自然想从橡树身上打主意。当然，最终成型的作品也是可观而独特的，经过调整和组装，这些改造过后的原木块呈现出了后极简主义拼板玩具的视觉效果。来自生长之地的原材料被挪用成为新作品的四肢躯干，它们仿佛从未死去，依然贴近大地的胸膛，汲取着"母亲"的养分。

　　"雕塑之径"虽然被看作是"英伦特产"，但前面我们提到了，拥有众多大型雕塑公园且不甘寂寞的美国人也设计了几个类似的户外雕塑创作项目，下面我们就从迪恩森林的奇幻美景中抽出身来，去美国田纳西州的纳什维尔看看，探访奇克伍德植物园艺术博物馆的"卡雷尔林地雕塑之径"。

　　说起纳什维尔这个地方，大家一定不陌生。它位于风景秀丽的坎伯兰河畔，是美国田纳西州的首府，有着"乡村音乐之都"的美誉。这里不仅曾经被提名为美国最佳居住地的榜首，更有全美四百余家唱片公司咸集于此。从乡村音乐名人纪念馆到粗犷的酒吧、古老的建筑和大牌明星，即便不是为了"雕塑之径"而来，这里浓郁的美国南部乡村风情也绝对会让你不虚此行。每年4月至10月是这里的最佳游

[美]艺术团体 SIMPARCH:《森林之头》,松木、木钉和胶水,4.9 米 ×3.7 米 ×3.7 米,2009 年,英格兰基尔德水面和森林雕塑公园

览时间,你大可以选择乘坐独具特色的街头马车穿越城区,因为"雕塑之径"所在的纳什维尔森林就在不到 5 公里外的城郊。沿途的景致也绝不会令你昏昏欲睡,背着吉他在街头弹唱的流浪歌手和头发花白骑着哈雷摩托的老年嬉皮士会在沿途向你俏皮地眨眼。

说真的,能够在距离闹市区很近的纳什维尔森林中漫步,并且邂逅欧美优秀的现代雕塑作品,着实算是令人惊奇的际遇了。奇克伍德植物园艺术博物馆最初本是私人财产,占地 2.2 万平方米,位于田纳西州西部,包括了植物园和博物馆。只需花上 14 美元,就可以一睹其"芳容"。我们这里要介绍的"雕塑之径"就是 1999 年 6 月落成在这里的"卡雷尔林地雕塑之径"。

这里的设计源于奇克伍德植物园艺术博物馆的前任管理者约翰·温特霍尔(John Wetenhall)的创想,他试图利用这种方式,将该机构周围 55 英亩显著的区域转换成为一个生动活泼、热情开放的当代艺术展览胜地。在霍尔的视野中,奇克伍德植物园和艺术博物馆

[美]希玛·阿摩亚尼:《玻璃桥》,玻璃、混凝土和钢材,2003年,美国田纳西州卡雷尔林地雕塑之径

周围被忽视的空间场地十分可惜,那里林木参天、植被茂密,为当代艺术拥抱原始自然提供了绝佳的场域。叶片和着微风的浅唱轻轻拍打着,发出沙沙的声音,它们是森林的交响乐团。一条蜿蜒的小径被伐木工开辟出来,路面上洒满了松软的木屑覆盖物,像是古树厚赐给大地的绒毯,绵软中透出泥土的清香。就这样,"卡雷尔林地雕塑之径"在十五个艺术家的奇思妙想中以隐蔽于林间的娇羞姿态横空出世了。

沿着小径一路缓步慢行,你会发现散落的雕塑作品点缀于林间,像是玩躲猫猫时调皮的孩子,不时从藏身之处探出头来。它们彼此之间相距甚远,方便了游客对每一件作品进行不被干扰的细致观赏。在那一天赐的特定时刻,游客和自己的观赏对象可尽情地四目对视,在那专属的氛围中感受视觉关系的亲密,在那微妙的距离中感受灵魂的触碰。或许你还可以走走西阿·阿玛雅尼(Siah Armajani)在2003年创作的《玻璃桥》,感受翠色的琉璃与青山碧草的相得益彰。这是一场颇具美感的心灵对话,无须宣之于口,只有沁人心脾的舒爽气息和崎岖不平的林间小径与之为伴。

这条小径的开辟同翻修某座博物馆或者某个学术中心的建筑可不一样,里面的学问也不小呢。正是由于它的存在,使奇克伍德在原先广泛收藏装饰艺术和美国19世纪至20世纪油画的基础之上,从固定的程式中突围而出,被赋予了全新的后现代艺术的话语权。对于作品安置地点来说较为讽刺的是，因为"雕塑之径"的开辟已经是"开弓没有回头箭"，所以古典主义作品只得和当代艺术作品一道，收回彼此那不可一世的优越感，止战休兵，握手言和，共同休憩于同一片绿荫遮蔽之下。当然也会有不认同的声音浮现，但它们只是偶尔出现在临时展览中的交谈声里，不久之后便飘出窗外，随着林间的雾气缓慢淡去了。说实话，无论从观众的接受度还是这个地方的传统来说，这都是件不可思议的事情。新观念的展示总会被列为最大胆的举动，在奇克伍德这个地方，语境就是国王。在这里，18世纪英国有闲阶级（leisure class）的光环总是无法避免的。

但事情总有例外，不是吗？这条全新的雕塑之径就是由"有闲阶级"中的一员——梦露·卡雷尔（Monroe Carell）——全额赞助的。卡雷尔是纳什维尔的商人和慈善家，他的财富来自中央停车公司从全美各地收来的数以百万计的车费。鼓励卡雷尔将自己的目光导向视觉艺术，并且愿意为了视觉艺术打开自己钱包的人，是在美国被视为"前无古人，后无来者"的光学装置艺术家、物理学家和哲学家詹姆士·特勒尔（James Turrell）。卡雷尔曾赴纽约见到了特勒尔的一件装置作品。他逐渐信服了特勒尔具备创作出能够延伸每个人的个人形而上学观的作品的能力。企业艺术赞助商美国银行前董事长兼首席执行官休·麦科尔（Hugh McColl）曾经讲述了他的银行资助公共艺术项目的原因——同艺术作品的邂逅，可以使无聊的正常思维模式暂时停顿下来，接受真正"新"生活的拥抱。

"卡雷尔林地雕塑之径"的开端是乔治·里奇（George Rickey）在奇克（Cheek）公馆背后绿草如茵的僻静景观之上悬挂的一条约20英尺长的水平浮动线，它像是界标一样将这里与远处的纳什维尔闹市区隔离。它向下倾斜地穿过埃里克·奥尔（Eric Orr）的方形拱。在这个作品当中，利用流水、喷火和蒸汽来营造了一个虚拟的场面——它们每隔15分钟停止一次，接着按顺序交互运行，确保那棵雄伟的百岁老树持续笼罩在烟雾之中。观者继续向山坡下缘漫步，会进入树木遮蔽的幽深空间。在小路的中央有一大块花岗岩，这是乌尔李希·吕克里姆（Ulrich Ruckriem）的《无名石》，它可以说是一个突如其来的挑战。这些林木的规模不合规定比例，露出地面的岩层表面也过于光滑，无法成为一个天然的露台。在这相同的一块石头之上，足有四种不同质地的纹理，这些纹理为巨石本身赢得了足够的关注。好奇的观者围着巨石的四面细细赏看，从中寻找着是否存在人工挖掘过程中留下的痕迹。

从巨石向右走，会经过汤姆·恰尔诺普斯（Tom Czarnopys）创作的青铜树干《被包围的轮廓》，它以青春期前陷入困境与迷茫的人的图景来传达树木的脆弱和面对侵害的痛苦与无力感。为了纪念生于这片繁密森林中的土著人，当地切诺基族（印第安人的一支）后裔利用直立的雪松树干制成了一个破败的圆形房屋。这个破损的小屋很好地隐匿于枝木繁茂的树林中，提醒着人们这里最初的定居者是仿照印第安人的生活方式用原木在林间空地筑屋并且与周围的一切事物和平共处。

在路径的尽头是作品《离港旗》，它是需要经过一段角形混凝土隧道而进入的一个半球形圆顶结构。通过穹顶的孔眼，人们可以看见高悬的月亮，但是看不到任何一颗星辰。特勒尔说，那是圆顶结构内部的光源，当室外的天空已降为黑幕，这里的顶部依然被深蓝色的光晕笼罩。好奇的人会发现，这个穹顶既可以水平地保持声音，也可以使声音直接下降倾泻入站在室内中心的听者耳中。在室内，一个倾斜的靠背长椅为观者提供了一个放空头脑和杂思的冥想之地。在这里，他们可以静心品味自己的每一个发现，思考外界那不断增长的信息传输的速度，甚至定位一颗比星星更亮的卫星。

和森林一衣带水的共生关系为这些作品赋予了独特的灵性，但我们在对自然有"敬"的同时，也无可避免地对自然有"畏"。"雕塑之径"的创作方式引发了对艺术永恒观念的怀疑。昏暗的森林吞噬着周围的一切：原始人的洞穴、猎人的木屋、烧炭人留下的圆圈、炼铁的残渣碎片……再难忘的时光也抵不住沧海桑田，昔日的美好俱已化为过眼云烟，喧嚣复归于平静，何况人类短暂的生命？既然如此，艺术

[英]大卫·肯普:《绿色的捕鸟人》,木材、废弃农机与垃圾,1991年,英格兰格里泽戴尔艺术项目

又何必追求永恒?

"格里泽戴尔艺术项目"和"迪恩森林雕塑之径"都没有对雕塑的保护达到足够的重视,雕塑在森林中生活的挑战就是体验到物质转化的力量,循环、分解的全程。"雕塑之径"中发展出来的这种观念和"大地艺术"中的某些观念有些相似,"大地艺术"也并不一定排斥采用"雕塑"的手法。但是两者之间的区别也十分明显,"大地艺术"是大地本身变成了一种造型语言,而"雕塑"始终是一种立于地面的独立造型和结构,它放置在大地上,而大地本身不构成雕塑的造型语言。大卫·肯普(David Kemp)的《绿色的捕鸟人》刻画了一个神秘的捕鸟人,是用树木的残枝和森林中拾来的碎片拼凑而成的,它看上去瘦弱不堪的身躯早已抵抗不住疾风骤雨的袭击,仿佛顷刻间便要以摧枯拉朽之势分崩离析。肯普坚定地认为,这件作品"将随时

间而消失，显现出遭人抛弃的心酸"。

雕塑将显现自然物质转化的观念已在驻扎于"雕塑之径"的艺术家那里达成了共识。纳什在创作《黑色圆屋顶》时也意识到雕塑的形态将随着季节而变化，并最终遗憾地消逝于它们曾经依恋的风景之中：

> 我坦然面对雕塑终将消逝的事实，霉菌侵蚀，变质，植物生长加速了它从小圆堆变为残骸的过程。我不让客体对抗自然的因素，反而努力使它们介入雕塑，使其在环境中显示出不断变化的迹象……最近的观察中我已发现了作品外形的变化，体验自然和雕塑的相互融合是一种十分有趣的过程。

第十三讲 　|　 亚洲各国的雕塑公园

纵观整个东亚，与我国处于同样传统文化背景影响下的邻国日本在对待西方艺术的态度上显然采取了更加积极、主动的态度，这点有目共睹。从20世纪50年代起，以严谨著称的日本人就已开始致力于文化艺术方面的全面建设。也就是从那个时候起，日本全国相继建成了大小美术馆300多座，光是东京就有20多座！除此之外，日本企业界和收藏家也开始了对西方现代艺术品的关注。继1987年安田保险公司以72亿日元购入凡·高的名作之后，1989年，另一家公司就以120亿日元的高价购入了一幅毕加索作品。这些天文数字不但创造了当时的世界纪录，同时也使普通的日本民众开始对西方现代艺术刮目相看。

而当代日本大师雕塑收藏的水平究竟如何呢？仅日本箱根雕刻之森美术馆的展品就足以说明这个问题。雕刻之森美术馆中大师作品的收藏堪称亚洲之最，在世界范围内也是屈指可数的。我们可以做一个试验，请大家翻开赫伯特·里德所著的《现代雕塑简史》，我们假设其中提及的雕塑家是雕塑大师，那么箱根可是收藏了其中42位雕塑大师的66件雕塑作品！而由于《现代雕塑简史》成书于20世纪60年代，所以60年代以后成名的雕塑家如利伯曼、波莫多罗等人尚没计入，可想而知其规模有多恐怖了。看完箱根收藏的这些作品，简直等于浏览了一部现代雕塑史！

日本箱根雕刻之森美术馆，建于 1969 年

下面，我们就去日本感受一下这座收纳了整部"现代雕塑史"的雕刻之森美术馆。

提到日本的山林景色，恐怕你脑海中闪现的第一个形象，就是闻名世界的日本第一高峰富士山。而有这么一个地方，它恬静淡然地憩息于富士山脚下，泉水汩汩，山花烂漫，那就是本州岛东南部一个唯美浪漫的小镇——箱根。

坐落于东京市郊景致优美且人文景观丰富的箱根地区，是一个由东京乘坐观光巴士大约三小时即可抵达的"天然氧吧"。这里一畔可远眺青山，一畔能遥望大海，是一片让人不忍打扰的浪漫森林，也是一个令人陶醉其中的童话世界。若是你想要在东京享受三五天的惬意时光，箱根可是绝对不能错过的。

当然，如果你想充分享受旅途中的醉人景色，还有一条路线可供选择。从东京新宿乘坐小田急列车直达箱根汤本，呼吸一口城郊清浅的晨风，然后换乘另一列只有两三节车厢的登山列车，它会载着你以W形的路线徐行于绿树林荫之中。继而到强罗车站换乘电缆车去早

亚洲各国的雕塑公园　　217

位于雕刻之森美术馆内的毕加索美术馆

第十三讲 亚洲各国的雕塑公园

云山,由于坡度较大的关系,车厢内的地面呈阶梯形,是不是很有趣呢?而由早云山到桃源台需要乘坐空中缆车,虽然这不算什么稀奇的交通工具,但这里缆车的高度和全年乘车人数可是世界吉尼斯纪录的保持者!

下了缆车,我们就到了本讲第一个目的地。既然箱根地区的景致如此优美,那么建于此处的雕塑公园又是怎样的面貌呢?接下来就让我们擦亮眼睛,一探究竟。

建立于1969年的日本箱根雕刻之森美术馆是日本第一家雕塑公园,同时也是继比利时米德海姆户外雕塑博物馆和美国纽约风暴国王艺术中心之后的世界上第三家收藏现代雕塑的户外艺术博物馆。箱根收集到的作品纷繁多样,大批量地提供了20世纪日本和西方杰出艺术家的许多重要作品,给予了观者足够充分的选择余地,视觉盛宴当如是。这里的大师之作简直不胜枚举,要说知名度最高且最具代表性的当属罗丹的《巴尔扎克》,而最令人惊讶的则非贾科莫·曼祖(Giacomo Manzu)的《死亡之门》莫属。还不仅如此,这里还有一家珍藏了毕加索300件作品的单独的美术馆,是不是让你大跌眼镜呢!

其实,箱根那神秘的吸引力在你刚刚到达公园入口处还没有进入的时候,就已经跃跃欲试了。不信的话,你从入口的滚梯上抬头望一望,一排并置悬挂的日式装饰花伞别具特色,伞面上赫然是一幅幅闻名遐迩的世界名画。也许是由于日本人一贯严谨的风格，这里在每一个细节的安排上都充斥了浓厚的艺术气息。

不过，花伞还不算什么，这里连进入公园的方式都是那样独具匠心。穿越门厅之后，入口路径凭借混凝土墙之间的自动扶梯装置快速地向山下延伸。在经过一段有点幽闭的隧道之后，你就会来到一片广阔而令人心旷神怡的开放空间之中。在这里，你可以看到戏剧性地沐浴在广阔天空和巨大山脉之中的雕塑作品。

进入公园之后，在你视线的正前方，会看到一个巨大的白色方形混凝土柱子，卡尔·米勒斯（Carl Miles）的作品《人与飞马》就醒目地位于柱子的顶端。这种"方尖碑"似的存在使得整个作品的气质庄严而挺拔。尽管它的形式有些过时了，但仍然令人瞩目。在古希腊神话中，英雄珀尔修斯割下了魔女美杜莎的头颅。在魔女头颅里流出的血泊之中，跳出了一匹长有双翼的白色飞马珀加索斯（Pegasus）。传闻被其足蹄踩过的地方有泉水涌出，诗人饮之可获灵感。珀尔修斯骑上这匹飞马，救出了仙女安德洛墨达。后来，这匹飞马被天神宙斯提到天上，成为飞马座，也被视为"希望之神"。米勒斯将这个神话呈现于此，雄壮的男性躯体在上方轻踏飞马左翼，毫不费力地向天际飞去，象征了人与希望的承载关系。

绕过这件充满神话色彩的作品，驻扎在公园中的其他雕塑使者开始按着时间顺序逐一登场。从罗丹的《巴尔扎克》到马约尔的《被束缚的自由》（又名《布朗基纪念碑》），再到布德尔的《力量，胜利，自由，雄辩》，它包含四座高6米的人像，是布德尔为阿根廷共和国奠基者阿尔维尔（Alvear）将军设计的纪念碑下的雕塑，象征了独立生存的力量与尊严。大师们的重磅作品就如高士般隐居在这绮丽的湖光山色之中，和你不期而遇。

接下来，一件不需要过多进行历史介绍的巨大青铜雕塑出现在视野之中，那就是亨利·摩尔的《斜倚的人体：拱形柱》。虽然这个东方的岛屿和英吉利海峡相隔甚远，但这里仍然收藏了无论数量、规模还是美感都足以令人赞叹的亨利·摩尔的雕塑。出于多种原因，这件

第十三讲 亚洲各国的雕塑公园

［法］妮基·桑法勒:《黑人权力小姐》,聚酯树脂和涂料,5米×2.3米×0.75米,1978年,雕刻之森美术馆

[英]亨利·摩尔:《斜倚的人体:拱腿》,青铜,1969—1970年,雕刻之森美术馆

亨利·摩尔的《斜倚的人体:拱形柱》更是成为箱根所收藏的作品中意义非常重大的一件。要知道,公园的创建者可是亨利·摩尔的拥趸呢!这位忠实的拥趸就是鹿内信隆,日本最大通信集团富士产经的初代会长。有一次,他到亨利·摩尔位于英格兰多哈德姆的家中拜访,被艺术家陈列的户外雕塑作品深深吸引。于是,他决定在日本成立一家雕塑公园,而公园对作品的收藏就是从《斜倚的人体:拱形柱》开始的。

在30岁的时候,鹿内信隆产生了收藏现代雕塑的热情。他甚至把家族收藏的传统日本艺术作品全部卖出,用以筹集资金购买贾科莫·曼祖和埃米利奥·格列柯(Emilio Greco)的作品。他对于西方雕塑的兴趣和一些日本人的传统观念很不一样。那些人将西方艺术的涌入视作对日本精神的威胁和对国民身份的侵害。但鹿内信隆总是秉持艺术无国界,他不仅相信雕塑在20世纪视觉艺术领域中会取得最为激动人心的发展,而且同样确信这些雕塑将会吸引来大批的观众。怀着这样的梦想和对雕塑艺术的热爱,他着手创建雕塑公园,希望以此来向公众推广现代雕塑。

鹿内信隆之所以选择箱根地区作为他的筑梦之地,是因为这里优渥而独特的景观风貌。从东京向南大约三小时的车程就可以窥到箱根如梦的山色了。这是一处被上帝宠爱的幽地，山地、森林和湖泊以众星拱月般的姿态环绕着它，所以这里拥有许多美不胜收的游览胜地，你简直可以在这里展开一段极富想象力的冒险之旅。而且，你可不要把自己视为打破这幽静山色的"天外来客"，箱根是好客而包容的，来自世界各地艺术家创作的现代雕塑都已默契地选择在此安家，只为守候知音的驾临。

在这里，艺术家的真实理念彻底抛开了恼人的玻璃罩子，曝光于真实的湖光山色之中。它们三五成群，互相对望，终于有了对话的机会！你甚至可以静静地坐在它们身边，感受它们的温度，闭眼聆听悦耳的鸟鸣或者凝视繁茂枝叶缝隙中的蓝天。就让大师们的作品陪你看尽绝美的东方景致吧。无论日升日落、云卷云舒，抑或是韶光万道、碧波粼粼，西方人给了现代雕塑不羁的姿态，古老的东方则以骨子里的沉静与雅致为现代雕塑晕染上了沉郁恬淡的东方气韵。

除了在选址上的精妙用心之外，鹿内信隆在箱根公园的功能性上也是煞费苦心。为了将箱根打造为集雕塑展览、风光游览和互动娱乐为一体的综合性雕塑公园，鹿内信隆聘用了日本雕塑家、建筑家井上武吉来对这里的建筑、或蜿蜒或独立的路径以及各种雕塑的组合进行设计与规划。在执行的过程中，其设计巧妙地将坡地容纳了进来，绵延起伏的山地效果使得地平线以内的视野变得更加具体化了。箱根并不想将自身打造成为中规中矩的公园，而是要成为使观者在对现代雕塑和自然风景的欣赏中放松身心的欢乐家园。如今，这里除了作为重头戏的雕塑作品之外，不仅包括了各种餐馆、商店以及孩子们的嬉戏空间，也有温泉可供疲累的旅客盥足和休息。

当然，在拜访时大量涌入的游客也会使你印象深刻。不过，针对不同属性的人群，箱根也提供了相应区域的划分。比如说，当你听到男男女女热情的喊叫声传来，毫无疑问那是专门预留给年轻人的场地。而当父母们欣赏雕塑作品时，这里也为他们无暇顾及的孩子们提供了诸多玩耍的场地和设备。甚至，有许多雕塑作品本身就化身成为互动性极强的"娱乐设施"。

就说井上武吉的《我的天洞》吧，它就为人提供了一场经过特殊设计的空间体验。人们首先会通过一扇充满诱惑的小门，然后进入一个黑色塑胶立方体之中。神秘的气氛在此刻陡然而生，接着，一段复古的螺旋式楼梯蜿蜒着向下延伸，你会顺着它的指引来到一个狭小昏暗的空间。这里覆盖着柔软的灰色织物，人们可以在从别的螺旋梯上去之前坐下来，并通过另一个透明的塑胶立方体来凝视头顶的天空，整个过程仿佛一场短暂的空间轮回。

镇松雄原的《宇宙的彩色空间》，就是专门为孩子们打造的。其功能要想完全地呈现出来，意味着需要许多孩子一同来参与。这十二个巨大的空心钢铁方格被刷上了明丽的色彩，像是一道从天际漂泊而来，停靠在广阔草坪之上的彩虹长廊。每个"大方格"的摆放都是平衡的，人们可以从它们之间穿过，切身体验到空间内部色彩和形式结合的诸般变化。

[日] 镇松雄原:《宇宙的彩色空间》，1968年，雕刻之森美术馆

[意] 阿纳乐多·波莫多罗:《球中球》，铜，直径 2.5 米，1978—1980 年，雕刻之森美术馆

在"彩虹长廊"的不远处，孩子们可以在野口勇的红色《八面体模块》上爬进爬出。同时，在《八面体模块》前面的山坡下，有一片高高悬挂着的彩色绳网可供孩子们尽兴攀爬。诸如此类的互动装置还有很多，其理念的共通点都是旨在提供一系列富有想象力的三维空间体验。

可以说，箱根在从容不迫中就满足了大范围观众的需求。它不像冷冰冰的博物馆、美术馆，也不像肃杀的郊外荒原，而是惬意地在轻松雅致中感染游人，就连尚不懂得欣赏雕塑的孩子们也在这寓教于乐的气氛中收获了非凡的享受与快乐。

总之，它的吸引力已经使得东方的普罗大众也逐渐成为 20 世纪现代雕塑的热爱者。就在亨利·摩尔《斜倚的人体：拱形柱》的旁边，人们发现了考尔德巨大的《鱼刃》，随后是让·杜布菲（Jean Dubuffet）的《树状物》。穿过一片广袤的草坪，你会看到奥西普·扎德金（Ossip Zadkine）的《住宅》、嘉博的《球形主题》、阿纳

[日]伊藤隆道:《16根转向棍》,不锈钢、铁、马达和涂料,3.5米×3米×3米,1969年,雕刻之森美术馆

乐多·波莫多罗(Arnaldo Pomodoro)的金色青铜《球中球》和一系列的日本当代作品。怎么样,是不是大腕儿云集?

新宫晋的《从不结束对话》也吸引了很多人。在它明亮的橙色钢结构的顶端,有看似轻盈的"云帆"在微风中轻轻起伏旋转。其他的动态雕塑作品还有伊藤隆道的《16根转向棍》。这件作品由16根高速抛光的不锈钢棍子组成,它们可以在无休止的复杂而有趣的模式形成的同时无声地旋转,同时阳光折射的耀目光点会随着钢棍角度的改变而"跳跃"起来,这使得整件作品霎时灵动活泼了起来。而当这16根转向棍在阳光下"舞动"的同时,乔治·里奇的《两条垂直线》也以独特的设计而令人啧啧称叹,因为它看起来就像是沉默而优雅地在天空中移动!

既然说到了具体的雕塑作品,那么,鹿内信隆对亨利·摩尔作品的喜爱是众所周知的。就拿作品安放的位置来看,都一定程度上印证了鹿内信隆的"口味"。比如说,埃米利奥·格列柯、让·阿尔普和让·杜布菲的作品都很快得到了安置,而由于亨利·摩尔的大规模青铜雕塑的展示是需要一定的技巧和感知度的,所以鹿内信隆为此费神了很久。他对亨利·摩尔的作品非常钦佩并且希望其青铜雕塑能够成为箱根雕刻之森美术馆的核心藏品。不信你看，光是1986年这一年时间里，他就从美国佐治亚州、弗吉尼亚州和堪萨斯州收购了16件亨利·摩尔的作品，随着之后的陆续购买，箱根公园中亨利·摩尔的雕塑已经增加到令人印象深刻的26件！

这些作品的创作时间跨越了1948—1985年的三十多年，这给了我们一个独特的机会来比较《家庭群像》《斜倚的人体》《母与子》这些相似的主题。最早的主题，是1948—1949年创作的《家庭群像》，其展现出来的统一的简化和抽象的程度使得它无可非议地成为亨利·摩尔最著名也是最受人喜爱的作品。1959年创作的《两件一套的斜倚的人体Ⅰ》看起来像是两块风化的岩石，好不容易才能辨认出人体的形态。与此相反的，是后期结合了想象力、抽象思维与人体基本结构的巧妙的青铜雕塑。这里展出的唯一一件亨利·摩尔具象作品是《原子碎片》（又名《核能源的工作模式》）。这是一件意图对社会环境造成影响的作品，你不妨私下里将它与英国雕塑家托尼·克拉格（Tony Cragg）创作于1991年的作品《大气》相比一下，看看它们的影响孰轻孰重。

箱根如此声名远播的原因还包括它收藏了300件毕加索的作品。这批展示在一栋独立的建筑中的作品由版画、油画、雕塑、陶瓷、挂毯、银器、金器和玻璃器皿组成。当然除了这些具体的单个物品，还包括富有高度想象力的毕加索戛纳电影工作室重建计划。《加利福尼亚》是以毕加索的英国籍摄影师大卫·道格拉斯·邓肯（David Douglas Duncan）在1956年直至毕加索去世的十七年时间里拍摄的照片为蓝本的。不像毗邻巴黎蓬皮杜艺术中心的布朗库西工作室那样精心和完美，毕加索工作室的功能更像是一个令人完全信服的舞台。画架、工作台、椅子和桌子都被精确地改造，它们被涂上了哑光白的颜料以此证明其是复制品的身份。

人们还可以继续列举出箱根的惊奇之处——玛尔塔·潘的《漂浮雕塑Ⅲ》被漆上了泛金的橘红色，就像是一尾鲤鱼在静谧的水中懒懒徜徉；胡安·米罗（Joan Miro）《不敬的"人"》；妮基·桑法勒

（Niki de Saint Phalle）那令人惊讶的《布莱克小姐的力量》和玛格达莲娜·阿巴卡诺维奇（Magdalena Abakanowicz）荒凉而孤独的《人群中的一人》。这些20世纪主要的雕塑家，都在箱根1969年举办的第一届国际现代雕塑展览中得到了成长和启发，从而明白了自己的优异之处和缺失之处。他们的许多作品在展览中卖出，包括赫普沃思、野口勇、亚当、比尔、玛尔塔·潘和佩纳尔瓦创作的雕塑，同样受到市场认可的，还有大批日本本土艺术家的作品，比如松原和伊藤隆道。

  鹿内信隆的收藏使得公园在成立后的十二年时间里发展得非常快。1981年，一个分园在长野地区开放，这里是海拔2000米的植被线上方的一片山区。与箱根郁郁葱葱的草坪和落叶林相比，这里稀疏的景观常年笼罩在淡淡的薄雾和皑皑的白雪中，戏剧性地呈现出了日本的"阿尔卑斯"美景。正是因为这种对园区感性的规划，一种艺术作品和自然环境的共生关系得到了真正实现。若你想要冬日邂逅箱根，不妨与鹿内信隆相约长野园区。伴着神秘沉郁的大河民乐，和着悠扬绵长的岛国唱腔，沿着青灰色的小径漫步，你将感受到奇幻的现代雕刻与古朴景致的共生与融合，实在是别有一般瑰丽而浪漫的滋味。

  所有上述人性化的规划都为公园带来了极高的人气。令人惊奇的是，这样的高上座率也丝毫没有压垮和破坏公园的承载能力。鹿内信隆在1990年与世长辞，他所创建的这个"世外桃源"收获的实际成果显然远远超越了他的预期。他不仅仅是在以创建公共雕塑公园的形式来资助艺术在亚洲的普及，而且间接影响了日本现代雕塑的发展，为日本及海外的众多观者提供了在湖光山色中恣意呼吸现代艺术和原始自然气息的快乐。

  其实在和当代西方雕塑界交流方面，除了日本，台湾雕塑家的经验同样值得借鉴。杨英风、朱铭等雕塑家通过多年的奋斗已经使华人雕塑家在世界雕塑舞台上占有了一席之地。

  接下来，我们就离开岛国日本，到台湾去看看。看过李安导演的作品《少年派的奇幻漂流》的人，一定会对这部获得了第85届奥斯

［法］玛尔塔·潘:《漂浮雕塑Ⅲ》，聚酯树脂和涂料，2.26米×2.26米×1.13米、1.83米×1.83米×0.7米，1969年，雕刻之森美术馆

［日］后藤良二:《空间构造》，不锈钢，4米×2.2米×2.4米，1978年，雕刻之森美术馆

中国台湾朱铭美术馆，建于 1999 年

卡金像奖"最佳视觉效果奖"的影片中美不胜收的景致印象深刻。那美得不似人间的仙境就是在李安的家乡台湾取景拍摄的。

说到台湾与雕塑公园的缘分，还是始于 1980 年台湾花莲文化中心雕塑花园的成立。不过严格意义上来说，它还不算是真正的雕塑公园，而是以艺术中心为核心向外扩展的"博物馆雕塑花园"。花莲盛产大理石，艺术中心就因地制宜地邀请雕塑家到建筑的庭院中利用本地特产创作石雕。随着作品的增多，雕塑花园也延伸至建筑门前的广场之上。此后，从雕塑花园到雕塑公园，台湾各界对户外雕塑的展示愈来愈关注。而我今天要带你探访的不是花莲，而是成立于 1999 年 9 月的朱铭美术馆。它坐落于台湾新北市金山区，是由台湾著名雕刻家朱铭一手创建的，依山傍水，景致独特。

说起来，朱铭创建这里的初衷是为了解决大型雕塑作品的存放问题。不过后来，艺术家的性情让他从大自然中找到了灵感，决定兴建一片展示他毕生杰作，同时供艺术家发挥创意的园地。也许你要问了，我们讨论的是雕塑公园，为什么这里要介绍一座美术馆呢？其实,这里虽然名为美术馆,但拥有大片的户外雕塑展示区,周围坡地绵延,绿树环绕,别有一般醉人的美感,俨然是一座综合性的户外雕塑公园。

进入园区之后,沿着蜿蜒的小径漫步,道旁不时邂逅的一些雕塑,常常带给人满满的惊喜。在欣赏雕塑作品的同时,你还可以饱览金山秀美的风光,如此行走,不但不觉疲累,反而令人兴致盎然。

朱铭艺术家的身份使他拥有独特而敏感的艺术嗅觉。他根据不同的地形地貌,为美术馆园区规划了不同功能的区域,包括美术馆本馆、服务中心、第一展览室、艺术表演区、艺术交流区、艺术长廊,甚至还有戏水区、太极广场、人间广场、慈母碑、天鹅池、运动广场等。这其中收藏陈列的雕塑作品,更是分类明确,种类繁多。不过,从宏观上俯瞰整个户外区域,还是大致由四个板块构成。

最核心的自然是朱铭本人的雕塑作品。作为朱铭一手创办并且以自己的名字命名的美术馆,这里完整地收藏了他在各个时期的创作,大约有一千多件呢!

首先,让我们把目光集中到其中一件,矗立于草坪中央的巨大白色铜质雕塑"人间"系列之《科学家》。这件作品创作于2009年,是

[中]朱铭:"人间"系列之《降落伞》,青铜、不锈钢,高4米,1988年,中国台湾朱铭美术馆

朱铭继"太极"系列之后的"人间"系列中的一件典型之作。之所以选择有关"科学家"的创想，实乃源自朱铭自己对中国伟大科学成就——造纸术、活字印刷术、火药、指南针的钦佩，并且，他意图将中国的科学贡献与西方重要科学家牛顿、富兰克林、爱因斯坦、法拉第、爱迪生、居里夫人等人的科学贡献于时空交错中的"人间"进行碰撞和交汇。这一主题延续着朱铭描绘人间百态的创作思维，为其阶段性雕塑主题探寻以及新造型开发的具体展现。

让我们具体来看看这件作品表现的内容。在我国上古传说中，指南针被视作黄帝的发明。在这件作品中，头戴冠冕者是黄帝，身后跟随着侍从仆人，旌旗招展，赫然弥漫着一番战火欲燃的紧张态势。黄帝手执缰绳，站立着驱策双轮战车，三匹战马昂首嘶鸣，在黄帝的指挥下咆哮奔腾。这件作品神奇的地方所在，就是不论战车驶向哪里，车厢中间黄帝的身形永远指向同一个方向，用以辨认方位，不会迷失，形象地展现了指南针的构造精神。

至于作品造型方面，朱铭延续了以往利用大块面结构塑形的创作手法，抽象表现出人物造型的精神和动势。外观以白色表现，简洁中不失浑然大气。局部以黑色线条和圆点点缀，力图在最单纯的色彩语言里传达出人物姿态的静谧和伟大。

除了朱铭自己的作品，这里还有一方天地可被视为"家属区"，因为这里陈列着朱铭的长子朱隽的作品。这位子承父业的年轻人如今已是知名雕刻家，他那极具表现力的"拉链"系列作品使人过目难忘。

另外还少不了的，是恩师的作品。李金川和杨英风这两位朱铭艺术生命中最重要的恩师，其作品被妥善地收藏在了朱铭美术馆本馆的二楼。

最后就是这里安置的其他作品。你可不要小瞧它们：从毕加索到亨利·摩尔再到美国波普艺术家安迪·沃霍尔，虽然名家作品的数量规模比不上箱根，但也称得上是"众星云集"。除了这些耳熟能详的西方雕塑艺术大师，我们国内的艺术家张万傅、洪瑞麟等人的作品也

近处为 [中] 朱铭:"太极"系列之《对打》,青铜,6.34 米 ×2.95 米 ×3.68 米,1997 年;
远处为 [中] 朱铭:"太极"系列之《拱门》,青铜,15.2 米 ×6.2 米 ×5.9 米,2001 年。
中国台湾朱铭美术馆

陈列于此。

  整个户外展览区以大型雕塑作品为主,作品材质多样,涵盖了石头、青铜、不锈钢、海绵及保丽龙铸铜等不同的素材。其中太极广场是这里最大的展览区域,陈列着朱铭蜚声国际的"太极"系列作品。开阔的广场,配合上气势磅礴、体态动人的巨型保丽龙翻铜雕塑,仿佛可以体悟到与天地自然合而为一的太极境界。

  太极系列诚然是朱铭雕刻语言成熟和艺术风格成形的一个重要标志。下面,我们就选取两件朱铭"太极"系列中的作品来一睹为快吧。

  当你穿越园区茂密低矮的灌木丛,来到园区中的太极广场,就会在一片广袤的草坪之上看到这尊"太极"系列之《拱门》醒目地耸立于眼前,其后方远远望过去,就是青翠而明晰的绵延山峦。这尊太极拱门是由两人对招的"太极推手"演化而来的,相信打过太极拳的各位都会对这个动作非常熟悉。在真正对阵时,"推手"的两个个体之间是有距离的,但朱铭新创作的这尊"太极拱门"则是将双手连接了起来，一气相通，合为一体，构成了一扇"和谐之门"。人物图像形态在这里已不复存在，取而代之的是由抽象量块所构成的现代化造型。纵观作品整体，似乎有沉郁的气韵蕴藏其中，从左方传送至右方，再从右方回送至左方，如此反反复复间传达着生生不息的概念。

还是在太极广场宽阔而平坦的绿茵之上，朱铭"太极"系列中的另一件作品《单鞭下势》陈列于此。这件作品取自太极武学中"单鞭下势"的动作。朱铭在这里将人体动作的细节省略，化繁为简，着重气韵的表现。其实除了这件，朱铭还塑造了许多大小不一的"单鞭下势"，而这件属大型创作。当初在进行大型作品雕刻的时候，由于巨大的木材不易寻获，其纹路的走向又会影响作品的效果，头疼的朱铭在进行了多种尝试之后开发出了这种以保丽龙雕刻再翻制成铜的方法。如此，一是作品可以不再受尺寸所限，二是青铜切锯过后的痕迹仿若木痕，完全符合朱铭期望达成的艺术效果。作品结构仍旧是粗犷的块状造型。为了表现"天然去雕饰"的神韵，展现出作品浑厚的气魄，朱铭从不刻意修饰自己的刀痕。他就是要以最为简洁的造型和厚重的体量感来充分表现出蓄势待发的情状。正如"太极"的要义所传达的，朱铭的作品确实在沉静的外表下蕴藏了巨大的能量。

介绍了一些朱铭的雕塑作品之后，也许你对他基本的创作理念和风格已经有了粗浅的认知。那么，朱铭的雕塑之路是如何开展的？他又为何萌生在台湾创建这样一方陈列户外大型雕塑的乐土呢？恐怕我们还要从他的人生经历及从艺路程中寻找答案。

1938年，朱铭出生于台湾岛北部沿海的苗栗县，本名为朱川泰。他是家中幺子，由于出生时父母亲的岁数相加为92岁，故童年时小名"九二"。虽然家境清寒，父母亲忙于和贫困拼搏，但也没忘了尽量给予他们受教育的机会。13岁时，他拿到了生平第一张，也是唯一一张的学业文凭，之后就开始去杂货店打工以挣取微薄的劳工费补贴家用。

15岁时，适逢通霄镇上的妈祖庙慈惠宫进行翻修工程。他在父亲的带领下来到妈祖庙拜了雕刻师傅李金川为师，学习雕刻和绘画手艺，开启了雕刻生涯。在这段艰苦却难忘的学徒生涯中，朱铭白天雕刻，晚上学画，付出了超越常人的诸多努力。李金川之于朱铭，不仅是引领他走上雕刻之路的启蒙者，更是为他解惑人生的慈父般的角色。经过三年零四个月的学习，不到20岁的朱铭出师了。

在那个竞争激烈的年代，朱铭去南庄、基隆等地担任雕刻师傅，租了一个店面，请两位师兄弟一同合作，开始自立门户做起雕刻生意。说起来，那段时间还发生了一件颇有趣的事情，这位努力的小伙子被房东看中，竟然想要招他入赘，做上门女婿，吓得他连夜躲回了老家。在自家的老房子前，他所幸搭了个棚子来充当简易的工作室，开始收徒。平时的收益就是和徒弟们雕刻一些具有欣赏价值的工艺品，然后交由台北、基隆的工艺品商店贩售。当时他的小本生意做得还算不错，甚至还有远在高雄的客户。

1961年，朱铭迎娶了同镇女孩陈富美为妻，其日后知名作品之一《玩沙的女孩》就是在这段甜蜜的恋爱时期为爱侣专门创作的。婚后的朱铭，建了厂房，在雕刻工艺品的事业上有过一段蒸蒸日上的时光，但终因不识人心及欠缺生意技巧，事业一度跌落谷底。但此时在生意上的失败，反而促成了他的一项重大决定：不做生意人，坚定走自己的艺术道路，成为真正的艺术家！尽管精湛的雕刻技术已为朱铭带来一定的名声与财富，但他追求艺术成长的念头愈发强烈。30岁的朱铭拜了杨英风为师，从工艺雕刻正式踏入艺术创作领域，进入人生的转折点。当年这一场打击下来，老板朱铭消失了，艺术家朱铭横空出世。

杨英风重精神、重灵性的创作理念，深深影响着朱铭美学观的形成。他在创作中逐渐抛开形式，摆脱写实，保留神韵。又经过八年的学艺，杨英风特意安排朱铭在历史博物馆举办个展，他才以雕塑艺术家的身份正式曝光在公众面前。也正是在这次个展上，朱铭一鸣惊人，在如潮的佳评中奠定了艺坛位置，此后获奖无数。

70年代后期，不惑之年的朱铭在艺术道路上，坚持要从传统中走出新生命。尽管他最初是以乡土形象大获认可，初啼试声便取得空

[中]朱铭:"人间"系列之《排队》,青铜、涂料,每件约2.01米×0.75米×0.78米,一组10件,2002年,中国台湾朱铭美术馆

前的成功,但却并未墨守成规于乡土造型,而是在这段时间里又逐步发展出日后知名的"太极"系列。这一新的创作尝试,源自朱铭为健身而学习的太极拳。在他眼中,艺术必须源自生活,能够传达生活的感动。他把接触太极所得到的新体悟转化为创作中的养分,发展出了独具个人风格的创作语言。日本京都美术馆馆长河北伦明曾给予了朱铭极高的赞誉:"朱铭是有重量感的,这点和日本近代雕刻家相同;朱铭是有动感的,这也和日本近代雕刻家相同。但是日本雕刻家中却没有人像朱铭一样兼具两种特性。"

1980年,朱铭只身赴美闯天下,在纽约的小车库中解决了材料与场地的种种问题,发展了他的"人间"系列创作。从通霄镇至台北,从台北到纽约,朱铭的创作一再地追求突破,从"水牛"转成"太极",再从"太极"蜕变为"人间"。

80年代至90年代,朱铭开始全面发展艺术创作,作品陆续被介绍至国际艺坛，其足迹也遍及了新加坡、英国、法国、日本等地。展览之外，朱铭大型的户外雕塑品，也陆续被装置在国内外的公共空间。1989年，朱铭在华裔建筑大师贝聿铭的邀请下，为香港的中银大厦创作雕塑作品。为了配合大楼的高耸气势，朱铭创作了一对粗犷质朴的青铜雕塑《和谐共处》，与大楼钢铁玻璃的冷冽和光滑质感形成了鲜明对比，俨然是"太极"系列理念的延续。

朱铭的艺术从台湾出发，带着他独特的精神内涵，风靡世界。为了创作尺寸不同的作品，朱铭开始在台湾北部金山的山坡上购地，而正是随着购地面积的增加，他逐渐萌生出了创建雕塑艺术园区的念头。从无到有，从荒地变公园，从美术馆园区的规划到建筑的设计与施工，朱铭事必躬亲。终于在1999年，倾注朱铭一生积蓄和十二年漫长辛劳的朱铭美术馆正式开幕，而这片东亚地区著名的雕塑园区也成为朱铭一生中意义最重大的一件作品，是他对社会及雕塑艺术推广方面最宏大的付出与回馈。

现今，年过七旬的朱铭，历经种种戏剧般的人生转折，仍以旺盛的精力和使徒般的热情献身于艺术的征途。他的美学体悟"艺术即修行"成为贯穿其一生的坚定信仰。他的艺术永远洋溢出充沛的生命力，不同时期的创作也显现出他对造型不同的思索与体悟。他讨厌一成不变，总会依据创作的需要而不断挑战新的创作材质，全力发掘材质特有的形式语言。

除了具体的雕塑创作，朱铭把毕生最大的力气都放在了打造这座美术馆上。虽然需要没完没了地跟时间、气候、法规、资金、人事等和创作本身毫不相关的琐事周旋，但他甘之如饴。对于执着于圆梦的朱铭来说，这就是生活，就是修行！就像他自己说的："成立美术馆，是为了呈现艺术发展的过程；成立基金会，是要让美术馆能永垂万世，也是为了给作品建设一个好归宿。钱本是社会的，回归社会叫圆满。"

纵观朱铭一生的艺术征程，我们可以从中读到的信息实在不胜枚举。中国雕塑家们也应该学习朱铭雕塑家那份迈向世界的雄心，顺应世界雕塑的发展潮流，大胆创作出使雕塑和自然相互结合的大型抽象雕塑，如此方可促进中国雕塑公园作品创作水平的全面提高。让我们期待那一天的到来。

第十四讲　｜　雕塑公园在中国

在前面几讲中，我们花费了大量的篇幅来分析欧美雕塑公园的起源、类型和功能等问题。从中可以很清楚地发现，对雕塑公园的理解一般包含着两个主要的层次，所以对雕塑公园概念的描述就可以围绕着这两个层次来界定。

其一，广义的雕塑公园是一种以展示或收藏现代雕塑为主要特色的"雕塑集中摆放场所"。从中国目前的情况看，相关雕塑公园的职能划分、功能类别仍然不甚明确，"雕塑公园"的概念也是呈现出笼统而宽泛的面貌。它不只是涵盖了今天被称为"某雕塑公园"或"某雕塑园"的场所，还包括了一些没有被称作"雕塑公园"，但实质上却又无疑属于广义雕塑公园范畴内的例子，比如桂林愚自乐园。当然，有一点我们还是跟得上潮流的——在我国，雕塑公园同样是现代雕塑的乐土，而非古代"丰碑"的阵地。

其二，我们在广义雕塑公园的基础上进一步缩小范围，狭义的雕塑公园排除了主题雕塑公园的范畴，它是一种更加纯粹的、真正现代意义上的雕塑集中摆放形式，这缘于公园中的作品必须是各自独立的。它们是经由不同艺术家之手创作出来的作品，或许也可能是同一位雕塑家创作出来的，内容和形式毫不相干的作品。否则的话，不论雕塑公园中包含几件作品，其整体都只能算作是一件"主题雕塑"。正如维格兰公园和特尔古日乌组雕那样，其中所有雕塑都不是独立

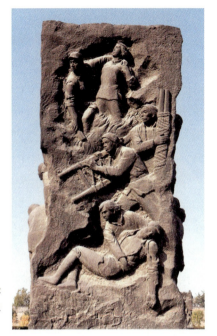

[中]盛杨:《战地救护》,石材,4.5米×2.2米×2.2米,1999年,中国人民抗日战争纪念雕塑园

的,都为突出的那个主题服务。

既然雕塑之间不存在内容上的联系,整体不为主题服务,这些公园中的雕塑作品就只能选择以展现艺术家的独创个性,表现多变的造型来取胜。正因如此,狭义雕塑公园便以面向大众的审美教育为主要宗旨。当观众徜徉于作品之间的时候,只需静静享受欣赏作品的过程,而不必获得道德上的教训,被某个发人深省的主题绑架。这样的安排显然有着明确的目的,就是为了使大众得以纯粹地体验雕塑艺术所蕴含的创造精神。

那么,一般人怎么来区分主题雕塑公园和"真正现代意义上的"狭义雕塑公园呢?其实不难,在中国,从这些公园的命名上便可一目了然。主题雕塑公园的名称中一般都含有鲜明的限定成分,似乎若非如此便无法完整揭示它的功能和意义。打个比方说,"中国人民抗日战争纪念雕塑园""常熟法治雕塑公园"等,这些主题雕塑公园的命名方式显然和"北京国际雕塑公园""长春世界雕塑公园"等非主题雕塑公园有所区别。

要掌握雕塑公园在中国的发展形势,须得以狭义雕塑公园为主来推敲。但在研究当代中国雕塑公园的开始阶段,我仍然需要从一个更大的范围着眼,因为在当前情况下,中国当代雕塑创作的发展仍处于传统与现代共存的复杂状态,即使显然属于狭义雕塑公园范畴的建设项目,其中也掺杂了很多纪念性的主题雕塑作品,可谓鱼龙混杂。因此,我们只能暂时从这种"混沌状态"入手,逐渐厘清思路。

有些朋友可能会问了,现在全国各大城市中,巧立名目的各色公园鳞次栉比,对处于现代雕塑公园建设入门阶段的中国来说,这样的建园规模是否太大了?是否多数为"假大空"和"面子工程"的主导呢?这样的成分肯定有,但也不尽然。就拿数量规模来说吧,对当代中国雕塑公园数量过多或过少的判断不是单纯看增长的阿拉伯数字,而是要通过比较来得出结论。经过粗略的统计,中国大陆通常称之为"雕塑公园"或"雕塑园"的实例有40余处,其中可以看作狭义雕塑公园的有12处,这一数目显然远远小于美国的121处和欧洲的50处。要知道,美国的国土面积和欧洲的总面积与我国的国土面积大致相同,因此,从分布密度来看,中国雕塑公园远远少于欧美雕塑公园的数量。

刚才我们从分布密度上对中国雕塑公园的数量规模做出了判断,下面来看看分布特点。中国雕塑公园的分布特点和世界各国雕塑公园的分布特点基本一致,都分布在本国经济和工业发达、人口稠密的地区。美国雕塑公园主要集中在东部的纽约州、哥伦比亚特区和宾夕法尼亚州,中部的伊利诺伊州和密歇根州,西海岸的加利福尼亚州;中国的雕塑公园主要分布于北京、上海、广州等一线大城市、经济中心及其周边地区。在之前提到的40多处实例中,北京有7处,上海有5处,广州及其周边地区有3处。至于其他作为大型雕塑公园所在地的长春、青岛等,也基本属于经济较发达地区和沿海开放城市。

为了研究中国雕塑公园的发展趋势,我对1980—2011年建成的大陆及台湾地区的40座雕塑公园进行了排序分析。从整体的趋势来看，中国雕塑公园的发展经历了两次高峰，分别出现在 1996 年和 2003 年，一段延续时间较长的低谷期在 1980—1993 年。根据这种情况，我把中国雕塑公园的发展分为了三个时期：草创期（1980—1993）、探索期（1993—2002）和定型期（2002—2011）。

其一，草创期。

台湾雕塑公园的创立时间是 1980 年，中国大陆雕塑公园的创立时间是 1985 年。从时间上看，1980 年建成的台湾花莲文化中心雕塑花园是中国第一座雕塑公园，其类型属于以艺术中心为核心向外扩展的博物馆雕塑花园。花莲是台湾面积第一大县，是拥有 7500 公顷花田美景和最多原住民的一方乐土。"背包客"们这样形容，花莲的每个角落都是一幅挥洒得恰到好处的美景。来到花莲，就像"一脚跌进天堂里"。四百万年前，菲律宾海洋板块与欧亚大陆板块碰撞而成台湾，慢慢隆起的中央山脉表层岩层受到风化侵蚀作用而剥离，大理岩露出地表。也正因这一大地的厚赐，花莲盛产大理石。艺术中心利用本地的特产邀请雕塑家到建筑的庭院中创作石雕，随着作品的增多，雕塑花园也延伸到了建筑门前的广场之上。大理石坚硬而又不失柔和光泽的质感使其成为雕刻的上乘材料，小小的花园也由此变得俏丽而气质独具。

在花莲文化中心雕塑花园建成的五年之后，中国雕塑界将目光投向了北京石景山。1985 年建成的北京"石景山雕塑公园"是大陆地区第一座雕塑公园。石景山是北京市城区中山林资源最为丰富，绿化覆盖率最高且人均拥有公共绿地最多的地区。从该雕塑公园并没有以建筑为核心的结构布局来看，也可勉强算作大型雕塑公园的类型。从外部形态来看，石景山雕塑公园显示出了中国当代雕塑公园的"草创"状态。纵然公园建设的初期目标即瞄准"以雕塑为核心"的观念，但从建成后的实际效果来看，内部的摆放远没有达到突出雕塑的目的。占地 50 余亩的石景山雕塑公园，绿化面积达 85%，各类乔灌花木 80 余种，多达万株，但雕塑作品却仅有 50 余件，零星地散布于喧宾夺主的亭台水榭之中。

第十四讲 雕塑公园在中国

[中]侯连秦:《雕刻时光》,石材,中国台湾花莲县艺术中心雕塑园

[中]庄丁坤:《堆叠光影》,石材,中国台湾花莲县艺术中心雕塑园

[中]盛杨:《小星星》,石材,1985年,北京石景山雕塑公园

　　首先,公园的整体形态和布局属于典型的中国古典园林风格。假山照水,亭台楼阁,这些人造景观虽然颇具中国古典意趣,但和现代雕塑叠加在一起,遮盖了雕塑作品作为主角的光芒,艺术魅力和雕塑家的独创能力无法完整地突出出来。和美国以草坪为背景的大型陆地雕塑公园相比,石景山雕塑公园水域面积过大,占总面积的将近15%,湖面效仿古典园林"屈曲有情"的变化效果,其流域几乎覆盖公园面积的一半;陆地部分分为林荫雕塑区、阳光雕塑区和非展示空间的附属院落,各部分面积比例接近,而且都没有形成较大空间的雕塑展示平台。也就是说,游人若是奔着欣赏雕塑而去,就必须在树林、湖畔、假山之间耐心寻觅。作为"第一个吃螃蟹的人",公园设计者刘秀晨也充分认识到"石景山雕塑公园"的实验性质,在他看来,"在国家尚未建造大型雕塑公园之前,先建设这样一个小型公园为经验是必要的"。石景山雕塑公园是大陆地区第一座雕塑公园,加之其建于改革开放初期,根本没有现成范本可以模仿,设计师可能也没有机会出国考察与学习的经验。该公园虽然名为"雕塑公园",实际上也只能是"旧瓶装新酒"而已。我们在欣慰之余也只能无奈,作为中国雕塑公园的开端,石景山雕塑公园只是简单解决了从无到有的问题。

[中] 杨英风:《凤凌霄汉》, 不锈钢, 5.8米×5.8米×2.3米, 1990年, 北京奥林匹克中心雕塑

第十四讲 雕塑公园在中国

刘秀晨的努力并没有在短时间内收获成效。从石景山雕塑公园建成之日起到1993年,中国雕塑公园的建设在这段时间里并没有取得快速的发展,石景山雕塑公园的实验没有在社会上产生很大的反响,中国雕塑公园的发展进入了八年的停滞期。直到1990年,随着一个项目的出现,这样停滞的局面才终于被打破,出现了转机,而这个项目就是北京奥林匹克中心雕塑。该项目邀请大陆和台湾雕塑家为奥林匹克公园创作了20组40余件雕塑,其中不乏台湾雕塑家杨英风《凤凌霄汉》这样的经典之作,反映出新时期雕塑创作的良好局面。北京

奥林匹克雕塑公园位于京城中轴线北端的奥林匹克广场，80余组精选自世界各地的雕塑作品展示于这座庞大的森林公园之中，与绿茵为伴，以乔木为友，和北京奥运会绿色、人文、科技三大理念有机地结合了起来，化身为北京城中区一叶清新的"绿肺"。但从中国雕塑公园整体发展的战略眼光来看，北京奥体中心雕塑只能算作是停滞期中间的一次"突进行为"，是为迎接大型赛事所做的"应急处理"，虽然其整体形态与真正意义上的雕塑公园比较接近，但它与中国雕塑公园整体发展之间的联系并不紧密。

其二，探索期。

中国雕塑公园的探索期主要表现为公园建设和展览、比赛、创作营活动紧密关联。在这一时期，多数雕塑公园的建成都是雕塑大赛的结果。你不得不承认，国人的热情总是在各色大赛中被激发出来，不知是经济飞速发展期突增的竞争意识所导致的，还是根本就源于国人"爱面子"的经年"传统"。且不说雕塑领域是通过大赛来比拼技艺，上自令全民热盼的奥林匹克运动会，下到使中学生"摩拳擦掌"的"周考""月考""期末考"，就连小学生也把没有参加过"奥数比赛"看成"丢面儿"的事情，当然，这是题外话了。

我们将话题转回雕塑。在雕塑大赛中得以"雀屏中选"的佳作，往往被就此收容陈列，自然也就需要相应的场所来提供中选作品的安置。威海国际雕塑公园中陈列的作品是1993年和1995年两届"中国威海国际雕刻艺术大赛"的结果；天津国际雕塑公园中陈列的是1996年和2000年两届"中国天津泰达国际雕刻艺术大赛"的作品；台湾台中丰乐雕塑公园中陈列的作品是台中市连续四届"露天雕塑大展"的结果；杭州太子湾公园中陈列的雕塑是2000年"西湖国际雕塑邀请展"的作品；延庆夏都公园雕塑园中陈列的是2001年"北京延庆国际雕塑大赛"的作品。除了这些国内的雕塑公园，其实世界范围内有很多雕塑公园的兴建都和雕塑展览活动有着直接的关系，或者以雕塑展览为契机，为雕塑公园增添新作。但雕塑展览归根结底只能算作是一种临时性的创作活动，不过露天雕塑展览的形式使得一些雕塑家开始意识到了"自然与雕塑的关系"问题，然而这一问题远非一次短暂的活动就能解决，必须在永久性雕塑公园的实际建设过程中逐渐实验、研究和探索。如果一次展览之后就将雕塑作品搁置在那里，置之不理，不再补充新作品，不能继续得到资金支持，问题就永远不会自发解决。

探索期的中国雕塑公园目前都已变成了"历史的过去时"，上面列举的几个雕塑公园目前都已失去了继续发展的可能，它们当初也许广纳宾朋、门庭若市，但此刻却萧条败落、门可罗雀。最早建设的威海国际雕塑公园就已经沦为一片杂草丛生的荒地，大部分作品不见踪影，置身其中，全然充斥着"飞鸟没何处，青山空向人"的落寞之感……探索期中国雕塑公园也许在外部形态上进一步接近了欧美雕塑公园的样子，从名称到场地、面积都力图追求国际范儿，但"皮大馅儿少"，内容上欠缺的东西还有很多，这使它们失去了继续发展的机会，只能算作是"雕塑展览向雕塑公园过渡"的一种临时变体。

其三，定型期。

如果说探索期的雕塑公园大多是昙花一现，那么定型期雕塑公园的主要特征就是在探索期雕塑公园的基础上获得了某种延续性，使"自然与雕塑的关系"这一矛盾在雕塑公园中显示出"彼此消长"的活动状态。这一时期雕塑公园的典型代表要数北京国际雕塑公园、长春世界雕塑公园、桂林愚自乐园。

而定型期雕塑公园之所以具备一定的延续性，当然离不开延续性的资金援助。在资金的助力下，定型期的雕塑公园显示出变化的活力，通过不断地增加作品，同时改造人工生态和自然生态，来着手研究和解决雕塑与自然之间的矛盾。2003年在"2002中国北京·国际城市雕塑艺术展"的基础上，北京国际雕塑公园落成，并且收藏了展览期间创作的141件大型雕塑。公园在依靠政府财政拨款维持日常运作的同时，充分利用地处市中心的有利位置来开展各种活动，如"风筝节""玉兰花节""环球嘉年华"等，所藏雕塑作品的数量规模也在持续扩大。我在2004年11月对其所藏作品的数量进行了调查，北京国际雕塑公园收藏的雕塑作品已经从2003年的141件增至2004年的183件，而且还不都是没有名头的"布衣"雕塑，比方说，北京市政府2004年6月从瑞典卡尔·米勒斯博物馆购买的两件大师作品也被收藏在此园中。

要想在国内寻到较为正式的雕塑公园，除了北京，便要属吉林长春了。截止到2015年，长春市已经相继举办了十六届国际雕塑作品邀请展和四届"中国长春世界雕塑大会"。2016年1月，雕塑公园国际联盟的第一次会议就选择了在长春世界雕塑公园内的长春雕塑艺术馆开幕。早在2004年，举办过七届国际大型雕塑展览的长春市就已留下了341件雕塑作品，这一丰富的"艺术财产"直接促成了2003年长春世界雕塑公园的正式落成，长春世界雕塑艺术馆举行了开馆仪式。之后的长春再接再厉，先后于2005年和2006年举办了"和平·繁荣"雕塑作品巡回展，以及多届大型国际雕塑展，此外长春世界雕塑公园也在不断通过各种渠道扩展自身的雕塑收藏。

2010年王克庆艺术博物馆在长春世界雕塑公园开馆，王克庆是著名雕塑家，他将其从艺几十年最具代表性的76件雕塑作品捐赠给长春市人民政府，为了更好地展示他的作品，长春市人民政府特辟建了此馆。2010年9月彭祖述艺术馆在长春世界雕塑公园落成开幕，彭祖述先生是著名工艺美术家、书法家，原长春市文学艺术界联合会副主席，馆内收藏了其书法、篆刻、微刻作品。2011年9月松山韩蓉非洲艺术收藏博物馆在长春世界雕塑公园建成，李松山曾学习斯瓦希里语，七八十年代派驻坦桑尼亚，参加经济援外专家组、医疗队和中国驻外文化机构的工作。1990年李松山先生辞去公职移居坦桑尼亚，历经十五年创业已成为坦桑尼亚著名的华侨企业家，非洲艺术学者和收藏家，建立自己的马孔德艺术博物馆。2003—2011年他两次向长春市人民政府捐赠了12000余件非洲现代木雕和绘画等精品，使长春雕塑艺术馆成为国内收藏非洲马孔德木雕数量最多、品种最全、艺术水平最高的博物馆。在这里可以欣赏到来自坦桑尼亚、莫桑比克、马拉维、赞比亚等非洲东南部国家精美的非洲雕刻和绘画等艺藏品，较为完整地记录了近五十年非洲东部的现代艺术进程。

长春市政府对城市雕塑和雕塑公园的发展进行了长远的规划，相关市政领导班子对雕塑公园的发展十分重视，并将之视为长春在世界范围内推广城市形象的名片。在长春市委十届七次全体会议的闭幕式上，时任市委书记的王儒林为市民们描绘出了雕塑公园未来发展的宏伟蓝图："要把长春世界雕塑公园的建设放在首要位置，不断创新、充实、提高，努力建设成充分吸收外国文化精华、具有浓郁中国文化韵味的多民族、多国家、多流派的世界第一雕塑胜地。"如今经过十余年的不断建设与改进，昔日人们构想中的雕塑公园图景已经蔚然呈现出来，市政领导班子对长春世界雕塑公园的阶段性建设提出了更深层次的具体规划。2016年2月，吉林省委常委、市委书记王君正在视察该园时指出，不同的雕塑作品应体现出不同的区域特色与文化特点，作品当与周围的自然环境相协调，不能毫无章法地随意罗列，要注重雕塑小环境建设，展示出每件（组）雕塑作品自身独特的生命力。除此之外他还提出，由于南北气候差异很大，长春世界雕塑公园还应结合东北地区气候特点，坚持自己的特色，带动整个长春市的旅游产业发展。

作为长春市雕塑文化发展重中之重的项目，长春世界雕塑公园在建园之初的目标就被设定为建设世界性雕塑艺术殿堂。该园以"友谊和平春天"为主题，位处长春市中心，占地面积92公顷，不仅交通便利，而且风光秀美，来自216个国家和地区、402位雕塑家的452件（组）雕塑艺术作品点映于山水之间。2010年4月，这里被公布为国家首批重点公园，斩获了"新中国城市雕塑建设成就奖"中唯一一个雕塑公园成就奖。2012年7月，集中宣传和展示长春雕塑艺术文化发展成就的大型图书《长春世界雕塑公园》面向全国首发，收录了长春世界雕塑公园建园以来不同时期的雕塑作品和园内风景照片，是展现长春市雕塑公园建设的重要文献。长春世界雕塑公园不仅是国际大型雕塑展会的主场地之一和国家4A级旅游景区，同时也是国内雕塑研究的教学实践基地，同国际知名雕塑机构、雕塑公园和相关专业院校开展了广泛的交流活动，为雕塑艺术在普通公众间的普及助力不少。

从 2008 年至今，公园举办了六届"万人看雕塑"大型公益文化活动，以带领残疾人、社区群众等特定人群参观雕塑公园、感受雕塑之美为主题，以期让不同社会阶层的、更多的长春市民感受到长春市日益浓厚的雕塑文化氛围，使雕塑艺术成为提升市民生活舒适度和幸福指数的强力军。除了举办"万人看雕塑"和"希望之旅"这类大型社会公益活动，公园还陆续承办了吉林省大学生定向锦标赛、无限极 2013 世界行走日长春站、在校大学生雪雕赛等国内外大中型体育赛事。

除了举办国内外大型雕塑展览和形式多元的交流活动，公园中的主体建筑"长春雕塑艺术馆"也同时为陶艺、书画和摄影等其他艺术品类的展览活动提供了展出场所。市雕塑办公室在长春世界雕塑公园二期工程刚刚竣工之时就提出了争取收藏一两件国际雕塑大师作品的计划，目前这一计划早已实现，自 2007 年伊始，长春世界雕塑公园已先后从法国罗丹博物馆先后引进了罗丹的大型雕塑作品《思想者》《青铜时代》《巴尔扎克》《加莱义民》《行走的人》，公园整体的艺术水平得到了大幅提升。

除了长春世界雕塑公园以外，北京国际雕塑公园也将继续增加作品的收藏，桂林愚自乐园也利用自己的优势来不间断地举办创作营活动。除此之外，国内许多城市也抓住了发展雕塑公园的新风向，开始谋划建设雕塑公园的项目，包括上海、深圳等经济领先城市和沈阳、西安、太原、长沙、郑州一类区域中心城市都想在雕塑公园的建设中分一杯羹。它们或许是这么考虑的：既然经济发展并不靠前的长春可以建设全国最大的雕塑公园，那么其他经济富裕地区的城市就更不能落后！

前面我们主要提了北京国际雕塑公园和长春世界雕塑公园，除了这二者之外，还有两个较为特殊的雕塑公园，即桂林愚自乐园和上海月湖雕塑公园。在风景如画的桂林雁山区大埠乡，桂林愚自乐园安详地沉睡于八千亩山水奇景的怀抱之中，是国内少有的集艺术创作、展览、交流、会议、培训和休闲于一体的大型户外雕塑园。台湾企业家曹日章在1998年创立该公园的时候，就锁定了极为宏大的终极建园目标："建立一座活的博物馆，为后人留下当代艺术最美好的文化资产，让桂林愚自乐园未来所有的建设成果都可以成为全人类共有、共享的世界遗产。"桂林愚自乐园的整体规划长达三十年，并且一直按照"配合桂林得天独厚的自然资源优势，创造自然与人文高度结合的视觉地景工程，号召世界所有杰出艺术家参与建设，共同建造最有特色的艺术公园，熔中西文化于一炉，实现东方文明的复兴"的要求在推进和完善。如今，公园已经拥有200余件当代艺术雕塑的精品，其中法国女艺术家克莱尔·肯那伊（Claire Kennayi）创作的《风之林》大理石石柱群和荷兰艺术家西蒙（Simon）创作的《雨在我耳边哭泣》因其轻盈而富于动态的结构尤其受到了观者的交口称赞。

2005年，曹日章受到上海市领导的邀请，继桂林愚自乐园之后在上海松江区佘山国家旅游度假区投资建设了集现代雕塑、自然山水、景观艺术于一体的月湖雕塑公园。东佘山和凤凰山环绕下的月湖水域面积达456亩，是上海最大的人工湖，雕塑公园以月湖及其周边山林为依托，树立起"保护自然、创造人文"的办园理念，按照春岸、夏岸、秋岸、冬岸四大环湖主题对园内景观进行了功能上的区域划分，除了必备的游客服务中心，园内还设有儿童乐园、亲水沙滩、表演广场、温泉酒店和月湖美术馆等公共娱乐休闲场所。相较于北京国际雕塑公园和长春世界雕塑公园来说，这里展出了许多高水平的雕塑作品，有些甚至是当代欧美雕塑大师的作品，但从作为雕塑公园的整体来看，雕塑艺术的主体地位似乎不够突出，更像是以多元化旅游服务为主的度假区，在这里，雕塑艺术与自然景观已经显示出紧密结合的趋势，但由于园内其他娱乐形式和设施较多，不免有喧宾夺主之嫌。桂林愚自乐园和上海月湖雕塑公园，都以户外大型雕塑公园为定位，但都是私人企业家投资建设的，虽然已经显示出较高的艺术水准，但它们与大多数中国雕塑公园为城市规划建设服务的目标完全不同，所以在中国雕塑公园建设的历史上只能算作是十分特殊的案例。

讨论完北方雕塑公园和以上两个特殊雕塑公园的建设情况之后，我们将目光转向江淮平原。地处黄山山系南麓的安徽芜湖是镶嵌在青弋江与长江汇合处的一颗明珠，作为安徽省三大旅游中心城市之一，它已有两千五百余年建城史，自古便有"江东名邑"之美誉，是国务院批准的沿江重点开放城市。在城区东北部青山连绵、水光氤氲的神山公园景区东部，芜湖雕塑公园就坐落于此。芜湖市委、市政府向来注重城市的绿化工作，作为芜湖市最早开辟的自然景区之一，神山公园现已绿植遍地，各类观赏型植株有240余种，林木覆盖率达98.4%，园内山势逶迤幽邃，绵亘相接，湖泊如珍珠般点缀于山林的臂弯，阳光抚过后泛起柔和的辉光。静静栖息于这片湖光山色东部的园区，就是雕塑公园了。

2011年11月底，首届"刘开渠奖"国际雕塑大展在芜湖举办，展览吸引了全球40余个国家和地区的521名艺术家，他们纷纷围绕相关主题进行雕塑创作，最终有66件（组）优秀雕塑作品脱颖而出扎根芜湖，芜湖雕塑公园应运而生。自此，该园便形成了以"刘开渠奖"国际雕塑大赛为依托的建设模式，由地方政府、学术机构和专业院校（中国美术学院）联合监督，在得到了官方政策支持和学术支撑的基础上保障了园内雕塑作品较高的艺术水准，直至2016年，刘开渠雕塑大赛始终都在为芜湖雕塑公园建设增添新的佳作。

芜湖雕塑公园的绿化面积达8.2万平方米，浸润于秀美山光之中的它散发着杳然深邃的神秘气息，温润而野逸。休憩于如斯美景之中的雕塑作品均是在国际雕塑大赛中最受青睐的"佼佼者"，它们或独居一隅，或三两相伴，点缀于青山绿水之间、乔木繁花之畔，宛然一幅"云开看树色，江静听潮声"的绮丽画卷。碧云天，春水皱，处处皆诗画，前来游玩的游客徜徉其中，或是欣赏雕塑，或是低语漫谈，间或还有艺术家来此写生创作。芜湖雕塑公园的建设可谓丰富了整个神山公园景区的文化内涵，对于广大芜湖市民来说，雕塑艺术不再陌生，原生态的自然景致不再遥不可及。旅游观光活动也在全国范围内

［中］卫昆:《汉龙 5》，不锈钢，芜湖雕塑公园

第十四讲 雕塑公园在中国

［中］万莉:《天之粮》1 号，石材，芜湖雕塑公园

有了推广的契机，不但加强了城市文明建设，同时提升了芜湖的城市品位。

芜湖雕塑公园的全部雕塑作品均为"刘开渠奖"国际雕塑大赛的"优胜者"，打破了国内雕塑公园常态化、套路化的"城市雕塑"收集路线，真正开始关注代表艺术家本人创作特色的典型之作，一方面在继承优良雕塑传统的基础上加强学术引导，尊重艺术规律和专家意见，另一方面响应时代风尚，不断革新创造，为推广卓越的当代新锐雕塑家提供优质的平台。芜湖市政府将芜湖的城市精神定位为"开放、诚信、务实、创新"，力求以经济建设和环境保护双管齐下、互利共赢的"芜湖模式"来将城市打造为新时代的"创新之城"。城市空间的丰富程度需要文化艺术的浸润给养，芜湖雕塑公园的建设是整个城市文化发展的重要一环，规划者在战略性布局下进行了公共艺术事业发展的有益探索和实践，意图用一种崭新的姿态来继续书写中国城市雕塑建设史。

随着当今社会城市经济的飞速发展，提升生活品质、享受生活乐趣已成为市民们在温饱之外新的理想追求。而生活品质的提升，除了需要物质财富的积累，更离不开的是精神文化的支撑。市民要想从钢筋水泥的束缚重压之下解放出来，呼吸到重金属轰鸣声之外的新鲜空气，就要"来者归于来处"，转身接受大自然的拥抱。这说明，城市发展到一定程度，空间环境的优化自然将成为城市规划建设的重要一步。城市之间的竞争不仅是 GDP 的竞争，更是文化的竞争，雕塑公园的建设无疑为城市文化艺术发展提供了绝佳的舞台。作为城市公共艺术的主体之一，雕塑要从架上神坛走下，就要以多元的样貌改变自己，从沉重、特定的政治、历史主题中解放出来，以更亲民的姿态融入城市公众的日常生活。芜湖雕塑公园显然就在开创性的"芜湖模式"中探索着重品质、尚自然、亲民化的中国雕塑公园建设之路。

从 2005 年开始，中国雕塑公园一直处于长足发展之中。中国想要建成国际著名大型雕塑公园，使人民享受艺术与优美环境的初衷是美好的，但现实道路却是曲折而蔓延的。我们无法拒绝这样的曲折和蔓延，因为许多事只有在时光的锤炼中才能寻找到答案。前面几章中提到的精彩案例就是想要到达的彼岸，但眼前横亘着汹涌的时光洪流。如果历史没有赐予我们腾空飞跃的机遇，我们只有摸着石头过河了。中国雕塑公园的发展历程，就是摸着石头过河的过程。也许脚趾会被河底的碎石磨破，也许会受到旁观人的嘲笑，但只要坚定发展的方向，始终向前走，那么过河终将只是时间的问题。

第十四讲　雕塑公园在中国

第十五讲　｜　为人民服务

我们在对"雕塑公园"下定义时，已经把它的概念锁定为面向全体公民开放的特定公共活动场所。作为阳光、生命和雕塑之乐土的雕塑公园，其集中摆放的意义究竟在哪儿？是向公众普及雕塑艺术，还是仅仅为了向群众提供休闲和健身场所呢？近些年来，中国大陆地区"雕塑公园热"现象持续引发社会关注，它在提高了国民对雕塑艺术的认知和了解之外，也不可避免地出现了水土不服的尴尬情状。

中国雕塑公园的建设主要集中在市区之内或城市和乡村交界的边缘地带，因此并没有表现出国外博物馆雕塑花园和大型雕塑公园两者在周边环境方面的明显区别，而是呈现出一种自然生态和人工生态相互掺杂的"含混状态"。由于没有从自然环境特色着眼考虑雕塑公园的选址问题，在现有"平淡无奇"的自然环境中，势必需要增加人工营造的方法来换取理想的景观效果。然而当周围的自然景观被人为地营造出夺目的风情之时，雕塑的主人翁地位却似乎朝不保夕了。尤其是公园的领导和规划者们，将"文艺为人民服务"之方针奉为不可逾越的圭臬，公园必须为人民的日常生活而服务，所谓的艺术欣赏只得退位让贤。

自 1985 年北京建成中国第一座雕塑公园之后，以此为契机，国内兴建雕塑公园的潮流在愈演愈烈……雕塑公园能够为国内雕塑家搭建施展艺术才华的宽广舞台，也可以为世界各国雕塑家提供交流的平

第十五讲 为人民服务

[中]曾成钢:《天空》,北京国际雕塑公园

台,着力促进中国当代雕塑创作的繁荣。但经过近些年的发展,国内的雕塑公园建设虽然积累了一些成功经验,但依然存在着不少严峻的问题。而这些问题大多不是雕塑创作过程中的技术性问题,往往是中国特色理念所导致的建设方向问题。在国内的雕塑公园中,并不是景观为雕塑服务,而是景观为主,雕塑为辅。下面,我们就从北京国际雕塑公园的例子来找出问题所在。

位于长安街西延长线石景山东部的北京国际雕塑公园是国家级雕塑文化艺术园区,占地面积40公顷,其中陆地面积38.74公顷,水面面积1.26公顷。公园在2002年9月正式对外开放,截至2015年,这里已成为北京市最大的雕塑主题公园,收藏有40余个国家的雕塑家所创作的180余件雕塑作品。公园内植被丰富,草木繁多,31.62公顷的绿化面积占了公园陆地面积的81.6%。在这里,你可以观赏到

100万余品种的树木3万余株，2万余平方米的各色花卉，其中就包括一个约6公顷的"玉兰花苑"——里面可是种植了10个新优专利品种的玉兰4000余株呢！若游客在春日来此闲游，便可领略到"霓裳片片晚妆新，束素亭亭玉殿春"的"刻玉玲珑，吹兰芬馥"之美了。但这里的玉兰美得令人心动，也美得有些"遗憾"。似乎游人前来只为"信手拈来花几许，自此暗香闺中留"，而非纯粹为欣赏雕塑之美了。

公园总体面积广阔，但被约300米长的干道分割成了东西两个主园区，中间由地下艺术长廊作为通道连接。其实，分割开来的不仅是东西园区的地理位置，也促成了两园区之间景致、功能的泾渭分明。占地22公顷的公园东区是充斥着现代人文气息的城市广场区，其形制类似于国内常见的各类城市雕塑广场，都市氛围强烈。西区是自然山水区，占地18公顷的它在面积上要稍小一些，一派乡野田园逸趣笼罩下的"桃源"景象，只不过这里不再是"采菊东篱下，悠然见南山"，而是"赏植'西园'内，悠然见'燕山'"了。

四面封闭的格局把雕塑公园限制在长方形的区域内，由于场域不能继续向四面扩展，从目前公园的作品数目和摆放密度判断，基本已达到饱和。由于雕塑公园位置处于市区之中，公园的规划必须考虑和城市整体景观相互配合，同时体现出为市民休闲活动服务的功能。首先，北京国际雕塑公园北临北京的主要干道——长安街，这可是全国人民都知道的"京城第一街"，设计者必须考虑如何使公园的景观和街道的面貌相互配合。从雕塑公园临街的主入口开始，广场、花坛、建筑等景观被分别设计出来，这种由低到高的组合层次形成了由"序曲"到"高潮"的节奏变化，使公园和街道之间表现出连续而自然的过渡效果。但是由于雕塑公园的位置处于东西长、南北短的狭长地带，而广场、花坛和建筑的组合贯穿公园的南北轴，占满了公园的主要区域，同时这些景观的尺度又很大，雕塑放置在如此宏伟的景观中，大小的对比使雕塑的气势被迅速掩盖，沦落成为景观站岗的"小兵"。

不过正因为地处市中心，所以前往园区的交通十分方便。自地铁

第十五讲 为人民服务

［美］斯考特·万伯乐:《春的仪式》，
不锈钢，北京国际雕塑公园

玉泉路站出来，就可以看到公园东区的北门了。从北门进入公园，首先映入观者眼帘的是主题雕塑《春的仪式》。公园的规划者以它为开端，似乎是想要向游客提示：当你迈入大门，春的使者将和你一同降临。沿着主甬道一直走，会远远看到一只栖息于万花丛中的硕大"蝴蝶"，那是公园的主景建筑。设计者为它取了一个雅致动听的名字——"蝶落玉泉"。

说起来，《蝶落玉泉》这座主景建筑设计方案的产生过程还颇具戏剧性。国外雕塑公园的建筑主要是用来展示小型雕塑作品，而北京国际雕塑公园在规划建筑方案时似乎有本末倒置，"为了建筑而建筑"的嫌疑。公园内建筑的选择共有11个方案，主设计师原来勾画过一个中间为圆锥体，两侧是对称抛物线，用钢架加膜结构寓意飞翔的建筑草图，并计划作为一组建筑小品坐落于公园一角。这个最初的思路是走在正确方向上的。但是在讨论的过程中就有参与的领导突发

主景建筑《蝶落玉泉》，北京国际雕塑公园

奇想："这个形象不就是蝴蝶吗？"这一建议使《蝶落玉泉》的方案被最终采纳，原计划中的小品建筑变成了北京国际雕塑公园的主体建筑，建在了广场后面的核心位置。

这下许多问题便凸显而出了。从方案的选择过程来看，对建筑景观效果的考虑超过了其作为雕塑展览空间的使用功能。建筑内部空间狭小，无法满足大型雕塑展览的需要。而且在建筑的中部只留有一个出口，不便于观众的疏散，遇到紧急情况和人流量剧增时只得无奈傻眼。由于建筑是作为远景出现的，因此必须位于园内偏后的位置，这意味着什么？意味着如果在那里举办雕塑展览，观众需要经过较长的一段步行才能到达，显得很不方便。另外，景观建筑在尺度上占有绝对优势，消减了观众对雕塑的注意。也就是说，它所处的中心位置和它的巨大体量将成为其喧宾夺主的主要推手。那些被放置在建筑所在广场周边的雕塑，在尺度的大小对比下黯然失色，迅速失宠，沦为景观的附属和点缀。举个实例来说吧，比利时雕塑家马克·德·罗弗斯

（Marc de Roovers）的《桥》被随意地放置在广场的一边，衬托在修剪整齐的灌木之前，同时由于雕塑以木质和拱形结构为特色，因此初见之时游人往往会把它误认为广场旁边供人休息的椅子。

其实在公园中，夺取雕塑光芒的还不仅仅是景观建筑。繁杂的功能分区模糊了公园的焦点，人们漫步于此，有的是为了强身健体，有的是为了赏花品茗，鲜少有专门来此欣赏雕塑作品的。形成这样的现状不在于市民审美趣味的高低，公园的规划者应负有一定的责任。虽然你不得不承认，他们确实煞费苦心。下面我们就来看看设计者究竟在塑造公园景观上花费了哪些心思。

公园东区共有六片各成独立态势的分区，每片分区的功能不尽相同，其中错落夹杂着世界各国雕塑家的作品。

"投竿而渔，陶然以乐"的陶然区专供游人静坐休息，里面还有不少供老人健身的运动器械。自从我国申奥成功后倡导全民健身以来，健身用的器械区就到处涌现，从普通的居民区到广场、校园，形形色色的健身器械琳琅满目，成了独具中国特色的一景。纵然是方便了市民的生活需求，但这种做法无疑破坏了以雕塑为中心的艺术欣赏。

"圆荷浮小叶，细麦落轻花"的小荷苑专供儿童嬉戏，里面提供有非动力的游乐玩具。国外的大型雕塑公园往往也会人性化地设有儿童游乐区，但和北京国际雕塑公园不同的是，国外的大型雕塑公园本身仍旧以雕塑作品的欣赏为主，游乐区就毗邻雕塑的一旁，孩子们在玩乐时就从作品间穿梭来往，旁边陪同休憩的家长可以同时欣赏到作品的魅力。我们的公园则把玩具摆入雕塑的舞台，饱含争议。

"不如随分尊前醉，莫负东篱菊蕊黄"的菊圃苑专供游客进行自编自演的娱乐节目和表演活动。在公园西南部7米高的山丘顶部平台之上，设有宽阔的舞台，大妈们兴致大起之时，来场热闹的广场舞也是常有的事。舞台周围设有可俯瞰全园景色的游廊，天气晴好的清晨，常常从山顶游廊之内传来老人缥缈的笛声，清越的曲调和着袅娜的轻雾飘散而来，如梦如露，如泣如诉。散落的雕塑在这里不再是受

[中] 许庚岭：《鲸之泉》，混凝土、陶片贴面，北京国际雕塑公园

人追捧的偶像，而是落寞的观众了。

"映阶碧草自春色，隔叶黄鹂空好音"的听鹂苑专供群众歌咏、合唱。在公园东西轴线的西端，总有或铿锵或婉转的歌声自水池和花坛的交会处蒸腾开来，人们手拿歌谱，吊嗓子的吊嗓子，合练的合练，这里也不再是雕塑之花竞艳的T台，倒成了音乐学院的课堂。

"身如桅杆脚如船，伸缩如鞭势如澜"的国术苑专供游客习武练拳。规划人员在公园的西北角设置了人造草坪和膜结构组合亭，武术爱好者们既把这里当作舒展筋骨、强身健体的演武场，也把这里视为施展身手、切磋技艺的大擂台。武者们行云流水般的一套动作打下来，还可以在庭荫树围合的石凳上休息片刻，彼时汗如雨下的他们，想来是无暇赏玩艺术之作的。

"金风玉露一相逢，便胜却人间无数"的婚庆苑专供情侣播撒浪漫。在公园西南角和国术苑相对的地方，设置有露天的庆典广场。广场周围被合欢、法桐和玫瑰等象征爱情甜蜜的植物环绕起来，间或矗立着圣洁的伊甸园大型雕塑，当然这些雕塑已退居幕后，成为舞台的

为人民服务　261

布景。恋人们坐在双人秋千荡椅之上，嗅着袅袅袭来的玫瑰花香，那份沐浴在日月同辉光泽之下的美好令人不忍打扰。

　　公园实际上全部由这些不同功能的部分组成。由于大型公园不可能采用博物馆雕塑花园中的矮墙来划分空间，因此，北京国际雕塑公园的设计者不得不使用不同的植物和毛石列柱把这些功能区域区分开来，但是由于园中有些雕塑的造型已经达到了相当抽象的程度，有时毛石列柱很难和抽象风格的雕塑作品相互区别，即使能够彼此区分，至少也对雕塑构成了"威胁"。不仅如此，整个园区甚至还设计了几条供人运动用的红色塑胶跑道，可以想象，如果电视台记者到公园采访一位正在跑步的群众，受访者一定会对公园为居民提供健身场所的举动大加赞赏，但他们绝对忽视了这样一点：如果公园中同时有很多人在跑道上快速穿行，肯定会对欣赏雕塑的观众形成严重干扰。

　　东区的情况便是如此，我们再去马路对面的西区看看有何不同。公园设计者在隔开两区的主干道两侧修建了对称的下沉式音乐广场。由于下沉式的广场具备良好的拢音效果，所以广场中心处用混凝土铺成了防水地板，供文艺演出之用。每个广场四周的台阶成了天然的观众席，可同时容纳1000余名游人欣赏表演。在没有表演的时候，游人可以观赏广场四周那些音乐题材的雕塑作品，但显然它们已被弱化成为音乐主题的点缀了。两区的下沉式广场由一段40米长的地下通道相连。为了配合广场的音乐主题，通道被设计成了地下音乐展廊。通道两侧墙壁上不但雕刻了中西方音乐发展史，而且在每块陶砖之上都雕刻了汉字"乐"和英文单词"music"。

　　穿越地下音乐展廊来到对面的公园西区，便可以看到公园的西门，也就是高达20米的《春之门》。单从名字来看就能得知，这扇《春之门》显然是和东区北门的《春的仪式》遥相呼应。所谓"门"，其实是一对翩然相向而立的仙鹤，挺起胸脯、高昂向上的挺拔姿态使其成为北京现今体量最大的一件雕塑作品。从仙鹤亭亭而立的玉足下绕过，便进入了西门。刚一进入，一个趣味喷泉横亘眼前，当感受到有人走近时，喷泉就成了会看眼色的孩子，恭敬肃然地停落下来。人一离开，调皮的"孩子"就会原形毕露，霎时欢腾起来，恣意喷洒清凉的水花。

  设计者旨在将西区打造成为自然山水式园林，故而景观造型多被设置成了"清江一曲抱村流"的逼真乡村景色。整个西区的布局基调围绕"开门见田园"的主题，和东区的观赏绿植不同，这里尽皆农家常见的枣树、杨树、槐树、香椿树，情趣朴实盎然。绕过前面提到的趣味喷泉，你会看到一池波光粼粼的湖水，6000余平方米的碧色湖面上静卧着娇娜的睡莲，凫水的鸳鸯从莲瓣中探出头来，霎时泛起涟漪点点，真可谓"翻空白鸟时时见，照水红蕖细细香"是也。这片湖水的精妙之处还有很多，就连湖底和约1米宽的湖岸也精心铺满了光滑的鹅卵石。站在岸边可以清晰地望见树影婆娑的湖心岛，岛上古树参天，枝木翁郁苍翠，据说有11棵超百岁的古柏！古柏树下是公园从乡下搜寻来的二十几个磨盘、石碾，这"莫笑农家腊酒浑，丰年留客足鸡豚"的景观不仅可供游人体验"农家乐"的意趣，更可化身为"椅子"供游人游戏。除了南面的木桥，湖心岛的北面还有一座由雕塑连接而成的石桥。石桥旁雕刻有一个小牧童，他正骑在水中的牛背上忘情地吹笛。他的演奏技巧一定十分高超，引得其他五头水牛凝神聆听，陶醉不已，这想必就是"牧童披短蓑，腰笛期烟渚。不问水边人，骑牛傍山去"的真实写照了吧！

  纵观西区这般宛若天成的田园风光，设计者从一块鹅卵石到一个磨盘的设置都细心而考究，一味地渲染孤村、落日、残霞，却独独忽视了本应作为灵魂主体的雕塑艺术。作为想走专业路线的雕塑公园来说，北京国际雕塑公园在这一问题上犯了错误。它的设计完全以景观为主，没有把雕塑的欣赏放到首要位置。这一点连公园的设计者刘秀晨本人也不得不承认："这次玉泉公园的建设与国际雕塑展的筹备是同步的。雕塑的内容、形象、材质、色彩和要渲染的氛围，事先均不可知，再聪明的造园家，也难以捉摸什么都不清楚的雕塑环境。甚至连公园的主题雕塑，也是由领导最终确定为国际展的参展作品《春的仪式》。作为以文化休闲为功能的玉泉公园，其实雕塑大多为配景。"

第十五讲 为人民服务

［中］空充秋：《无为自然》，石材，北京国际雕塑公园

如今，北京国际雕塑公园建设的误区已经快要成为国内雕塑公园的通病了，长春世界雕塑公园、广州雕塑公园、芜湖雕塑公园也都遗憾地表现出这种人工生态和自然生态层次不清的混合状态。这样的情况已经足够向我们证明，草创期和探索期的中国雕塑公园只在局部接近了完整雕塑公园的形态，我们要做的还有很多。

经过前文的了解，我们已经知道了世界范围内的雕塑公园大致有博物馆雕塑花园、大型雕塑公园和雕塑之径三种类型。相比之下，中国大陆地区只有"大型雕塑公园"一类，台湾地区还拥有属于博物馆雕塑花园的类型，至于"雕塑之径"则目前还没有在中国出现。不过在未来的发展中，不排除中国雕塑公园具有超越上述三种类型的可能。但从目前的情况来看，国人仍要接受现实。虽然中国雕塑公园在某些艺术特色方面与外国雕塑公园不同，但其整体状态还不能超越西方当代雕塑公园的范畴。

从雕塑公园的面积来看，中国目前规模最大的长春世界雕塑公园的面积远远小于国外一些著名雕塑公园，如果包括大学校园雕塑公园在内，美国面积超过长春世界雕塑公园的例子至少在十处以上。从雕塑公园所在的位置来看，中国雕塑公园一般都与城市紧密相连，静卧于都市的臂弯之中。北京国际雕塑公园是在原玉泉公园的基础上改建而成的，位置应该算是市区之内，其余的雕塑公园一般也是建于市郊、新城区等距离市区较近的地点，无论是长春世界雕塑公园，还是广州雕塑公园，无一例外。比方说，长春世界雕塑公园的位置就在城市中轴线——人民大街的最南端；广州雕塑公园位于市区东北部白云山所属的飞鹅岭地段，只有桂林愚自乐园距市区稍远，身处桂林和阳朔之间，不过距离桂林火车站也仅有28公里的路程。

如果从中国雕塑公园所处地理位置大都接近城市为出发点进行分析，除了北京国际雕塑公园以外，国内较为鲜明地反映出雕塑公园建设"为人民服务"目标的还有青岛海滨雕塑公园。这一雕塑公园的建设充分体现出满足现代城市空间扩展的迫切需求，为城市增添艺术气息的目标，建设方案以城市道路建设为骨架，规划先行，园林与雕塑跟进，有计划、有步骤地迅速建成，具有中国特色，由于中国百姓的日常生活通常都是聚集在城市之中，所以"为城市建设服务"即是"为人民服务"。这一特点与欧美雕塑公园或以经典雕塑收藏为核心，或以雕塑与自然结合为艺术特色，或以人文精神彰显为目的的价值取向是完全不同的，雕塑在这里只是起到了陪衬和装饰的作用，我们不妨向读者朋友们展开介绍一下。

被誉为"世界帆船之都"的青岛市地处胶东半岛南部，早在新石器时代就已有上古先民在此繁衍生机，因城区前海湾内一座小岛上终年绿树成荫、葱葱郁郁而得名，是我国的历史文化名城。当然，除了城市本身的文化地位，青岛作为沿海开放城市，贸易发达，在经济领域也是颇具潜力，被国务院批准为山东半岛蓝色经济区规划核心区域的龙头城市。

众所周知，人们在对某座城市形成认知概念的时候，头脑中第一时间浮现的往往是当地具有代表性的景观、建筑、雕塑等城市公共艺术形式，譬如塔桥之于伦敦，克里姆林宫之于莫斯科……这些城市的视觉艺术形态不只为体现本体的内涵，更被赋予了深刻的文化意义。它们是彰显城市文化特质的"演说家"，也是凝聚城市形象气质的"代言人"，它们的"嬉笑怒骂"传达着城市的性格与个性，承载着市民的理想与需求。正是考虑到公共艺术形式对城市符号的鲜明推广意义，青岛市开始有目的地优化城市对外开放的人文环境，在增强城市文化内涵的同时提升市民的文化素养，以期将青岛塑造成为21世纪创新型国际化都市。为此，青岛市在城市规划与城市文化建设和发展方向如何更为巧妙地结合方面着实费了番工夫。

1891年6月14日，清政府在胶澳设防，青岛由此建置。1897年青岛沦为德国租借地，德国人在占领青岛期间，对青岛市区做了第一次规划并付诸实施，奠定了青岛市区的基本格局，规划方案带有当时欧洲流行的"带形城市"和"花园式住宅"理念影响，其后几个时期，青岛的规划都是在原有规划的基础上进行修正和扩展，"带形城市"的格局没有改变。国家"九五"期间青岛所做的规划，也是沿海岸线呈带状发展，只是为了拓展经济、旅游、商贸等的发展空间。1992年青岛的经济政治核心向东转移，在新政府周围形成城市主中心，沿海形成几个副中心，青岛的"带形城市"格局扩展到更大的范围内。青岛市1997年改造了东海路、香港路，这两条平行的道路在东西区的联系中发挥了重要的作用。香港路是城市的主要交通运输道路，自八大关景区延伸至崂山景区，其规划宽度是东海路的两倍，与东海路相距仅百米，承担着城市主要交通的任务，并具有疏散东海路两侧建筑内人流的作用；与之平行的东海路是一条海滨风景旅游道路，是市中心东移后城市生活风景线由西向东的延伸，也是历史的延续。东海路的规划首先要照顾已有的特别是与其衔接的老城区8公里海滨旅游线的功能与形象，研究青岛市风貌特色与地理环境，在此基础上进行规划和建设。

　　青岛是典型的海滨丘陵城市，全长816.98公里的海岸线曲折蜿蜒，岬湾相间，美不胜收。为了将青岛的地理环境优势融入城市的规划建设之中，青岛市开展了东海路环境艺术工程的建设，也就是说，未来的青岛将重点配合城市向东延伸扩张的发展模式，加强沿东海路丰富海滨景观设施建设的工作。原青岛市副市长李乃胜在《关于青岛市东海路环境规划设计思路》中是这样说的："青岛市东海路环境规划设计在尊重自然、尊重历史、突出特色，提高城市建设文化品位的指导思想下，运用城市设计的手段，对城市环境、城市形象向国际水准接轨上作了初步尝试，并取得了成功。通过12公里长的道路及环境设计，把两侧的建筑、园区、绿地、雕塑、广场、照明、市政公用设施等诸方面有机地组合，建成一条优美的城市风景长卷。以规划设计为龙头，在规划的指导下，把建筑、园林、雕塑、市政等专业的设计水平发挥出来，使城市环境设计取得了一次成功的尝试。"

　　青岛市的滨海景观设施建设一向是开放进行的，环海开放式的景点自然而然地会将八方游客会集于此。东海路西起八大关景区的太平角六路到东边的石老人风景区，使栈桥公园、五四广场和海水浴场等游览胜地被独具匠心地串联成了一道梦幻秀雅的滨海长廊。青岛市应用东海路环境规划的设计理念,就是通过规划建设将青岛独特的滨海风情悉数挖掘出来,使这一区域成为国内盛名独具的生态景观步行带。然而生态景观步行带绝非花花草草的简单堆叠,雕塑作为城市公共艺术的重要主体之一,已然被吸纳入滨海景观建设的工程之中,并且以"青岛海滨雕塑公园"的形式扮演着青岛城市符号的推广大使。这一雕塑公园其实并不像国内其他城市那样由一个独立的雕塑展示区域构成,而是沿东海路设置了多座相互联系的小的雕塑展示空间,共同构成了一条由雕塑点缀其间的海岸风景线。全长 12.8 公里的海滨大道——东海路,分布有十一处不同主题的雕塑园,而每一处雕塑园里,都是由少则十几尊、多则几十尊雕塑组成的雕塑群。

东海路上的风景,可谓是青岛最亮丽的一道自然与人文景观交相辉映的观光旅游风景线,这是一条名副其实的"雕塑一条街",它以大海的自然风光和雕塑艺术融为一体,向人们展现着它的无限风光和魅力,整条东海路紧靠大海而修建,它像一条巨龙蜿蜒盘旋在大海边,一边是大海的波澜壮阔,一边是青山环抱、别墅林立,鲜花、草地、大树形成美丽自然的绿化带,最适宜游客徒步观光。

青岛东海路上的雕塑,以中华文明和海之情为主题,以华夏历史文化和齐鲁文化为素材。空间布局上以中华五千年文明史为序曲,以"五四广场"为乐曲高潮,以"蓝色风帆"为终曲,由国内著名院校、设计单位的艺术家广泛参与,十一个园区的主题雕塑与数不胜数的园林小品融会在一起,掩映在鲜花绿草中,争芳斗艳,美不胜收。

1号——海涛园。位于东海路起点的最西端,以反映中华文明和爱国主义题材为主,园区的主体雕塑《天地间》的设计形式采用现代艺术的处理手法,用巨大的手和脚纵向连接在方柱与球体之间,象征着人类的美好理想和建设理想世界的力量。在海滨一侧,等距排列着十二根高大、雄伟的石柱,这是以表现中华五千年文明史和悠久文化为主题的《世纪长廊》。凝重的花岗岩质感和强烈的石柱造型与海天环境共同营造出激动人心的艺术力量。每根石柱上都雕刻着一个完整的历史故事或历史人物,其内容分别是:尧舜禅位、大禹治水、四大

［中］傅中望:《天地间》,青铜,高 12 米,1998 年,青岛东海路雕塑

［中］杜大恺、赵萌等:《世纪长廊》,花岗岩,共 12 根,每根高 8.6 米,1997 年,青岛东海路雕塑

发明、孟母三迁、愚公移山、田单火牛破燕阵、将相和、文成公主、郑成功收复台湾、李白与杜甫、戚继光抗倭、司马光发愤治史。这些为大家所熟知的历史故事用雕塑的手法予以表现，形象生动地再现了历史，给人以强烈的文化震撼。

2号——海趣园。位于青岛市少儿活动中心东侧，延续中华文明的雕塑主题，按照少年儿童的审美特点确定雕塑形式，将雕塑设计与中华传统美德故事巧妙融合，寓教于乐。园区内共设计大小雕塑十余座。全都是我国少年儿童熟知的历史故事和童话传说。有岳母刺字、孔融让梨、曹冲称象、铁杵磨成针、司马光砸缸、闻鸡起舞、伯乐相马、猴子捞月、童眼看世界等。

3号——海风园。这是一处面积较小但历史文化凝重的园区，位于浮山湾花园。以齐鲁文化为主题，表现了在中华悠久历史上占有重要地位的齐鲁文化，再现了齐鲁大地人杰地灵、英才辈出的景象。雕塑主题取材于古代思想家，包括七座雕塑和浮雕墙一座，有孔子及诸子百家、孔子师生、孟子讲学、孙武、韩非子以及中华古文明的标志鼎等，意在创造古朴自然的空间氛围，利用页岩斑驳的风霜感，渲染雕塑人物的历史久远，感叹先人历尽沧桑而依然不灭的思想光芒。

4号——五四广场。五四广场是东海路雕塑建设的灵魂园区，场内高30米、直径27米的大型城市标志性雕塑《五月的风》，是青岛最新的城市形象标志。这件作品借助青岛历史上著名的"五四运动"导火索这一历史背景，充分体现百年青岛的历史和民族荣辱兴衰的追忆，激励人们弘扬爱国主义精神，奋发图强。雕塑的形态像一枚巨大的火炬，像一颗恢宏的心，又像一股旋转的风。它鲜艳的色彩和雄浑的体魄，有一种大气磅礴、奋飞向上的动势，预示着青岛美好广阔的未来。这座标志性的雕塑，提升了整个城市的精神风貌和文化品位，已成为青岛现代化建设的代表之作。五四广场南靠大海，北依新市政府大楼，广场内建有大型音乐喷泉和大面积的草坪，还有演出舞台，是人们节假日观光旅游、欣赏演出的好场所。同时五四广场还是垂钓

[中]黄震:《五月的风》,高30米,直径27米,1997年,青岛东海路雕塑

者的乐园,也是春天放飞风筝的好场合。五四广场相邻的音乐广场,以音乐主题雕塑著称,这里经常是歌声悠扬、音乐不断,听歌、赏音乐、看大海,真是享受不尽的美丽与惬意。

5号园区。位于东海路和福州路交界处,园区草坡舒缓、林带混交、错落有致,如音乐般流畅。雕塑《火红的年代》象征改革开放、挺拔向上,寓意明天更美好,作品以红色的基调,映衬在绿色之中,突出了对比的效果。另外配以先锋派风格的《万众天地齐步走》雕塑,更增添了街景的活力。

6号——海韵园。西起浪琴园别墅,东至银都花园。设置雕塑六座,反映海洋文化主题,重点体现青岛作为美丽海滨城市的特色。一条带状绿地沿海滨延伸,设计者根据园区的地形地貌变化较大的特点,以保护、美化自然风貌为基点,充分利用岩石、沙滩、植被等自然元素和雕塑艺术,营造出海天一色的自然效果。有《三美神》《海风》《海之恋》《静思》《静思少女》《映》,反映人类对自然之美的追求。在这里漫步在蜿蜒的石板小路上,听海浪唱歌,大海的蓝色与岸

[中]刘大力:《海风》,青铜,青岛东海路雕塑

边的红瓦绿树给人一种充满遐想的美丽与视觉享受。

7号——艺术挡墙。在东海路上漫步,你一定会对一处隔海而立、造型独特的艺术墙壁感到惊奇,这是一处充满了艺术造型、用鹅卵石砌成的墙,设计者充分利用了原有的地形高差,以各种天然石材配以绿化砌成图案奇特的艺术挡墙,为高楼林立而风采单调的东海路北侧增添了一道亮丽的风景线。驻足欣赏,会有一种浮想联翩的意境。

8号——青岛雕塑艺术馆。始建于1997年,彼时由私人企业投资经营。直到2011年,青岛市规划局正式收回了青岛雕塑艺术馆的管理权之后,该园方于2012年全面免费向市民开放。为了突出青岛"红瓦绿树,碧海蓝天"的自然景致和"万国博物馆"式的建筑人文风貌,依山面海的雕塑艺术馆采取欧式造园法,在保证雕塑艺术作品有充足陈列空间的同时,也最大限度地为观者留出了宽裕的观海空间。雕塑园由室内雕塑艺术馆和室外雕塑园两大部分组成,总规划面积达8公顷,室内主要展示20世纪中国近现代雕塑家的代表作品,且作品主题多以环保和海洋生物为主。室外曲径通幽,各种风格的雕塑矗立在绿草茵茵的大海边,为游客提供了一处新的文化景观。庭院中展示的雕塑作品,突出自然状态与人工设计的对话,给予游人充分

[中]王一林、金廉绣:《蓝色的帆》,不锈钢,高15米,1997年,青岛东海路雕塑

地施展自己想象力的机会,用艺术把人们的想象力淋漓尽致地发掘出来。从雕塑艺术馆落成之日起,青岛市人民政府和中央美术学院、中国美术学院就联合举办了"面向新世纪:青岛雕塑艺术馆落成庆典暨雕塑学术系列活动"。其中包括举办"中国当代雕塑邀请展""希望之星:中国高等美术院校雕塑毕业作品选拔展""20世纪中国雕塑学术研讨会"等,这样的举措说明,青岛海滨雕塑公园并非只是为了旅游观光,已经关注到了中国雕塑艺术的研究与发展。

9号、10号、11号均位于石老人旅游度假区内。9号园区作品以人物、沙雕、海洋动植物为素材,以简洁、优美、明快的线型组合,表现了健康、蓬勃美好的生活情趣。10号园区的《青春之歌》位于石老人海水浴场的海滨对景绿地,作品采用抽象的贝壳组合造型,体现海滨城市的特色。11号园区《蓝色的帆》位于东海路东端,作品以简洁明快、充满力度的风帆造型,象征青岛市宛如鼓起风帆的航船,乘风破浪,驶向美好的明天。用充满速度、力量和清晰的线条以及大片弧形的优美组合,与大海的景观相得益彰,充满诗情画意,与大海里那尊古老传说中的石老人天然塑像相互呼应,更充满了神话般的奇妙与美丽。

今天的青岛东海路,为城市道路建设、文化建设和旅游景观建设树立了一个样板，并以其优美的自然景色和丰富的思想文化内涵提高了城市的文化品位。漫步在东海路，仿佛徜徉在广阔的现代艺术天地里。在这有限的空间里，建筑环境艺术、园林艺术、雕塑艺术、历史文化以及城市规划设计等多种文化艺术形式得到了充分的发挥，可谓步步出新景，举目皆图画。漫步东海路，那可是一次极美的自然与艺术享受。

当你伴着海浪声步入这一梦幻般的滨海艺术长廊，这里将有两条路线供你选择。若你想要感受花木枝叶的簇拥，不妨选择穿梭于公园绿化景区的主通道，这片区域的绿植以青岛特色树种黑松为主，郁郁葱葱，疏密有序，叶缝间可远远窥见远处海天相接处的点点白帆。随着地形的起伏，你会在沿途的某个转角和名家雕塑作品来场不被打扰的亲密接触，在曲水流瀑中闭目小憩，听一听林木外围海鸟不辨悲喜的呢喃声。若你想要和海风中翱翔的鸟儿直接对话，则不妨选择漫步于海岸边的雕塑长廊。走累了，可以和雕塑长廊中的作品静静地对望一会儿，或是干脆在休闲广场中的长椅上极目远望，瞅一瞅俏皮的浪花是以怎样的姿态在拍打着堤岸旁的细沙。晨风又以怎样的姿态裹挟着浅淡花香于沉静的雕塑间萦绕……艺术资源与自然环境俨然化身为装点城市空间的最佳拍档，海光山色与精美的雕塑作品得以在规划师手中相映生辉。

当然这样的建设思路并非规划师们看到美景便信马由缰得出的产物，青岛市对雕塑艺术的关注由来已久。对于青岛市来说，市政规划者们已然明白，建立一座专业性强且学术研究能力过硬的雕塑艺术馆，收藏、展示和保护优秀雕塑艺术作品，为雕塑艺术研究人员或爱好者提供一个专业、完善的场所和平台，已经成为时代发展的必然要求。于是，他们跃跃欲试地想将自身打造成为中国东部沿海地区较为典型的雕塑艺术研究和发展基地，并将海滨雕塑公园作为当仁不让的排头兵。

不过话说回来，青岛海滨雕塑公园的建设归根到底还是主要为城市新区的开发建设而服务的。由于中国鲜有博物馆雕塑花园这一层次的存在，因此中国雕塑公园就只能建在城市边缘，作一种"折中主义"的选择，并明显表现出服务于人民和城市日常生活的特色。

  雕塑艺术走出四面封闭的场馆，是为了能够在回归自然本体的过程中重获新生，毕竟艺术存在的条件之一就是公众可借之获得精神享受。公共艺术作为当今城市发展中日趋重要的文化载体，已经在潜移默化中成为城市的符号与象征。人们经由它们的身躯辨认自己所置身的场所，外乡人也将由它们的表情领悟到某座城市独特的品性。国内雕塑公园选择为人民和城市服务，想来并非为了人们能够记住这些大师心血凝聚而成的精美雕塑，而是借由雕塑精美的身姿，为城市的美化与文化发展助力，让人们借由它们的风采记住一座城池的样子吧。

第十六讲 | 雕塑公园与创作生态

来到这一讲,不知大家是否还记得前文我们曾去过的世界各大雕塑公园?其中有邀请艺术家到驻地进行定点雕塑创作的美国纽约风暴国王艺术中心和不列颠魔幻森林中的"雕塑之径",也有收藏了数目可观的世界知名艺术大师扛鼎之作的日本箱根雕刻之森美术馆……但中国作为雕塑公园领域内的晚辈后生,目前我们国内雕塑公园中的作品则大部分来源于各类艺术展览,获取作品所有权的方式主要是参展艺术家的无偿捐赠。形象地来说,我们的雕塑公园既是展场,也是仓库。

1996年,在天津开发区举办的"天津泰达国际雕刻艺术大赛"是这种"具有中国特色的雕塑获取方式"的首创。按照国际惯例,此类活动一般由主办方提供往返食宿等费用,展览结束后作品的所有权归雕塑家个人所有。但在当时,结合中国的具体国情,大赛举办方提出了无偿把作品捐赠给雕塑公园的请求,并得到了中外雕塑家的响应。目前这批作品仍然摆放在"天津泰达国际雕塑公园"。这座位于天津滨海新区第三大街的雕塑公园虽然面积不大,但是"麻雀虽小,五脏俱全"的它云集了各国艺术家的雕塑作品。

从此之后,中国雕塑公园的建设几乎都沿用了这种惯例,也就是公园对展览作品采用不加选择的"照单全收"方式。目前,中国收藏雕塑数量最多的长春世界雕塑公园作品大部分来自长春市连续举办的

[中]王洪亮:《宿》,花岗岩,1996 年,天津泰达国际雕塑公园

长春国际雕塑作品邀请展和长春世界雕塑大会。这种独具"中国特色"的方式使中国雕塑公园中的作品正在"爆发式"地激增,但正是由于这些永久收藏的作品并没有经过精心的挑选,更谈不上历史的考验,故而现阶段中国雕塑公园在作品来源方面还只是简单地解决了"有无问题",还没来得及深入思考雕塑质量的问题。所谓的"中国惯例"虽然得到了参展艺术家的响应,但"数量足、质量低"这一等同于鱼目混珠的"硬伤"不容忽视。发展不够成熟的现状只能证明,目前中国大陆地区雕塑公园的建设依然尚属"初级阶段"。

一般从国际上通行的情况来看,展览结束后作品并不归公园所有,而应全部归还雕塑家,毕竟那是艺术家耗费了心血与才思的珍贵个人财富。如果公园想要从展览中挑选作品进行永久收藏,都必须经过谨慎的"深思熟虑"和"精打细算"。首先,雕塑公园购买作品是需要花钱的,因此公园不得不慎重考虑所花金额是否能够物有所值。怎样才算物有所值呢?一方面,公园会认真听取观众的建议,并尽量选择那些深受好评的作品,这样才能吸引更多的观众前来参观。另一方面，公园更倾向于选择较著名雕塑家的作品，因为雕塑也是具有品牌号召力的，单凭一些杰出雕塑大师的声誉就能吸引到蜂拥而至的游客。当然还需要考虑的是，即使收藏名家之作也要考虑它们是否能和公园的自然环境相互配合。

其次，除了购买手段之外，租借也是一种获取作品的有效手段。租借的时间一般为两到三年，可以选择从雕塑家手中租借，也可以选择从其他博物馆或雕塑公园租借，时间截止之后，如果公园需要可以续签合同，直至购买并永久收藏。这种租借方式主要有三个好处：第一是可以有效地节省资金，使雕塑公园能购买或租赁更多的作品。第二是租借期间可以继续大范围地征集群众意见，了解作品吸引观众的程度，为以后的长期租借和购买决策提供切实的依据。第三是在客观上促进了雕塑作品在全国乃至全世界范围内的流通，我在调查过程中发现，一些当代名家的雕塑作品会经常出现在美国各地的雕塑公园中，这样就大大方便了各地观众对作品的欣赏。

目前中国雕塑公园对展览作品不加选择的"照单全收"方式严重限制了雕塑公园作品水平的提高。通过上一讲中北京国际雕塑公园的案例我们已经看到，中国雕塑公园在设计之初根本没有把雕塑放在核心位置来看待。另外，大多数作品在创作之时根本就不知道它们将被放置在何种地点，如果一次性地将雕塑展的作品一股脑儿地挪移到刚刚兴建的雕塑公园中，并将它们平均布散在人工设计的道路两旁，这样"为了展览而展览"的过程只是照本宣科，根本就不能产生使"雕塑与自然密切结合"的优秀作品。

中国雕塑公园当然也没有采用过租借等灵活多样的作品获取方式。公园永久性收藏作品的数量持续暴增，垃圾雕塑简直泛滥成灾。蜚声全球如美国纽约风暴国王艺术中心，其创建至今永久收藏作品也不过逾百件而已，平均速度是每年收藏两三件，而中国雕塑公园收藏作品的速度相当惊人，早在2002年，北京国际雕塑公园就永久收藏了140件雕塑作品，数量已超越了闻名遐迩的风暴国王艺术中心，仅仅两年之后的2004年末，北京国际雕塑公园的藏品就已增至183件，若是照这样的速度继续下去，五十年后作品的总数将升至数千件，其后果显然是不可想象的！

在美国，除了拥有诸多热心公益事业的收藏家之外，各大博物馆和雕塑花园、大型雕塑公园随处可见以捐赠人姓名命名的各种项目，它们构成了美国雕塑公园作品的重要组成部分。丰富的个人艺术品收藏、完整的慈善事业体系、热心公益事业的社会信仰三者形成了保证美国雕塑公园事业健康发展的强硬基石。与此同时，富人阶层对艺术品的真心喜爱从客观上已经演变为雕塑公园作品的主要来源。无论是慈善大亨纳尔逊·洛克菲勒还是坎托，他们都对现代雕塑艺术具有深厚的鉴赏能力，这种非功利主义的精神境界保证了他们所收藏、捐献的作品能够同时具有较高的艺术价值。还有另外一种情况，美国普遍实行的以捐助者个人姓名命名的制度也为慈善事业的健康发展提供了有力的保障。

中国目前由政府提供资金支持，雕塑家承包项目来增加雕塑公园作品的做法不可能完全排除"大锅饭"的风气，也不能从源头上保障艺术品的质量。收藏家一定要把公益事业当成一种崇高的理想和追求，不能完全把艺术品视为个人的玩物，而应该把它们看作是属于全人类的文化遗产。当然这样的思想境界不可能一蹴而就，需要富裕的收藏阶层培养起良好的人格和道德情操，从我做起，为艺术堤坝的早日建成而添砖加瓦。

作为资本主义的强国，经济的发展也使得美国社会拥有雄厚的资金和财力去购买艺术品。艺术水准的高低本不应该和金钱相互挂钩，但美国收藏家获得作品的方式基本上是购买，即使委托创作也要尽量聘请那些享誉世界的雕塑名家，所购作品也大部分是艺术史上的经典之作，况且从我调查的情况来看，经济不如美国发达的欧洲国家则不具备同样的雄厚实力。

当代中国在西方大师雕塑收藏方面仍处于尝试的阶段。大陆地区目前只是北京国际雕塑公园于2003年购买了瑞典雕塑家卡尔·米勒斯的《人与飞马》和《天之骄子》，开创了中国收藏西方"雕塑大师"

［瑞典］卡尔·米勒斯：《人与飞马》，青铜，高4米（基座高10米），原作1948年，北京国际雕塑公园

［瑞典］卡尔·米勒斯：《天之骄子》，青铜，高3.5米（基座高7米），原作1952年，北京国际雕塑公园

作品的先河。以这一事件为契机，国内长春、沈阳、郑州等地的雕塑公园才相继提出了购买大师作品的计划。拿前文提到过的长春世界雕塑公园来说，该园自 2007 年起，相继引进了包括罗丹的《思想者》《行走的人》等多件（组）世界杰出雕塑大师创作的艺术精品。

国内雕塑公园购买大师作品，发展现代雕塑艺术的意愿是美好的。但事件本身并不能说明西方现代雕塑艺术已经在全社会范围内形成了广泛的认同，并开始形成了赶超西方现代艺术的潮流。政府开办的雕塑公园要购买大师雕塑，那么事件本身就和美国收藏家出于对艺术品的兴趣和爱好，自发购买、捐赠雕塑之间产生了重大分歧，我们的购买意愿基本停留在集体和政府的意志层面，最终导致了在作品选择、摆放位置等方面的一些遗憾。除此之外，这一事件也没有受到全社会的普遍关注，在知识分子阶层中也没有产生广泛影响。对于大多数国人来说，也许根本就叫不出来几个国际级雕塑大师的名字，更别提期待和解读他们的作品了。

这一事实鲜明地反映出了西方现代艺术现阶段在中国的影响力问题。由于中国传统文化的根深蒂固，以及中国现代在发展道路选择上的偏差，欧美文化在中国内地远远没有产生像在日本、韩国和中国港澳地区那样的深远影响，我们对西方现代雕塑的求知欲甚至远远不及海峡对岸的台湾。1994 年 6 月，在台湾高雄市立美术馆的开馆仪式上举办了布德尔雕塑展，展览引起了台湾民众对大师作品的巨大热情，展览期间群众甚至自发组织了"留下世界大师之美"的捐款活动，并使其代表作《赫拉克勒斯》永远留在了台湾。相比之下，2000 年在大陆举办的亨利·摩尔雕塑展并没有同样激起群众的热情，一篇展览期间发表的文章《亨利·摩尔在京遭遇寒流》指出："空旷的展厅只来了三十多个观众，与陈列在展厅中的百余件艺术精品形成了鲜明的反差。"

说起来，中国大陆目前还没有一座专门收藏西方现代艺术品的现代艺术博物馆！各省级博物馆基本都是收藏古代文物，即使是类似于美术馆这样的艺术机构也为数不多。收藏机构的缺乏无法使中国形成有组织、有规模收藏西方现代艺术的活动，就不会出现大众对西方现代艺术的广泛认同，本土当代艺术的创作也缺乏肥沃的土壤，自然也就不会出现像美国博物馆雕塑花园那样的基本户外雕塑展示层次。

然而也有人说了，截止到 2016 年，中国已经收藏了一定数量的"大师雕塑"，这一良好的开端可以让人对在中国发展现代雕塑的前景充满信心了吧？其实不尽然。如果我们将这两件作品的选择放到艺术史发展的大背景中来思考，就会发现其中也有一些值得商榷的地方。比方说，卡尔·米勒斯的艺术成就能否堪称世界雕塑大师？就此问题我查阅了一些相关资料，这里不妨跟大家做个分享：经国人翻译并广为流传的西方艺术史著作以赫伯特·里德的《现代雕塑简史》和阿纳森所著的《西方现代艺术史》影响最为广泛，两本书中都没有提到过米勒斯，只在《中国大百科全书·美术卷》的艺术家条目中才出现了关于米勒斯的介绍，篇幅也不过四百字左右。从既有的状况分析来看，米勒斯在西方现代艺术史作家眼中还不能视为与罗丹、毕加索、亨利·摩尔、贾科梅蒂等人并驾齐驱的一流雕塑大师。我仔细思考并分析了《中国大百科全书·美术卷》对他所做的介绍，发现米勒斯被国人所重视的重要原因之一就是他曾做过罗丹的助手，另外一个可能的原因是他的作品基本属于写实风格，更容易被大众接受。一般说来，中国大众更愿意接受西方现代艺术史流派中风格具有写实倾向的艺术家，例如在超现实主义流派中，中国大众更倾向于认可达利的作品，而实际上这一流派中的米罗等艺术家可能对现代艺术史的发展产生了比达利更为深远的影响。大部分国人始终在隔着面纱看待西方现代艺术史，现代艺术在中国民间的普及没有取得预期的进展，力度差强人意。

我们暂且不讨论西方现代艺术史评论家是否对米勒斯有所忽视，客观地评价米勒斯的作品，尽管不能彻底否认其作为世界一流雕塑家的地位，但此次购买行为的实质是大陆第一次收藏国外大师雕塑，既然是第一次，就更应该力求通过对这次购买行为的宣传来造成轰动效应，在国人心目中唤起对大师雕塑的尊敬，同时也能向全世界展示中国当代文化想要努力融入国际潮流的决心。但由于米勒斯在艺术史上的地位远远不及亨利·摩尔和毕加索等人，因此，最起码在我看来，选择米勒斯的作品显然是错过了一次向国人宣传西方现代艺术的机会。另外，国内的企业、金融大亨的文艺素养和审美能力也有待进一步提升，他们似乎宁愿把金钱花费到房地产和奢侈品之上，一边觥筹交错、挥金如土，一边"精打细算"、抠抠唆唆。他们热衷于立竿见影的投资活动，难以被展场里静默的画作或雕塑燃起热情。数据可以切实地反映出这一情况，此次购买两件雕塑作品所支出的费用也就300万元人民币，显然远不及1987年日本保险公司耗费5000万美元和8000多万美元购买凡·高作品时所显示出的雄心和气魄。

不过，起步晚并不意味着起点低。虽然中国收藏大师雕塑的时间晚于日本，但这并不一定说明中国收藏大师雕塑的起点就一定会比日本低。现在存在的关键问题不在于谁的起步更早，而是日本的西方雕塑收藏至今已经形成了完整的体系，我国在这方面显然和日本存在着较大的差距。在这种情况下，我们要做的并不是要一味地朝前赶，像无头苍蝇似的搞"大跃进"。"补课"并不是当务之急，更重要的是我们要尽快抓住当代艺术发展的历史机遇，选择收藏那些具有"历史升值空间"的雕塑作品，为等待享用艺术盛宴的人们真正端上几道色、香、味俱全的"硬菜"。

之所以选择收藏国外雕塑大师的作品，不是因为我们"嫌贫爱富"。要知道，我们收藏大师作品更主要的目的是学习和借鉴，并将从中汲取到的"精华"服务于发展中国当代雕塑的目标中去。既然如此，选择那些能够代表西方当代雕塑发展方向且体现时代创新精神的作品不是理所当然的吗？而米勒斯这位生活在20世纪前半期的雕塑家显然还不能起到引领西方当代雕塑潮流的作用。更何况米勒斯在世之时，雕塑公园还没有产生，他也不可能创造出使"自然与雕塑相结合"的艺术作品。从这些方面进行分析，我认为购买米勒斯的作品显然不能算作是理想的选择。

上文中，我们介绍了中国雕塑公园的作品来源。接下来，我们不妨进一步探讨围绕雕塑公园作品产生的创作生态,着力分析作品的风格倾向问题。

大家都知道,按照雕塑作品的功能和价值取向,我们又可以把它们分为纪念雕塑、主题雕塑和抽象雕塑(非主题或无主题),其价值分别指向过去、现在和未来。纪念雕塑以唤醒人们对往昔事件和人物的记忆为主要目的,适于放置在名人陵墓、故居、城市广场等具有特殊历史意义的地点。主题雕塑以对人生的教育为目标,特别是道德教育,比如具有中国特色的寓言雕塑,作品普遍包含有叙事性的情节。以上两类雕塑的风格一般以写实为主,很少有抽象性的作品。这个原因是显而易见的,因为抽象不适于表达清晰的内容,又何谈纪念与教育呢?

与承载了纪念及教育功能使命的写实雕塑相比,抽象雕塑就像是能够在艺术草坪上肆意打滚儿的孩童,它摆脱了功利性目的的束缚与限制,可以抛弃题材和内容,表现出更加自由的姿态,表现的范围超越了写实雕塑,代表了现代雕塑的发展趋势与创新精神。

在这里,我将以实事的数据来向诸位说明中外雕塑公园在选择写实雕塑与抽象雕塑倾向性方面的不同。首先,我从外国雕塑公园中随机抽选了两个例子,分别是美国新泽西州的"雕塑大地"和立陶宛首都纽斯维尔的"欧洲中心户外博物馆"(Europos Parkas)来分析其中写实雕塑、抽象雕塑各自占有的比例。为什么要选择这两个雕塑公园呢?其实理由很简单:第一,这两座雕塑公园分别位于美国和欧洲,因此具有地域的代表性。第二,这两座雕塑公园分别建成于1992年和1991年,而中国雕塑公园发展的高峰是2003年,三者建成的时间相差不算太远。第三,这两座雕塑公园的面积分别是14公顷和55公顷,虽然彼此有一定的差距,但基本都属于大型雕塑公园的类型。第四,最重要的一点,是我能够找到这两座雕塑公园中所有作品的图片数据,这样才能够方便统计出其中写实与抽象雕塑作品各自所占有的比率。

一件雕塑是属于写实还是抽象,凭借观众的主观判断就能分辨出来。这里所说的写实雕塑是指那些以人物和动物为描绘对象，无论结构或比例是否进行了变形的处理，普通人仅凭直觉就能辨认出其形象的作品。完全不能显然分辨出人物、动物、植物形象的就是抽象雕塑。

  为了分析问题的需要，我又把写实雕塑进行了更细致的分类：一、纪念雕塑。以纪念功能为主，内容明确指向某一具体的历史人物或事件。二、故事性雕塑。以叙事功能为主，即便不是为了叙述某一确实发生过的事情，至少故事的情节在作品中占有很重要的地位，如中国古代寓言故事雕塑。三、表现性雕塑。这里所说的表现性雕塑和艺术史的"表现主义流派"没有任何关系，是指那些从作品的标题和形象中都再也找不出特定故事情节的写实雕塑，它已经脱离了纪念和叙事的功能，转而着力表现某种观念、思想和感受，在这里，"写实"已经退为一种"单纯的技法"。表现性雕塑也可以不完全排除情节，例如雕塑家可以表现两个年轻人在对话，但至少情节本身对雕塑家来说并不是绝对重要的，观众也不会知道这一对话发生的时间、地点等信息。它揭示意义的范围因此更广，雕塑的名称也通常带有泛指的倾向，如《两个人体》《一家子》《思想者》等。表现性雕塑不仅将揭示意义的范围拓宽得更广，创作的自由程度也提高了。同样属于写实雕塑，艺术家在创作表现性雕塑时显然比前两种具有更大的自由度。

  在"雕塑大地"雕塑公园中，我统计了98位艺术家的125件作品，其中写实雕塑35件、抽象雕塑90件，写实作品中没有一件纪念雕塑或故事性雕塑，全部为表现性雕塑。"欧洲中心户外博物馆"调查了放置在户外的71件作品，包含写实雕塑14件、抽象雕塑57件，在写实雕塑中同样没有一件纪念雕塑和故事性雕塑，全部为表现性雕塑。

  我将两座雕塑公园不同类型雕塑所占比例综合在一起，国外雕塑公园在类型选择方面的倾向基本就一目了然了。

  中国雕塑公园中我选择了北京延庆夏都公园雕塑园作为调查对象。园内一共有50件雕塑作品，其中中国雕塑家作品共计29件。这

[中] 钱绍武：《曹雪芹》，青铜，1995年，北京延庆夏都公园雕塑园

29件"中国籍"作品中包括了写实雕塑22件、抽象雕塑7件。在写实雕塑作品中，3件属于纪念雕塑，分别是《曹雪芹》《蒲松龄》《大江东去——苏东坡》。除了中国雕塑家的作品之外，这里还有外国雕塑家的作品21件。与中国雕塑家创作倾向截然不同的是，在21件作品中，写实雕塑10件、抽象雕塑11件，抽象雕塑超过了半数。从整体情况来看，中国雕塑家的创作呈现出以写实雕塑为主的倾向，外国雕塑家的创作呈现出以抽象雕塑为主的倾向。

刚才的统计中有提到，延庆夏都公园雕塑园中还有3件纪念雕塑，这一情况很容易说明中国雕塑公园在作品选择方面的问题。雕塑公园作为雕塑的集中展示场所，理论上可以用来展出任何风格的作品，但我在实地考察中始终充斥着这样一种切身感受：纪念雕塑与抽象雕塑放到一起并不协调，总觉得曹雪芹、蒲松龄和苏东坡三位故人似乎应该回到属于他们的时代和他们生活过的地方去，而非饱含凝重与肃然地飘浮在与其格格不入的时空夹缝之中。

纪念雕塑是有明确的功能指向的，它们应该被安放到那些具有特定意义的场所中，得到应有的安眠。若是将其安置于现代雕塑公园这种只具有"泛指意义"的雕塑集合体中，必然使它们弱化了原有的意义和功能，于是伟人不再崇高，圣贤被拉下了神坛。这一问题的出现其实并不偶然，如今国内的每一座雕塑公园中都有为数不少的纪念雕塑，北京国际雕塑公园中有《陈子昂》等，长春世界雕塑公园中则有《莎士比亚》《从皇帝到公仆》《周恩来》等。它们面目平凡地散落在公园的道路旁，人们不再是满怀敬意地专程前来瞻仰，而是仅仅把它们视为散步时避免迷失的路标。举个不太恰当的例子，热衷现代艺术的人们在由现代艺术推进的雕塑公园中看到这些纪念雕塑，就像是在花花绿绿的各色鸡尾酒中，倏然出现一盏清茶，它固然浓郁飘香，固然沁人心脾，但总觉得放错了地方，打破了某种空间的平衡。

上面提到的纪念雕塑中，没有一件是为雕塑公园专门创作的。《曹雪芹》原来放置在北京大观园，淹没于烟柳红楼之中，《陈子昂》原为成都杜甫草堂所作，沉潜于杜子美的光环之下，《蒲松龄》此前已被放在青岛名人雕塑园。这三件作品从构思、创作到安置，都和延庆夏都公园雕塑园的建成没有任何直接的关系，那么你可能会问了，它们又是如何来到这里的呢？什么原因使得大观园里的曹雪芹和客居青岛的蒲松龄跑到了延庆？又是什么原因使得饱游饫看的苏东坡对滚滚长江失去兴趣，专程前来欣赏延庆夏都公园这方寸之洼呢？

首先，从构思和创作的角度来看，创作这些纪念雕塑的艺术家并没有什么不妥之处，因为这些作品的到来只是为了参加一次展览，既然是没有任何先决条件限制的展览，当然何种风格的作品都可以参加，都可以获奖。同理，照这样想来，作为举办方的政府似乎也不应该承担任何责任，毕竟他们出资组织活动，并且煞费苦心地把这些作品留在雕塑园中，是为了把高雅的艺术留给群众。既然创作者的艺术语言无从挑剔，举办方的初衷也有理有据，那么问题究竟出在哪里了呢？这其中的尴尬又是如何造成的？

其实答案昭然若揭。同国外大型雕塑公园对自然环境与雕塑契合

［韩］黄纯礼:《伟大的人间》，石材，北京延庆夏都公园雕塑园

［中］周尚仪:《彼岸》，铜，北京延庆夏都公园雕塑园

度的高标准要求不一样，国内雕塑作品在迈入雕塑公园大门之时，显然没有得到主人相应的礼遇与安排，而是简单粗暴的移植。这一"幼稚"的现象从侧面反映出了中国当代雕塑创作中人才缺乏的问题。21世纪是人才"火拼"的时代，是极速竞技的舞台，且不说人才的缺乏本来就不利于形成竞争的格局，同时，城市公共艺术迅速发展和雕塑公园"大跃进"的社会现实也使得雕塑创作愈发显得"力不从心"。另外，许多非专业人士在利益的驱动下，通过各种非法手段挤入雕塑创作工程之中，在鱼目混珠、投机倒把的风气下狂刷存在感，博眼球，炒噱头，使垃圾雕塑泛滥成灾的情况雪上加霜。

除了把以前创作的雕塑简单移入雕塑公园之外，雕塑公园参展者中重复的现象也十分严重，这从另一个侧面反映了当前中国雕塑创作人才不足的问题，值得教育界人士深思和艺术界同人忧心。有人曾经对北京红领巾公园、夏都公园雕塑园、北京国际雕塑公园、杭州太子湾公园雕塑园、杭州西湖孤山雕塑公园等公园的参展人员进行了统计，在166位参展雕塑家（不重复计数）中，参加过三次展览的中国雕塑家11人，占中国雕塑家参展人数的6.6%，参加过两次展览的中国雕塑家44人，占中国雕塑家参展人数的26.5%，参加过一次展览的中国雕塑家111人，占中国雕塑家参展人数的66.7%，连续两次参加杭州西湖国际雕塑邀请展的雕塑家竟达到17人，占这两次中国雕塑家参展人数（76人）的22.4%，这些数字所占的比重之大令人惊讶。

目前中国大陆所有的雕塑公园几乎都是以雕塑邀请展的形式创建的，而且这些邀请展都倾向于邀请那些已在社会上获得声誉的少数知名雕塑家，这更加重了雕塑公园作品重复和雷同的现象。不单单是国内某些知名雕塑家，甚至某位外国雕塑家也在各个展览、各个雕塑公园中重复出现。就拿某位韩国雕塑家来说吧，他的作品可是同时出现在了夏都公园雕塑园和北京国际雕塑公园中，就连长春世界雕塑公园中也有他的作品，这样"大满贯"的情形更让人无法理解其中的原因。一般说来，雕塑创作是一项比绘画创作周期更长的艰巨任务，如果某位雕塑家在一年内被频繁邀请，不得不仓促应战，难免造成作品风格的雷同，甚至有时候在应接不暇的情况下，也就只能拿以前的作品"应付了事"。照这样发展下去，以敷衍之心堆叠出的庞大作品规模，真的是件幸事吗？

第十六讲　雕塑公园与创作生态

第十七讲　｜　谁来买单？

在前文中，我们利用了不少笔墨来向你介绍国内外雕塑公园的生存状态和发展图景。那么，如斯状态和图景是依靠什么助力来实现的呢？换句话说，维持一家雕塑公园正常运转是要消耗一笔不菲的费用的，这点毋庸置疑。但问题是，这笔庞大的开支要由谁来买单呢？

如果想要了解这个问题，我们首先要知道雕塑公园的资金需缺。从大的方面来看，雕塑公园的资金运作大致分为两大方面，一方面是公园首次投资的建设费用，另一方面则是公园的日常维护费用。资金也主要有两个来源，一是国家或政府投资，二是私人投资，当然也可以采取私人和政府共同资助的方式。

我们并不具备如西方社会般完善的赞助人制度，故而中国大陆除桂林愚自乐园、上海月湖雕塑公园的建设由私人投资外，其余全部采用政府投资的方式建设。虽然许多国内的财富大亨没有借助雕塑公园的舞台来表现自我，但中国雕塑公园的一次性建设费用还是达到了相当可观的数目：北京国际雕塑公园一期投资达1亿多元人民币，其中光是购置雕塑作品就花费了3000多万元人民币；长春世界雕塑公园一期建设投资达3.4亿元人民币；桂林愚自乐园一期投资达3亿元人民币以上。

从一次性投入来看，西方国家实行的是市场经济，政府不但不可能一次性投入如此高额的资金来建设雕塑公园，而且一般也不参与艺术展览和评选活动,依靠各种民间组织、协会、基金会去完成和实施公园的建设、展览活动才是政府乐见其成的事情。所以,西方国家建设雕塑公园的资金一般来自个人或企业赞助。难怪美国国际雕塑中心执行主席杰夫·纳三森在见证了长春国际雕塑作品邀请展的盛况后发出如下感慨:"我参加过世界上许多雕塑展,长春的雕塑展是很独特的。市长们不是光讲话,而是亲自参与具体的组织工作,动员和争取社会各界的支持。这是其他国家所没有的……长春的雕塑展是世界雕塑史上的奇迹。"

但我们可不能因为这么一句客随主便的溢美之词便飘飘然了,美国人的感慨是巨人的忧伤,而我们仍旧桎梏于矮子的烦恼。纵使美国友人的语气透露出对一次性大量投资的些微艳羡之意,但缺少一次性大量投资并没有成为世界各国发展雕塑公园的障碍,美国、欧洲、日本、以色列等在雕塑公园数量和艺术水准方面已经超过了当代中国的水平,而那些国家雕塑公园的发展反而得益于积少成多、灵活自由的融资方式,而非瞬间用金币砸出一家现成的公园。

我们还是用具体实例来说话。美国的博物馆雕塑花园,只要有收藏家的捐赠,简单整理一下门前的草坪就可以建成。而大学校园雕塑公园的建立更加简单,只需把捐赠的雕塑作品分散摆放到校园各处,几乎不需要任何花费。这些事实说明什么呢?说明雕塑公园的建设并非一定要像我们国家这样依靠大量资金的一次性投入,即使大型雕塑公园的建设也是如此。《荀子·劝学篇》有云:"不积跬步,无以至千里;不积小流,无以成江海",世界著名的美国纽约风暴国王艺术中心也是靠着水滴石穿的不断努力才发展到如今之规模的。看着今时园区广阔的草场、秀丽的景致和琳琅的佳作,我们很难想象,1958年当创始人奥格登刚刚买下此处200英亩的土地之时,这里才只有一座诺曼底风格的小屋,即使这区区寒舍也是奥格登的好友佛蒙特·哈奇(Vermont Hatch)的捐赠所得。时至今日,小屋仍然是公园的主要建筑,大量资金被用于购买那些绝对优秀的雕塑作品,而不是本末倒置地浪费在建筑上。当初公园从收藏几位不知名雕塑家的作品起步,时至今日几十年过去，这里业已成为世界上最著名的雕塑公园之一，而栖息在这片土地之上的每一件雕塑都见证着点滴的辛勤积累。

在世界范围内，那些极具代表性的著名雕塑公园都是靠着积少成多、精益求精的不懈追求才逐步发展起来，形成了现在的规模。在各自的起源阶段也大都经历过户外雕塑邀请展、购买作品、户外定点创作的阶段。目前国外雕塑公园作品收藏至今仍在活跃的一类活动是"驻区艺术家计划"，即邀请艺术家到雕塑公园生活一段时间，在身临其境的熏染中创作定点雕塑作品。在我国雕塑公园的发展过程中，这类项目也被"如法炮制"地引进，为了同国外各种不同功能属性的雕塑公园区别开来，桂林愚自乐园首先将此类活动翻译为"创作营"。无论如何称呼，此类项目最重要的目的仍然是确保雕塑收藏的质量，保证创作的自由，维系亲近自然的和谐氛围，这类项目如今在国内似乎变得越来越时尚了，但仔细品读却又与生俱来地逃脱不了"功利心"的羁绊，免不了与原来的初衷南辕北辙。在进一步探讨雕塑公园日常运作的资金需求之前，我们在这里不妨顺便针对此类项目在国内外的异同进行简要的回顾。

中国地大物博，从来不缺乏供雕塑扎根的土壤。但自1928年起，包括上海最早一批城市雕塑在内的现代雕塑在中国的发展可谓一波三折。进入21世纪的今天，中国的改革开放已向纵深处发展，经济社会发展空前繁荣。这种政治、经济体制的大变革，可以说给中国的艺术家提供了一个前所未有的巨大生存空间和创作平台，使艺术家们面临着重大的发展机遇。这也解释了为什么中国的城市雕塑到目前为止已经以较快的速度发展起来。

近年来，北京、吉林、广东、广西、宁夏、河北、云南、浙江、福建等地赛事迭起，在当地和中国雕塑界都产生了重大影响，乃至引起了国际社会的关注，这种热闹、繁荣的景象看起来煞是喜人。但从另一个方面来说，这种"一窝蜂"的现象也埋藏着潜在的忧患。至于这种忧患体现在哪些方面，我们不妨在国外雕塑公园和国内雕塑创作营的对比中寻找出问题的症结所在。

第十七讲 谁来买单？

远眺艺术楼，桂林愚自乐园，建于 2003 年

[荷] 吉隆·西蒙：《雨在我耳边哭泣》，石材，3 米 ×3.2 米 ×1.6 米，1999 年，桂林愚自乐园

国外雕塑公园对将要入驻进行定点雕塑创作的艺术家的选拔一向沿用了国际惯例，即先通过对所有申请作者所交作品的幻灯片和简历等资料进行筛选，形成入围作者群。缩小范围后，再在入围作品中征选本次创作营的创作方案。不夸张地说，艺术家若要获得参加资格，须要"过五关，斩六将"。

所以，虽然国外提供定点雕塑创作的雕塑公园，在作品的创作方式和材质方面给了艺术家足够的自由度，但若想进入雕塑公园进行定点雕塑的创作，还是要严谨地遵循相关项目设立的程序的。这一点对比国内"应付公事"似的创作营，国外雕塑公园的引进制度显然更加完备。按有关文件要求，作品方案在作者到达该地之前就必须提交，并经作品安放地的艺术委员会讨论同意通过。

国外创作营的创作时长往往延续很久，至少也有三个多月。这样的安排使得艺术家有充分的时间和精力来为自己的创作"排兵布阵"，打造最佳阵容。

另外，国外创作营邀请的艺术家往往来自世界各地，他们不分种族国籍，只是为了艺术的目的聚集于此。组织者不仅将他们妥善地安置在这得天独厚的优渥自然环境中，同时积极地与他们进行沟通交流，并在作品形式、尺寸、灵感来源、材料选取等方面为艺术家留足了自我选择的余地。

在曾赴加拿大进行定点雕塑创作的中国艺术家朱尚熹看来，国外创作营与国内创作营相比，最大的不同之处在于工作环境。国外进行定点雕塑创作的雕塑公园往往会在地域广阔、风景优美、空气新鲜、阳光充足的地方选址，其覆盖范围有的甚至能达到方圆数百公里。这样"人性化"的安排不仅使观者在欣赏雕塑作品的同时与旖旎的自然风光更加贴近，从而达到身心舒畅，更巧妙地拉动了所在地区的旅游产业。

还不仅如此，艺术家在工作时常常零距离地与游人交谈，回答游人提出的问题。他们把这样的交流视为自己工作的一部分。显然，组织者希望活动能够引起公众的关注。事实证明，确实有很多游人非常好奇，而他们也在同艺术家的交流中收获了雕塑创作的知识，提升了自身的审美能力。从艺术家与他们的交谈中，你能感觉到他们是真心热爱这些艺术品，甚至有很多人在业余时间也搞起了艺术创作。这一点和国内明显不同。这充分证明了一种说法，拥有几位杰出艺术家的国家不能完全称得上真正的艺术国度，街道往来的白丁翁叟也热爱艺术才行。

经过以上几个方面的对比，我所幸梳理出了目前国内雕塑创作营存在的相关问题，大致围绕在以下五个方面：

第一方面是组织方策划方案的僵板与疏漏。仅仅在这个大的板块之下，衍生出的小问题就有三个。

首先是组织方自身问题。国内的雕塑创作营往往直接由政府组织，缺乏自主性和趣味性，自然也一定程度地限制了艺术家创作的自由度。抛开政府的干预不谈，在定点雕塑创作方面缺乏经验的国内创作营，为图省力，其组织形式和活动样式出现了普遍照搬国外模式的现象。总的来说，相比于资金问题，不思创新成为国内雕塑创作营在策划上最为头疼的问题。

这种僵板的管理模式会造成什么问题呢？举个例子来说，不少新的主办单位在拷贝别人的组织策划方案时断章取义，并不组织艺术家交流，并不提供助手，只给艺术家一点点劳务费。这种做法大有廉价收购艺术家作品的嫌疑。由于类似问题的出现，越来越多的艺术家不再向往创作营，而是开始批评创作营这种形式，甚至明确表示拒绝参加。

其次，国内雕塑创作营对于入驻艺术家的遴选也是问题颇多。在国外已然发展成熟的定点雕塑创作体系之中，艺术家若要进入一家雕塑公园进行创作，是需要经过一套严格的申请流程的。但在申请通过之后，无论你是什么国籍，无论你喜好什么风格的创作形式，雕塑公园都会以最多元化的姿态接纳你。也就是，迈入雕塑公园的门槛很高，但是进入之后，艺术家将拥有足够的创作自由度。这也是为什么国外雕塑公园往往吸引了许多国际上的雕塑大师"跋山涉水"地前去

"圈地"。让我们把目光投向国内。我们这边的雕塑创作营俨然成为国内学院派雕塑家的专场。似乎只要你带有内地知名院校的标签，你的作品就已经在诞生之前被架上神坛了。而创作营在国际化方面也极为尴尬，即便出现了几个"洋人"，也远非国际大师，大抵是为"凑数"而玩的噱头。

最后，由于在入驻艺术家的选拔方面问题很多，这似乎也就顺理成章地导致了艺术家的创作态度出现了严重的问题。现在国内的雕塑家整日忙于开会、讲学，根本没有时间忙创作。于是大多数作品都是由雕塑家本人设计出来，再假手技术工人来完成的。二次创作过程的缺失使得其作品的感知性大大降低，不仅不能称之为艺术品，反而更像是堆积一处的没有生命的烂铁废石。就是因为平时不上手，创作技能的下降也导致有些雕塑家一旦进入现场制作的环节，就会出现各种各样的问题。

由此观之，对于中国艺术家来说，要自始至终地在完全没有助手的情况下独立完成一件大型石雕，确实是一次充满风险与困难的挑战。对于这一点，国外艺术家无疑具有较大的优势。面对这样的现实，我们不得不承认，中国雕塑家要走向世界，首先还要赖于自身创作技能的提升以及如何摆正创作态度。

第二方面，我们来谈谈创作时长的问题。每一件雕塑精品的诞生，都是千锤百炼、精雕细琢的结果。唯有如此，方能不辜负艺术家的心血。在真正的雕塑艺术大师眼中，经由他们创作出的每一件作品都是一个生命的化身，其中凝结的情感绝非一挥而就能够达成的。他们要谱写的是一首首永恒的乐章。说得通俗一点儿，没有十月怀胎，何来一朝分娩。让我们试想一下，在短短一个月或四十天靠"赶制"而创作出的艺术品，它的艺术质量能不受到观众的质疑吗？

再就创作本身来说，短时间内随意创作出来的作品，是否能够经得起漫长岁月的考验呢？答案显然是否定的。一件优秀定点雕塑作品的诞生，需要天时、地利、人和。天时，即利用充足的创作时间来构思、打造和完善作品；地利，即雕塑本身融于或取材于自然环境之中，定点而生，"天物合一"；人和，即创作者丰富的想象力、高超的创作技巧和积极的创作态度的结合。这样精心创作出来的定点雕塑作品才不会在若干年之后被视为破铜烂铁而遭遇拆除的尴尬。

第三方面，国内创作营面临"假大空"的危机，大有流于形式主义之感。所谓定点创作、融于自然似乎只成了一句口号。一言以蔽之，就是缺乏与环境真正的融合。在国内的大多数创作营中，雕塑家更多地沉浸在自己内心的世界里，只为创作出一件永久性材质的作品，而从根本上忘记了考虑其创作同所在地具体自然环境的有机关系。从创作上就存在着对创作环境缺乏了解的先天不足，这样的创作模式使得国内雕塑创作营根本无法达到预期的目标。

这些在创作营中被创作出来的定点雕塑作品，它们生于斯长于斯，从创作完成之日起就被视为所在地区景观文化的重要组成部分。既然如此，它们所承担的使命就会要求它们一定要和当地的历史、文化、自然资源密切关联。对定点雕塑所依赖的母体的表现是理所应当的事情。所以，定点雕塑创作应以地域环境为根源，切莫使之成为无本之木、无源之水。

第四方面，相较于国外雕塑公园入驻的艺术家同观者建立的长期、密切、友好的交流关系，国内雕塑创作营在组织方和艺术家、组织方和观众、艺术家和观众之间的互动交流方面存在明显的短板。且不说创作营组织方和艺术家们的规划、创作是否顾及了观众的感受，单单从他们同观众几乎"零交流"的管理机制上就能看出，目前国内创作营似乎只是作为雕塑家应付差事的"练兵场"，而非使观众欣赏雕塑艺术、贴近自然风光的胜地。

第五方面，国内雕塑创作营的宣传力度还远远不够。国外一家成熟的接纳艺术家进行定点雕塑创作的雕塑公园，不管其地理位置多么偏僻幽静，公园组织方总是会设立专门的宣传机构来推广自己的公园。他们的经营模式有着完备的体系，宣传推广更是其发展模式中的重头戏。几乎每一家类似功能的雕塑公园都会拥有专属的网站平台和电子杂志，除了公园基本概况的介绍之外，入驻艺术家的个人介绍和作品详录、近期展览和活动日程、论坛及研讨会信息等都会在网站上及时更新，便于感兴趣的观众随时前往。

而国内雕塑创作营"高冷"的组织者，显然没有把重心放在宣传方面。就笔者探访的几家国内雕塑公园而言，先不论相关的展出信息很少在电子媒介和纸媒上出现，它们甚至没有自己专属的网站门户。试问，一家这样以"零突破"的姿态保持原地踏步的创作营，会成为创作者的天堂和热爱户外艺术者的福音吗？这般"遗世独立"，想必即便设立在闹市也会乏人问津吧。

另外，国际上的雕塑组织所主办的杂志和网站通常都有"机会"这个栏目，为普通的雕塑家，特别是会员做信息桥梁的工作。这方面国内的学会和杂志社还得"加加班儿"。有了这种工作，才有可能让国内的雕塑家走向世界，让国内的雕塑创作真正与世界接轨。

以上是通过与国外雕塑公园的对比之后，国内雕塑创作营所暴露出的一些问题。事实上，目前的问题早已不再是雕塑创作营该不该办的问题，而是如何才能办好的问题。"合抱之木，生于毫末；九层之台，起于垒土"，要想办好创作营，组织者在项目设立的最初就要考量好如何管理，并制定完备的制度体系。从宏观布局的角度来看，如何结合中国的特殊情况并加以创新，就是首要的一个方面。首先，那些策划和组织创作营活动的部门，从活动的根儿上就要力求走出创意路线。策划上的创意解决了以后，怎样来邀请和考核入驻艺术家以及怎样鼓励艺术家在既有创作模式中的创新也是重要的问题。总的来说，就是宁缺毋滥，避免浮躁，防止雕塑界"大跃进"情况的出现。

每片土地都有其独特的情怀所在。不同的自然环境和地理位置会带我们领略不同的地域特色。我们国家地形地貌差异显著，各成风貌，大江南北套用同一个国际上照搬来的模式显然是不合适的。

不过，也并不是说国内的雕塑创作营全无希望。近年来，国内涌现出了许多热爱雕塑创作，也常常赴海外雕塑公园进行定点雕塑创作的青年艺术家。如果他们能将在国内外参加创作营的这些体会和经验，提供给国内创作营的组织者，让他们认真思考，扬长避短，把活

第十七讲　谁来买单？

［保］吉沃吉·菲林：《水上飞翼》，石材，桂林愚自乐园

［意］希尔瓦诺·卡塔伊：《无心之旅》，石材，桂林愚自乐园

动策划组织得更完美，尽量避免形式主义的影响，则善莫大焉。当然，这个沟通工作的关键在于活动的组织者，他们是否愿意虚心求教、集思广益、博采众长，决定了今后国内定点雕塑创作的走向。

我们当今的社会开放且多元，出趟国早已不再是稀罕事，中国的雕塑家可以有各种各样的渠道去国外交流学习。中国艺术家的创作和审美眼光需要在学习与借鉴中趋于理性。在谦虚礼貌的倾听之后，国人要逐步具备表现自我的自信和传输自己国家文明的主动性。这才真正是一种中国艺术家良好的平常心与生存状态。

有了好的作品只是"万里长征的第一步"，雕塑公园的长远发展仍然离不开持续不断的资金投入，背后折射出的则是一整套制度与体制的支持。例如雕塑公园的日常运作同样需要充裕的资金，如环境维护费、水电资源费、雕塑保养费、员工薪水等，更重要的是继续购置雕塑所需的流动资金，需要花钱的地方还有很多。目前中国大陆地区除桂林愚自乐园等少数由私人负担雕塑公园的日常费用外，其他公园仍旧按照以往的计划经济模式那样，采取政府管理和统一拨款的方式。这种方式虽然能够保障公园日常资金的稳定，但不足之处是资金获取渠道单一，数量有限，融资方式僵化，不利于雕塑公园的长久发展。国外雕塑公园的运作模式较我们则要灵活得多，它们的做法更接近于企业模式，由董事会管理和支配，除日常维护费外，还在银行备有一定数量的流动资金，用于继续购买雕塑作品，当然，如果买方给出的价钱合算也可以把自家的雕塑销售或者出租，积累资金用以购买更好的作品，而目前中国大陆的雕塑公园几乎都没有用来继续购买作品的储备资金。

除了投入资金完善自身建设，雕塑公园自身收入的资金链也在持续运转着。拿国外雕塑公园来说，它们的日常资金来源主要包括门票收入（会员费）和私人赞助、企业赞助等。同时，各个雕塑公园之间的门票金额也参差不等，地区间差别也很大。我经过一番调查之后发现，有很多雕塑公园实行免费制，当然也就没有门票收入，比如美国华盛顿赫什豪博物馆雕塑花园。但纵观天下，免费的午餐总是不多的。有些雕塑公园的门票费用非常高，比如日本箱根雕刻之森美术馆的门票是 1600 日元，若按每年 200 万参观人数来进行计算，全年下来仅门票收入就能达到 2 亿元人民币以上，数目相当可观。

虽然我们国内的雕塑公园也普遍实行了收费制，但门票收入相对于数量稀少的游客来说无疑是杯水车薪。不妨来看看这样一篇名为"雕塑公园如何生存"的文章吧，它可是毫不留情地反映出了中国雕塑公园在游客数量方面体现出的尴尬情形："在北京，只要一提'环球嘉年华'，出租车司机会准确无误地带你直奔玉泉路国际雕塑公园；但若说去'玉泉路国际雕塑公园'，司机们则十有八九不知道。"据悉"环球嘉年华"一天的门票收入可进账百万，而相比之下，雕塑公园的门票收入少得可怜。"环球嘉年华"处可谓人声鼎沸、火树银花，雕塑公园则门庭冷落、人影阑珊，一幅落寞景象。

当然，造成此种情况的原因也是可以探究的，其根源在于东西方对门票含义的不同理解，这是当代东西方文化差异的表现。按照中国老百姓的想法，购票参观是一种消费行为。而我经过了解之后发现，当代西方社会普遍认为购买门票是对艺术事业的赞助行为，其本质和捐资助学等慈善事业并无太大区别，想来此种观念的形成必然是西方社会长期宣传和教育的结果。欧美雕塑公园无论是否收取门票，其金额多少，都会首先开宗明义地指出自己所进行的是一种非营利性的慈善事业。既然购票被定义为一种公益行为，那么社会中的每个公民都可以按照自身购买力的不同，选择不同面值的门票，献出不同程度的爱心，这就是会员制门票的由来。但公益事业必须同时保证高雅艺术不能成为富人的独享之物，即使收费的博物馆和雕塑花园也会在一周、一月内安排固定时间供低收入阶层、在校学生免费参观，他们和富人相比自然属于"弱势群体"，因此也就成为公益事业扶助的对象。

不过不论是哪种收缴门票的方式，其数额在很长时间内都难以和投入公园建设的资金做比较。接下来，我们还是继续回过头来讨论如何搭建雕塑公园建设的资金骨架。

对于一个雕塑公园来说，私人出资或政府投资两者本身都没有绝对的对错之分，彼此优劣的辨别要看两种方式所处的社会和时代背景，以及它们对雕塑公园的长远发展是否有利而定。比方说，我们都知道美国实行的是自由的市场经济，如果强行要求雕塑公园的建设和维护依靠政府预算投资，那肯定行不通。新中国成立以后，长期实行的是计划经济体制，文化事业完全由政府负担也是天经地义，但改革开放以来，中国已经在迈向市场经济的道路上前进了三十多年，随着改革的不断深入，文化事业的市场化改革也被逐渐提上日程。2006年1月，中央发布了《关于深化文化体制改革的若干意见》，积极推动文化事业单位向现代企业制度的转型，中央更是多次提出了文化产业市场化的战略构想。雕塑公园建设毫无疑问应该属于文化事业领域，其建设模式也必然要向以市场为主导的经营方式和发展思路转变。在这种背景下，国内各城市政府还动用几亿国家资金新建雕塑公园，并靠财政拨款维持运作，这种做法等于为国家新增了行政负担和财政支出。当前中国雕塑公园的建设行为和运作模式违反了市场经济规律，违背了时代潮流，甚至可以说是历史的倒退！

问题的严峻性向我们传达了下一步的发展目标：中国的雕塑公园应该朝着私人投资与经营的方向发展，在管理方面也应该像现代企业制度那样，尝试建立所有权和经营权相分离的模式。总之，我们要在雕塑公园建设的工作中引进竞争的机制，充分吸引热爱艺术的人去积极参与，努力发掘自身的资源优势，实现艺术自由发展的道路。从目前中国文化事业的发展现状来看，这将是一个相当漫长的历史过程。但是既然已知"路漫漫其修远兮"，我们似乎也只需备好行囊，上下求索。

不断向前的改革与发展是新中国建设的恒久命题。当代中国文化能否继续得到健康发展，在全世界产生重要影响，也必须依靠改革。就中国雕塑公园来说，要想获得长久的发展、突出艺术的特色、获得世界同行的认可，必须坚持改革。改革的措施可能有很多种，但当前最紧迫的是观念的改革。虽然中央已经提出鼓励对各种文化事业的捐赠和赞助,但目前全社会对鼓励慈善事业的宣传力度还远远不够,甚至仅仅停留在表面现象,社会慈善力量对文化事业领域的关注更显薄弱,企业家对文化事业的投资远不及在教育、体育等领域的投入。说来也奇怪,既然国内大型企业争相花钱为体育运动队冠名,为什么就不能投资兴建雕塑公园?

归根到底,还是要靠上行下效。中国当代美术和社会发展环境的现状决定了实现艺术管理体制的转变还需要依靠"自上而下"的疏导。政府部门要敢于放弃私利,依靠民间与市场的力量促进艺术创作领域的繁荣和发展。对于那些热心资助文化事业的企业和个人要给予名誉上的重奖,集中调动新闻媒体的宣传优势,引导慈善资金向文化公益事业流动。国外雕塑公园以捐助者的姓名命名的方式可能在中国传统文化中"重集体、轻个人"的思想根深蒂固的影响下一时难以实现,但我始终认为改革的难点主要是思想的解放和观念的转变。既然全国各城市都有逸夫图书馆、英东楼等慈善事业的典范,为什么不能以个人名义命名雕塑公园?

除了引进灵活的投资方式和经营模式之外,雕塑公园发展中一定要坚持公益事业的原则,解决好企业管理方式与服务社会宗旨之间的矛盾。雕塑公园可以由私人或企业投资,可以由聘任制的经理人管理,但一般来说,雕塑公园不会像生产性行业那样创造出巨大的经济效益,既然要定义为公益性事业,就应当以社会效益的创造为宗旨。因此,中国雕塑公园管理模式转型的过程中,政府不管,不等于放任自流,反而应该加强社会舆论和非政府组织的监管力度,不能把雕塑公园当成别有用心人士的"摇钱树"。

从国外雕塑公园的发展经验来看,大部分雕塑公园不会有巨额的资金收入,而主要是靠私人、企业的赞助和非政府组织提供资金来维持运作,靠吸纳社会志愿者来协助工作并进行日常管理,也只有坚持公益性宗旨才能为雕塑公园的未来赢得更加广阔的发展空间。更不必说,有些雕塑公园经过长期发展也可能会创造出巨大的经济效益,比如日本箱根雕刻之森美术馆。箱根每年光是门票收入就相当可观,在这种情况下，就更应该发挥社会舆论和非政府组织的监督作用，督促雕塑公园将获得的资金收入重新投入公益事业中去，防止和避免"中饱私囊"现象的发生。

第十八讲 | 社会反响与价值取向

在前面共计十七讲的内容中，我们一同了解了中外雕塑公园的起源、类型、生存状态、景观环境、资金运转等方面。那么，经由各方之手苦心经营建设而出的雕塑公园，究竟会在社会范围内掀起怎样的反响呢？而这般来自社会的回馈又是具体通过什么来体现的呢？下面我们就从雕塑公园经营的表象入手，将这个问题推敲一番。

首先，作为反映雕塑公园社会反响的一个重要信息，公园的参观人数是我们不可忽略的重要问题。无论是英国迪恩"雕塑之径"中奇幻神秘的密林秋景，还是维格兰公园栖息处浪漫的丛林峡湾，世界各国的很多雕塑公园都会利用自己的经典收藏或独特的自然风光吸引大量游客。品评雕塑艺术也好，游览湖光山色也罢，满怀憧憬的人们跋山涉水而来，咸集于此，共襄梦境。英国的"格里泽戴尔艺术项目"每年可以吸引15万名旅游者到此观光度假，澳大利亚"海岸雕塑巡展"每年也能将40万名游客揽入其怀抱，瑞典的维格兰公园更不必说了，每年足以吸引超过100万名观众，最夸张的要数日本箱根雕刻之森美术馆，每年都能够吸引到世界各地的200万名观众，这数字简直可以同世界级文明遗迹景观的拜访人数相媲美了！

如果用门庭若市来形容国外雕塑公园的观览情形，那么国内雕塑公园显然算是门可罗雀、乏人问津了。我对国内各城市的雕塑公园进行过多次实地考察，结果是令人遗憾的。无论是长春世界雕塑公园、广州雕塑公园、桂林愚自乐园,还是北京石景山雕塑公园、延庆夏都公园雕塑园、北京国际雕塑公园等,我所见到的都是一派寂静的景象,只有不时缱绻飘坠的无边落木同稀稀落落的游客为伴。印象中第二次参观长春世界雕塑公园和延庆夏都公园雕塑园时是寒冷的冬季,偌大的公园内几乎只有我自己一个游客,无端地为那次参观增添了几抹孤单和落寞之感。当然并非所有公园的情形都是如此,北京国际雕塑公园因为地处市区,算是平时游人较多的一个了,但真的是因为在市区雕塑艺术的拥趸更多吗?显然不是。因为公园设有15元的月票,低廉的价格符合游客的接受度,再加之平时游园者基本都是附近住宅区的居民,并且还以老年人居多,他们在公园内遛鸟、跑步、下棋、唱歌,兴起时还耍起健身球,跳段广场舞。他们只是单纯认为公园宽阔的环境得天独厚,便于肢体活动,却并没有把公园中的雕塑作品当回事,真正专程前来欣赏雕塑作品的观众不能说完全没有,但绝不多见。

非艺术圈的普罗大众究竟是怎么看待雕塑公园的?有一篇名为"雕塑公园10元门票贵不贵?"的报道可以说在客观上反映出了雕塑公园在普通老百姓心中的地位。该报道刊登读者刘枫的来信说,原来开始建设北京国际雕塑公园时听说是一个免费公园,但建成后的实际情况是公园要收取旺季门票10元,淡季5元,"比一般的公园门票(大约只有一两元)还贵,大家都感到受到了欺骗"。无独有偶,《京华时报》的一篇文章也反映百姓认为北京国际雕塑公园门票过高,与月坛公园月票3元、年票30元相比,居民无法接受,建议降低价格。上述两篇报道说明,群众并没有把雕塑公园当作欣赏经典艺术的胜地,给予高度重视。对他们来说,一个用以健身和活动的场所并没有什么身价好抬,更不值得给予其高于其他活动场所的价格。针对群众的质疑,园方给出了这样的回复:北京国际雕塑公园是北京唯一的一座国家级雕塑公园,不同于一般的街心花园,园内陈放有珍贵的雕塑作品,有些还是价值不菲的精品,甚至有一些是无价之宝。我们从园方和市民对公园的评价迥异可以看出,园方和大众在对雕塑公园的价

社会反响与价值取向

值认定上发生了龃龉。

若说一向执着于强身健体，对现代艺术毫不感冒的中老年市民会同园方产生认知上的龃龉的话，其实也不难理解。毕竟雕塑公园作为新鲜事物，普通群众可能需要相当长的时间才能对其艺术价值给予充分理解和肯定。事实说明，中国雕塑公园在群众中没有产生较大的影响。这是值得国内艺术界忧心的现象，更是值得我们追根溯源，寻求出路的问题。

众所周知，西方雕塑公园是为了满足现代雕塑发展的"应时之需"而产生的。这一过程也使得西方雕塑公园自觉地抛弃了纪念雕塑、故事性雕塑，而主要选择了抽象雕塑作品作为雕塑公园的核心与主体，并已经形成了一种"不可逆反"的潮流与趋势。相反，如果雕塑公园以某种"正式"或"非正式"的题目对雕塑创作的意图加以限制，使自身成为一个"隐性的主题雕塑公园"，就必然阻碍了自由创造的精神，它所追求的必然是"怀旧式"或"训导式"的价值，即改头换面地迁回到传统的纪念雕塑或故事性雕塑的老路上面去了。

中国雕塑公园便是在发展过程中出现了许多含混、模糊的倾向。写实雕塑和抽象雕塑混为一谈，狭义雕塑公园和主题雕塑公园鱼目混珠……其发展过程似乎在努力辨明方向，但有时仍然犹豫不决。其实这一客观事实是和当代中国历史及文化发展的背景相互吻合的。一方面，它不得不奋起直追"现代化"的步伐，另一方面，又对自身的悠久历史表现出难以割舍的留恋之情。

不过，我们这里也并不是说纪念雕塑就应该被现代社会所舍弃。现代社会并非完全没有纪念雕塑的用武之地，国内有些小型纪念性雕塑公园虽然艺术水准并不十分高超，但因为它们规模适度，选择了能够体现其纪念性意义的地点，所以仍旧取得了良好的实用效果。不知你是否去过北京中国现代文学馆，在它的后面有一个小花园，里面放置了许多中国近代文学家的雕像，这些写实雕塑摆放在那里，很好地和纪念馆的主题配合了起来；湖北武汉在高科技园区中建设"湖北科技名人雕塑园"，放置了本地著名科学家的塑像；1995年，青岛市在

《邹韬奋》，中国现代文学馆雕塑花园

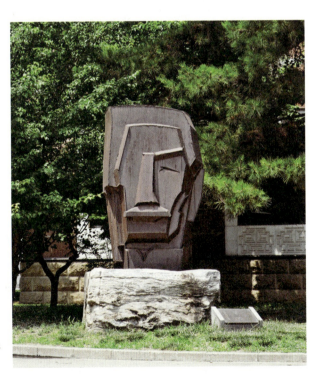

《鲁迅》，中国现代文学馆雕塑花园

社会反响与价值取向　　309

青岛山东麓的百花苑放置了20座雕塑,用以纪念那些在青岛居住过的文化名人,这些做法都比较可取。

但这些不是问题的关键。纪念雕塑在现代社会也自有其去处,关键是现代艺术的发展使纪念性的写实雕塑不适合与抽象雕塑一起放在狭义雕塑公园之中,前面两讲中我也已经批评过把纪念性写实雕塑简单移植到雕塑公园的做法。但我在研究过程中发现,有些中国雕塑公园虽然没有"正式的主题",但事实上却包含着"隐性的主题",诸如此般"换汤不换药"的做法使得狭义雕塑公园和主题雕塑公园之间的界限模糊不清,这无疑比简单移植纪念雕塑入园犯了更大的错误,奈何错误的始作俑者尚不自知。

下面,我们就走进一家笼罩在"隐性的主题"之下的雕塑公园。1996年建成的广州雕塑公园是中国最早建设的雕塑公园之一。园内作品以广州雕塑院、广州美术学院雕塑系和其他广州地区雕塑家创作的写实雕塑作品为主。整座园区被划分为四大块:区域一:入口处的公园广场放置了12座历史上广州地区著名雕塑家的作品,它们分别是曾新泉的《吹风》(1956年),尹积昌的《解放广州纪念像》(1958年),李汉仪的《珠江岸边》(1964年),唐大禧的《欧阳海》(1964年),潘鹤的《艰苦岁月》《自我完善》(1982—1996年),林杨的《民族魂》(1984年),俞畅的《挑战》(1988年),梁明诚的《海天》(1990年),李仕儒的《烛光》(1991年),黎明的《崛起》(1991年)和关伟显的《香蕉女》(1979年),值得我们注意的是,在这些作品中没有一件是专门为雕塑公园而创作的。区域二:这里集中展示了反映秦汉广州建城时历史面貌的古城辉煌群雕。区域三:湖畔雕塑馆前象征性地矗立着羊城广州的"羊柱"。区域四:湖边的岩壁上布满了象征"千帆竞发通四海,万商云集十三行"繁荣景象的浮雕,其内容意在描写广州近代商业的发达,既有代表羊城广州的"羊柱",又有反映建城史的恢宏群雕,更别说连商业发展的情况也被赋予了雕刻的形式了,这无主题却胜似有主题的叙事手法,还不足以将公园建设者的用心折射出一二吗?从园内作品的内容来看,纵使广州雕塑公园没有被冠以明确的主题，但园内所有作品内容的叠加，俨然构成了一个符合逻辑的叙事系列，包含着明显贯穿古代、近代、现代的时间顺序，主题十分明显，乃是"广州的历史"。因此"广州雕塑公园"实际上是一个"主题雕塑公园"，并不是一个以体现艺术创新精神为宗旨的现代雕塑公园。

首先，这里的雕塑作品大多不是专门为公园所作，只是把一些雕塑家以前创作的架上雕塑作品放大并移植到园中，雕塑选择方面也完全没有考虑作品是否能和当地的自然环境结合在一起，而是以是否出自广州雕塑家之手为基本选择点。

其次，即使把广州雕塑公园算作纯粹的"主题雕塑公园"也显得十分牵强，比如在雕塑的放置方面就有很多不合理的地方：（1）面积过大。公园内部分为山顶、水面和平原三个区域，由于没有固定游览路线的指示，参观顺序并不一定和雕塑故事承载的历史发展顺序完全一致。也就是说，如果你是为了学习广州历史而来的，恐怕也会因为走错了路而一头雾水，学而不知所得。（2）平原、山地之间大尺度的空间距离弱化了作品内容之间的逻辑关系。好比说某片浮雕是之前某组雕像的延续，其内容是一片烽火狼烟，但浮雕前的游客却很可能在一番路途劳顿中忘却了烽火点燃的始因，由此说来，这段历史到底是白学了。（3）从雕塑的具体内容上考虑，现代雕塑家创作的反映时代精神的写实作品和反映广州古代史、近代史的作品之间的逻辑关系也不是完全对应，作品之间逻辑的"非连续性"和"错位感"必然使观众产生一种莫名其妙、不伦不类的感觉。

那么广州雕塑公园之所以会反映出如上的问题，想必主要是因为公园的建设者们在没有进行过深入研究、探讨的情况下就盲目上马，没有从雕塑公园的艺术特色和长期发展着眼，为应付一件"毫不关己"的项目和工程，干脆把以前的作品搬进来敷衍了事，这般应付公事的做法必然会导致创新精神的丧失，使本该引人入胜的雕塑公园沦为"祭奠亡魂的墓地"。

所谓"因循守旧"，其实就是"吃老本"的做法。中国雕塑公园普遍表现出类似的"怀旧情结"，蜷缩在温饱中故步自封，把雕塑公园当成是"历史教科书"的做法实际上反映出中国这样一个文明古国，在面对强势外来文化挤压时表现出的一种紧张感和自卑心理，害怕别人忘掉自家的历史，所以才会迫不及待地表达出来，这种对往昔的眷恋已经成为当代中国社会的"集体无意识"。在中国计划兴建的雕塑公园中，这种为抒发"怀旧之情"而建立的"主题雕塑集合体"的数量至今还在不断攀升。

我们来梳理一些有代表性的：河南郑州雕塑公园的规划以黄河仰韶文化和中原文化为主题，其中包括再现郑州古今商埠文化的商城文化主题公园、展示中原文化的少林武术专题雕塑公园和纪念革命烈士的革命英雄人物主题雕塑公园；湖南长沙雕塑公园的规划以体现湖湘文化的"湖湘魂雕塑"为主体；广东深圳市计划建设以"诗、书、礼、乐"为主题的雕塑公园；辽宁沈阳则在计划兴建世界最大的雕塑公园，并要在中心广场建立努尔哈赤的巨型雕塑，周围更是设想好了要放上张学良等辽宁名人塑像……其他城市暂且不说，沈阳市如此规划的目的还不明确吗？与雕塑作品的审美无关，他们要彰显的是自己的城市符号，是恢宏的盛京气概。

除了无处不在的"怀旧情结"，中国雕塑公园表现出来的另一种倾向是"训导"情结，这种倾向的产生和中国传统文化强调艺术要突出"成教化、助人伦"教育功能的文化背景是分不开的，并表现为用故事性雕塑取代了雕塑的自由创造。

说起故事性雕塑，其实它和纪念雕塑一样，重在突出对内容和主题的揭示，强调雕塑对人民群众的教育作用。这类雕塑虽然也具有相当程度的审美功能，但是至少审美属性不能和教育功能相抵牾，不能凌驾于教育功能之上。其实，教育功能为主的雕塑如果放置在合适的场所，确实也能起到有教无类的作用。在上海青浦区东方绿洲知识大道的两侧，放置了60多座中外思想家、科学家和艺术家的塑像，该公园作为上海市青少年教育基地，用雕塑唤醒儿童和青少年对伟人们的敬爱之情的做法就比较合适。

但中国雕塑公园发展过程中仍然存在着滥用故事性雕塑的问题，并主要表现在如下两个方面：第一个方面，名人雕塑公园的泛滥。单单是在笔者的统计中就至少有8座名人雕塑公园，如果说青岛市为曾在青岛居住过的文化名人塑像，武汉市和北京市在高科技园区为本地科学家塑像的做法完全合理的话，那么根本没有产生过具有相当影响的文化名人的城市和地区生搬硬套此类做法的行为就显得十分荒谬了。来看看江西景德镇、江西南昌的世界名人雕塑园，湖南省森林公园中的世界名人雕塑公园，在异域国度无人问津的荒郊野外居然罗列着贝多芬、达·芬奇、爱因斯坦、普希金等人的塑像……这类做法显然既不能体现出任何创新精神，也不能发挥其应有的教育作用。

第二个方面，寓言雕塑园泛滥。这里的寓言雕塑专指以中国古代寓言故事为内容的作品。寓言以短小精悍的故事来劝谕和讽刺，这类雕塑无疑也是以突出其教育功能为主旨的。古代寓言用精辟词句表现复杂、丰富审美意象的能力往往要高于雕塑这种造型艺术的表现方式，除浮雕外，单体雕塑一般不适合表现复杂的故事情节，而用雕塑来再现寓言故事的情节往往容易使其成为照葫芦画瓢式的图解，反而失去了语言本身的丰富想象力。国内最早的"寓言雕塑公园"是1986年在武汉东湖岸边建成的寓言雕塑公园，园中作品全部由雕塑家刘政德创作，我认为寓言故事不一定十分适于用雕塑来表现，但不得不承认寓言雕塑作为雕塑家刘政德的独特创新，在改革开放之初的80年代，以政治雕塑为主流的氛围下，为雕塑界带来一股创新之风，此外东湖寓言雕塑公园的规模也比较适中。但问题在于寓言雕塑一经发明就在这个抄袭、复制之风大盛，以"雕塑大杂烩为特色的雕塑公园现象"中泛滥成灾。于是，我在长春世界雕塑公园中看到了《猎人争雁》，在北京国际雕塑公园中看到了《刻舟求剑》《按图索骥》《黄粱美梦》，在红领巾公园中看到了《司马光砸缸》《朝三暮四》，在青岛海滨雕塑公园中看到了寓言小雕塑园，里面摆放着《闻鸡起舞》《曹冲称象》。不仅如此，全国各地同样有着各种以寓言雕塑为主的雕塑园，上海青浦区已经拥有了一座寓言雕塑公园，据报道上海闸北区

[中]李大先:《亡羊补牢》,花岗岩,1989年,武汉东湖寓言雕塑公园

[中]刘政德:《猎人争雁》,花岗岩,1986年,武汉东湖寓言雕塑公园

还将在浦西区建立一座可放置2000尊寓言雕塑的雕塑公园，使其成为世界上最大的主题雕塑公园……

我们不能否认寓言雕塑确实能起到提高大众道德水平的作用，但这类雕塑若是被安置在街道、小区、庭院等贴近居民生活的地方效率会更高，而简单地把它们移植到大型雕塑公园之中，或专门新建大型"寓言雕塑公园"，以枯燥的"训导"代替"创造"，以粗暴的"说教"代替"审美"，其做法显然与艺术自由创造的精神背道而驰，也不可能自觉地受到人民群众的欢迎和喜爱。"接地气"的作品不应被圈禁在神坛之上，走下神坛的寓言故事显然才能够为百姓所喜闻乐见。

熟读过中国近代史的我们都知道，当代中国的自卑心理无疑是源自外来强势文化的挤压。为了使脆弱的心灵得到一点慰藉，怅惘的国人很需要在对往昔光荣历史的回顾中找寻遗失的民族存在感，因此，当代中国就迫不及待地建设了一批再现本民族优秀历史的"纪念雕塑公园"和体现本民族传统文化精髓的"寓言雕塑公园"。与此同时，自卑的情绪又极容易向其对立面转化，成为一种自负的心态，不愿意虚心学习，容易骄傲自满，好像鲁迅笔下的阿Q，懂了点皮毛就自认为"老子天下第一"了。

说起"老子天下第一"这句戏谑之语，倒是让我想起了一个有趣的现象，大家可以留心一下。相比于美国和欧洲的雕塑公园，北京国际雕塑公园和长春世界雕塑公园这种动辄以"国际"或"世界"命名的方式在全世界范围内可谓绝无仅有，联想到最近国内诸多城市举办的展览活动也纷纷以"国际雕塑邀请展览"来命名，这一现象迫使我对其背后的意识形态进行了一番深入的思考。

"国际雕塑公园"现象的背后实际上有其深厚的时代背景。改革开放以来，中国在学习西方科学技术的同时也在逐步引进和吸收西方文化，并随时不断调整对待外来文化的心态，经历了从"极不情愿"到"逐步接受"的变化过程。最近几年，党和国家领导人对"全球化"问题的态度都在显示出中国未来将以更加开放的姿态融入国际社会的决心。在当前的国情下，政府对文化艺术活动的参与和管理使时代思潮和艺术活动具备了紧密联系的条件，彼此推动，互为表里。在此种背景下，中国艺术界出现"国际雕塑公园""国际雕塑邀请展""国际双年展"等以"国际"命名的文化活动似乎显得不足为奇。

"国际"一词实际上包含着强烈的主动选择意识，主要是指对西方文化的学习和吸收。既然西方雕塑是一种值得学习和借鉴的优秀文化的代表，伴随着西方当代雕塑的发展而出现的雕塑公园，自然也应该成为我们学习和引进的对象。

既然是学习，就应该本着一种谦虚谨慎、戒骄戒躁的态度，可以在暗中积蓄力量，为其后的发展和超越做好准备。所谓"虚心竹有低头叶，傲骨梅无迎面花"，懂得低头，才能出头。如果时机不成熟，缺乏理智，又求胜心切，一味地愚昧蛮干，其结果就是不但没有达到目标，反而令人耻笑。中国雕塑公园在发展中也出现了类似的问题，经营者沉浸于自家的雕塑公园能一夜之间后来居上的幻想之中，想要于波澜不惊中成为"老子天下第一"。这般以逸待劳、痴人说梦的做法，如何不会见笑于四方之家呢？成大事者当知平心静气，凝神笃思。和国外那些已经具有四五十年历史积淀的著名雕塑公园相比，我们不可能一下子获得那么多世界大师的经典之作，但这并不应该成为中国雕塑公园竭尽全力地在"旁门左道"上"下功夫"的原因。瞧瞧一些愚蠢至极的做法吧，要么是在市区里展开"圈地运动"，号称自己是世界最大的城市雕塑公园；要么就在公园内颇费力气地挖湖造景，宣称自己是结合中国古典园林和现代西方雕塑的公园；否则就无休止地网罗那些"无名小国"的三流雕塑家，靠增加参与国的数目，使自己成为"世界雕塑公园"。这难道不是些欺世盗名、掩耳盗铃的所作所为吗？

联想到近些年国内各城市争建"国际大都市"的现象，投资数十亿元，并刻意邀请国际级建筑设计巨头来设计、建造国家大剧院和中央电视台新楼这种铺张浪费的工程，就不难理解国际雕塑公园现象的实质。曾做过国家大剧院投标的意大利建筑师维托利奥·吉尔吉托（Vittorio Giegotti）通过自己失败的教训懂得了当代中国人的膨胀心理，他指出："中国现在是一个急于摆脱过去，不愿意提起过去的时代。他们急于要让世界和国人看到经济高速发展的成果。他们需要最新的东西……所以他们会接受一个蛋。"这位大师落寞的说法可能会令人发笑，但现实确实如此。央视不也曾春风得意地展示新楼形象，并公开面向社会为新楼征名吗？结果显然是市民并没有为建设者的兴奋买账，"大裤衩"这一戏谑之名的"中标"显然使这场浩浩荡荡的征名活动无疾而终，演为闹剧。无独有偶，倡导全球化的学者张颐武在长春"和平·繁荣"雕塑作品巡回展开幕式上的发言回应了吉尔吉托的分析："这个极为宏大的雕塑公园，确实是让人感觉到长春面向世界的决心，用雕塑来表达对城市、世界的思考与关切，这座城市的市民和他们的政府都有决心把这个城市建设得非常有特色，让全世界都看到这个城市最光明最灿烂的一面的决心。我觉得这座城市的力量也给我们力量，这个力量就是中国发展的力量、中国崛起的力量……我觉得长春这个地方是一个中国之眼，雕塑公园不仅是城市的眼睛，雕塑集中起来的时候，它的意义就是让中国去看世界，让世界通过雕塑看中国。"

通过一座华而不实的建筑，国人可怜的心思俨然已经被一个意大利人瞧出来了。说白了，如果真能让世界通过雕塑公园看到当代中国的活力与朝气倒是一件好事，但显然他们看到的是劣质的雕塑，可笑的做法和形式主义的浮华，而眼前的一切也深刻揭示出了当代国人心底的膨胀与虚妄。其中道理如佛偈所云："一切有为法，如梦幻泡影，如露亦如电，应作如是观。"

综上，国内雕塑公园的建设已被明显的目的性所环绕，但国外雕塑公园的建设却已经最大限度地排除了政治和经济意图。首先，国外的雕塑公园根本不是由政府出资建设，政府也不负担日常费用。其次，国外雕塑公园的建设也基本上可以排除经济的目的，除了很多雕塑公园免费开放之外，如果个人想要靠投资雕塑公园获得利润将是一种很荒唐的想法。为什么这么说呢？因为雕塑公园投资巨大，即使是

［保］吉沃吉·菲林:《美人鱼》，大理石，2005 年，上海月湖雕塑公园

［哥伦比亚］哲罗·波泰罗:《祭泉》，花岗岩，2003 年，上海月湖雕塑公园

赢利，资金回笼也是遥遥无期，像美国纽约风暴国王艺术中心那样的大型雕塑公园往往需要四五十年的时间才能成为世界级的雕塑公园，而这一漫长的期限至少要经历一个人的半生，这般时光的蹉跎足以让那些利欲熏心的投资者望而却步。当然，雕塑公园的成功也会给公园的建设者带来巨大的效益，使拥有雕塑公园的国家、城市获得巨大的声誉，从此宾朋广至，但至少在雕塑公园建设之初，每个人都很难设想到会出现这样的结果。与其说他们在向着这样的结果努力，不如说这样的结果是上天赐予真正热爱艺术的公益之人士的馈赠。

国人往往将美国视为"快餐文化"的横行之处，但我们焉知中国的雕塑公园建设不是在呈现出走向"快餐化"发展的倾向。要知道，正是中国雕塑公园这种巨额资金投入，超速建设完成，立竿见影产生效益的诱惑，才使雕塑公园建设明显表现出为政治、经济服务的意图。

雕塑公园可以服务于某种经济意图——这样的观点已经被国内的建设者奉为准则。长春市的领导在2015年9月8日闭幕的中共长春市委第十二届七次全体会议上指出："要着力推进生态文明建设，加快打造绿色宜居'森林城'。同时加快发展文化创意产业、旅游产业等，把战略性新兴产业和服务业的'短板'补起来，提升经济发展外向度，全力打造'开放长春'。"

从上面的发言中不难看出，长春世界雕塑公园的建设将体现出为整个长春城市品牌战略服务的意图。我们再反观国外雕塑公园的建设，无论是以捐献作品为主的博物馆雕塑花园和大学雕塑公园，还是多年发展形成特色的大型雕塑公园，其形成的根本动因首先在于对雕塑的认知和热爱，并且这种精神将保证雕塑公园的建设和发展始终以艺术性为核心，其中"活的灵魂"永远内在于艺术本身。相比之下，长春世界雕塑公园的建设首先是为打造城市品牌服务，为经济发展服务，目的外在于艺术本身，这样的出发点就必然削弱雕塑公园的艺术性，造成雕塑公园建设过程中的各种错误和偏差。既然起步的方向搞差了，我们即便投入再大量的资金，进行再大力度的设施建设，又如

[日]郡田政之:《巨石林》,花岗岩,上海月湖雕塑公园

[日]伊藤隆道:《三个回转》(三个柱体以不同速度转动),不锈钢,上海月湖雕塑公园

何同世界各地的雕塑公园建设殊途同归，求索到艺术的真谛呢？

　　世界范围内雕塑公园的建设也不乏艺术效益、经济效益和社会效益三者相互促进，彼此形成良性循环的事例，国外很多著名雕塑公园确实为提高城市的知名度做出了巨大贡献，但无论如何，其最终结果往往是漫长历史过程中的机缘巧合。雕塑家维格兰花十九年时间创作了维格兰公园的全部作品，他当时的初衷绝对不会是为了提高首都奥斯陆的知名度和发展经济。一件事情的出发点和完成过程所采用的方法将极大地影响到事情的最终效果。中国当前雕塑公园建设的组织模式完全不同于西方国家的"随意方式"，在政府主导的计划体制模式下，为了达到一个目的，雕塑公园的建设有计划、有组织、快速度地运转和完成。这是国人的惯有思维，既然雕塑公园是计划体制的产物，也就毫无疑问要为计划体制的经济和政治意图服务。

　　首先，计划模式的第一个"优点"在于目的明确。在为达到经济目的所形成的链条中，个人政治意图对计划的顺利完成也起着重要的推动作用。在现实的国情下，经济和政治彼此互为表里。我们都知道，当代中国的最大政治目标是"以经济建设为中心"，对地方官员的考核一般要以经济发展指数为重要参考，因此，经济的快速增长也就等于为个人政治发展增加了砝码，反过来又刺激地方官想尽办法努力发展经济，而雕塑公园建设也就成为服务于这种意图所采取的重要手段。

　　经济是否高速发展是追求政绩者的唯一火力目标，但经济的发展很容易受到诸多外在因素的影响，并不容易在短短两三年时间内得到明显的改善和提高，有时候甚至会出现发展速度倒退的现象。而如果有高额资金的投入却很容易完成一项工程，中国当代雕塑公园的建设几乎都被当成一种"政绩工程"在一两年时间内完成，因此"高速度"就成了计划体制模式的第二个主要特征。长春世界雕塑公园2001年开工，2003年建成，速度之快十分惊人。在当年公园的兴建阶段，我曾亲眼看到"多快好省　快马加鞭"的红色条幅高高悬挂在公园大门口，为施工队伍助威、加油。

计划体制模式的第三个"优点"在于其过程具有很强的系统性。首先是聘请设计单位设计景观，然后是施工建设，平整土地，我目睹了长春世界雕塑公园原本荒芜的土地被铁栅栏围合起来，直至变成了现在的模样，并最终把别处的雕塑移植过来，均匀分布在公园的草坪上，项目随即宣告完成，其他公园的建设也几乎没有例外。众所周知，让一个雕塑家在固定时间内，按照僵化的模式去完成一项任务，就不会创造出优秀的作品，同样，一个具有生机和活力的雕塑公园也将是在"雕塑与自然的对话"和机缘巧合的过程中显现出独特的艺术魅力。而中国雕塑公园的建设无论从速度和方式来说都近似于一项工程，而没有被当作一件艺术品看待，这种做法严重违背了艺术规律，必然造成雕塑公园艺术水平的低下。

计划体制的最后一个遗毒是造成了一种违背事实的浮夸之风，这"遗毒"入骨之深，需要尽快拔除。这种浮夸之风是当前社会的弊病，其病理表象就是不但不敢于承认雕塑公园水平的低劣，甚至故意以次充好，或者说是地道的欺骗。从低劣到"高端"的"咸鱼翻身"，于建设者们而言不过是场文字游戏，换换说法，欺瞒公众而已。此种行为背后的理由也相当充分，毕竟在他们眼中雕塑公园是为政治和经济服务的，那么，否定雕塑公园就等于否定自己的政绩，自然是犯了大忌，而赞美雕塑公园就等于为自己竖碑立传，更应该大力宣扬，这就不难解释为何我们经常会在地方领导的讲话中听到其夸夸其谈地为雕塑公园大放溢美之词。

比如上文市长讲话中所提"打造品牌"一词本身就带有浓厚的商业广告气息，很容易让人怀疑其中的可信度，老百姓听到了也往往是一笑而过，不予理会。既然城市要依靠雕塑公园来打造品牌，夸张的内容就在所难免。在"和平·繁荣"雕塑作品巡回展开幕式上，有长春市的领导说："在长春世界雕塑公园内矗立着全球130个国家296位雕塑大师塑造的341件雕塑作品。"联系到上文长春市要建设世界第一雕塑胜地的目标，我们就不难理解其中有多少夸张的成分。好在总有一些敢说真话的雕塑家挺身而出，提醒人们保持头脑冷静。田世信曾这样回应道:"我听了地方领导的讲话,我只是作为一个雕塑家我觉得我有义务来提醒一下,因为领导是搞政治的,做领导工作的,所以他们对雕塑不是完全了解,因此有些说法不是很合适,比如说长春雕塑园都是一些大师的作品,全世界一百多个国家大师的作品这种说法我觉得是不合适的。我说的和前面的同志的发言有些不太一样,我这个人是一个比较真实的人,我是怎么想的就怎么说,我觉得是有不少好作品,但如果说'一百多件大师的作品'还谈不上。因为有这种热情再有一个很冷静的心态,很科学的态度,才能把这样一个好的雕塑馆搞得更加美好。"

前面我们分析了中国雕塑公园建设在失去平衡的"冒进"中隐含的心理,但无论是自卑还是自负心理,错误就在于不能正确地评价自己,不能踏实地做一些有益于社会和群众的工作。中国雕塑公园的第三个目的就是为公民进行审美教育和休闲娱乐提供场所,我们不能否认雕塑公园的建设者带有这样的初衷,但这些功能至少已经被非正常心态下产生的盲动冲淡了。

第十九讲 ｜ 雕塑公园与美育

当我们把雕塑公园所蕴含的审美教育功能作为一个问题来讨论时，就说明我们已经在事实上承认了这样一个前提，那就是不管是在个体发生的意义上，还是在人类发生的意义上，我们都不具备天生的审美能力，包括对雕塑艺术的审美能力。当然，这并不是说，我们天生就是一块白板，而不具备任何发展审美能力的生理与心理基础和一般的心理能力。因为实际上，我们都有观看世界的眼睛和一般所说的想象力。但是如何把它们转化为审美的眼睛和审美的想象力则只能依赖审美教育。

在经由雕塑公园展开的审美教育过程中，培养游览者的审美观念具有重要意义，这是因为我们的审美感受能力、审美趣味等都与其发生着紧密的联系。可以这样说，美的观念既是连接美与美感的中介，又是美感发生的理论基础。在对美的认识基础上产生的美的观念，是人们对雕塑作品进行审美观照的基础，正是在这一基础上形成了人们的审美趣味和偏爱，以及各种审美能力。所以，在雕塑公园内进行审美教育的过程中，培养人们正确而又深刻的美的观念应当是首要的任务。

最早提出我们应当通过雕塑公园来进行这项任务的，是中国人民革命军事博物馆雕塑研究室主任、雕塑学家程允贤。1983年，他到美国考察之后在《美术》杂志上发表文章写道："我觉得像华盛顿雕塑公园（实际上他参观的是华盛顿赫什豪博物馆和雕塑花园）这样把一些著名的雕塑，各种形式、各种题材、各种流派的作品，集中起来陈列，这种办法很值得借鉴。它可以使更多的作品与观众见面，也是一种进行美育的形式，使雕塑艺术发挥更大的作用。"从雕塑家发表的感想中我们可以体会到，他在见到雕塑公园这种新鲜事物之初就敏锐地意识到了它们所具有的一些优点，但其中也有一些问题没能进一步解释清楚。本讲就将结合雕塑公园与审美教育的具体关系，来进一步详释个中关联。

首先，他一笔带过的"美育"一词所涵盖的内容太过空泛，总有一点让人"隔靴搔痒"的感觉。"美育"是指审美教育，观众在雕塑公园的欣赏活动构成了美育的前提，而行为结果是使审美接受者的精神境界获得某种程度的提升，否则就谈不上受到教育。毕竟审美能力不是那种通过逻辑推理辨别出真假、善恶的能力，也不是那种通过长久地训练，仅凭直觉就能把握股市行情的能力。审美教育要培养的是一种特殊的能力，它们包括对雕塑艺术的审美态度，对雕塑作品之形式、结构、语言特征、风格样式的感受力，以及对雕塑艺术具有丰富的审美经验。但雕塑家在这里显然还没有把受教育者所受益处的具体内容完全阐释出来，只是模糊地感觉到它将是一个对人有益的过程。其次，从"使雕塑艺术发挥更大的作用"可以看出，雕塑家已经预见到美育对个人的教育可能会扩展到全社会范围，并对社会进步产生有利的推动作用，同时也使雕塑艺术获得进一步发展的机会，但涉及一些具体和细微问题时，如牵涉美育社会作用的方向、力度、效果究竟如何等问题始终还没有进行彻底解答。

既然雕塑公园里发生的审美教育活动已经牵涉到最终的社会效果和社会作用问题，它的解决就一定会对今日雕塑公园的未来发展前途产生至关重要的影响，因此在这里就很有必要对这一关键性问题再进行一番重申和强调。从历史成因看，雕塑公园的出现满足了现代雕塑发展的应时之需；从艺术史发展角度看，雕塑公园有效地推动了雕塑艺术的创新，为雕塑艺术的发展提供了广阔的空间，构成了艺术史发

广州雕塑公园,建于 1996 年

[中]梁明诚:《海天》,青铜,1987 年,广州雕塑公园

展的一个重要环节；从雕塑公园的作品类型看，西方雕塑公园在发展过程中自然而然地选择了抽象雕塑作为发展重点，摒弃了以叙事功能为主的纪念雕塑和故事性雕塑，其结果必然是使自由创造精神的培养成为雕塑公园美育的主要任务。

艺术作品并不像车尔尼雪夫斯基所说的那样是生活的替代品，而是对生活的重新构造和解释。因为雕塑家以艺术语言为媒介，在作品中注入了自己的情感、气质与理解，这样，作品中的世界也就获得了区别于生活本身的新的意义，使人们能获得新的经验。从这种意义上说，雕塑公园的审美教育也就是使人们通过对雕塑作品的审美接受，获得更为丰富的对世界、人生、社会的审美经验，从新的角度和立场来观察、理解、体验生活与生命。我们在艺术的世界只需认清一个事实：这个世界由于艺术家们所创作的无数艺术作品的介入和存在，才大大丰富了我们视觉的审美经验。对雕塑艺术的审美态度，是通过审美教育的过程培养出来的。对雕塑艺术的审美态度，从理论上说就是人们必须对雕塑作品采取一种超功利的审美观照态度，而不要像在日常生活中那样只关心对象是什么和有什么用途。

程允贤所提"美育"的核心内容到此已经被清晰地揭示出来了，瞻仰英雄塑像和观看寓言雕塑也可以对人民大众起到教育作用，在不深究其作用的情况下，也可以含糊其词地将它称为"美育"，其实那只是通过雕塑表面的叙事性内容而获得史实教育或道德教育，它们和雕塑公园"美育"的目的并不一致，而雕塑公园的"美育"只能是创造性的智力教育。

最后，从审美接受的角度来看，作为公共艺术的雕塑公园，具备了传播创造精神的功能，通过欣赏活动，它正在把现代雕塑对自由创造的追求精神转变成对智力有益的创造性思维方式。现代雕塑公园必然以对创新精神的培养为主要价值体现，它只有彻底显示出不同于其他公共文化活动场所的独特之处，才具有其存在的价值。"纪念雕塑集合体"和"主题雕塑集合体"作为纪念性公共活动场所和道德教育的公共活动场所都完全不同于现代雕塑公园。除此之外，雕塑公园也不适合成为一般性的休闲娱乐场所，人们很容易分辨出雕塑公园和迪士尼乐园、体育运动中心之间的区别，前者是审美教育的场所，后者只是一般性的娱乐、休闲健身场所。经过此番分析我们也就不难理解中国雕塑公园中存在的一些问题，在雕塑公园内修建跑道的做法显然是用休闲娱乐的功能削弱了雕塑公园培养创新精神的功能。

我们已经把雕塑公园和创新能力的培养联系在一起。这一结论又迫使我去思考更加深刻的问题。而它的紧要程度已不再是哪个雕塑公园更容易博得群众满意那么简单，其成败可能关系到了国家和民族的长远发展。

2005年7月29日晚7点，中央台《新闻联播》节目播出了国家领导人去医院看望卧病在床的我国著名科学家钱学森的报道，电视播出的时间总共不超过五分钟，但我们依然能够听清钱学森微弱的声音。钱老掩饰不住对祖国和民族未来发展的关切之情，他和总理谈论到如何培养具有创新能力的人才问题："我要补充一个教育问题，培养具有创新能力的人才问题，一个有科学创新能力的人不但要有科学知识，还要有文化艺术修养，没有这些是不行的。小时候，我父亲就是这样对我进行教育和培养的，他让我学理科，同时又送我去学绘画和音乐。就是把科学和文化艺术结合起来。我觉得艺术上的修养对我后来的科学工作很重要，它开拓科学创新思维。现在，我要宣传这个观点。"美术创作和欣赏活动正是培养人创造精神的有效手段之一。钱学森的夫人蒋英告诉总理，钱学森兴趣广泛，知识面很宽，在绘画和音乐方面都有较高的造诣，因此思路开阔。

钱学森谈话所涉及的范围还只局限于艺术与科学创新方面，实际上，除科学创新之外，支撑全部社会前进和发展的各个领域都需要不断创新的精神，包括经济创新、体制创新、文化创新……但是无论如何，归根到底是人的创新，是人的思维方式的创新，是要使不同年龄、不同文化程度、不同身份、不同职业……的人，即全社会的公民，在他们的日常生活中尽可能排除功利性价值观念的束缚，打破旧有、僵化、机械、狭隘思维方式的禁锢，通过"艺术性"的想象力，

[中] 杨学军:《同一首歌》,青铜,2007年,广州雕塑公园

[中] 尹小艾:《朋友》,金属丝,2012年,广州雕塑公园

创造出前所未有的分析问题和解决问题的能力，而雕塑公园所能提供的艺术欣赏活动正是培养大众创新能力的有效途径之一。

按照中国人惯有的思维模式，教育一般从儿童到大学时代完成，到成年阶段似乎就不再需要接受教育。这一点我们对比一下国内外高校大学生的普遍学习状态就可以见出端倪。国外大学生在进入大学教育之前，往往学习氛围较为宽松，教学模式以寓教于乐为主。进入大学之后，似乎才开始正式调整成严阵以待、奋力研学的状态。而国内则截然相反。国内的学子从小学入门的那天起，就桎梏于奥数班、训练营的围墙之中，高中阶段甚至"头悬梁，锥刺股"，面朝试卷背朝天，只为一朝金榜题名。但进入大学之后，真正到了治学的阶段，他们才发现精神的发条松掉了，曾经紧绷的肌肉再鼓不起劲道，那种"两耳不闻窗外事，一心只读圣贤书"的意气风发所剩无几……当然这和家庭教育息息相关。国内的家长总会给小孩子买各种智力玩具，但成年人已经不屑于摆弄"搭积木"这种已经变得幼稚和简单的游戏，而我认为，在雕塑公园中，对雕塑的欣赏过程在某种程度上补充了智力开发在成人阶段的空白，起到了和儿童玩积木相类似的作用。

美国科罗拉多州户外艺术博物馆在介绍其教育计划时指出："户外艺术博物馆认为艺术不但是人类创造精神的至高表现，而且把它看作是使想象力和自我表现力敞开大门的有效手段……通过激发学生的创造思维，户外艺术博物馆帮助那些在数学、理工科、历史、文学等领域的传统训练中受到质疑的学生，通过创造性研究，增进了数学学科必需的推理技巧，培养了阅读写作必需的评价技巧，历史、地理学科所必需的互动技巧，并体验到成功。"

由此可见，艺术活动所体现出的创造精神能够显示出笼罩一切的巨大能量，它和自然科学学科所必需的逻辑推理能力并非完全矛盾，艺术不排斥推理，相反，它可以提升人类的智力，突破某种局限性的思维模式，把人类的理性提高到一个更加宽广和高级的领域。

通过钱老的总结和人们在日常生活中的领悟不难证明，于艺术视野中接受审美教育可以使人们更全面、更具体地感受到现实生活的意义。这种意义在当今社会显得尤为重要。在现代社会，由于社会分工的专门化，人们已经越来越容易被固定在一个非常有限的工作岗位上，这种情形容易片面发展人的本质力量的某些方面，而其他一些本质力量则因抑制而得不到相应的发展，这样，人也就容易丧失对生活全面的、具体的感受力，而成为一个"单面人"、片面的人。但艺术与众不同，所幸有它，可以发乎于心地拯救无数疲于奔走的"单面人"。与其他的精神文化形式比如科学、哲学、心理学、社会学等比较起来，艺术不但有理性的认识、感性的魅力，而且在反映、描写人类、自然、人生等方面的内容时，还具有全面、具体的性质。也就是说，在艺术作品中，生活的各个方面、各个领域能相互关联呈现为一个统一的整体，同时，艺术作品的感性特征能呈现出外在世界与我们内在世界（如情感）的具体性，这样它就能使我们细致入微地体验自然的内在生命、人生的悲欢苦乐、现实生活的复杂性与多面性，尤其是艺术家们的创造精神。

这里已经没有必要再深入分析艺术活动和培养创造能力之间的关系，论证这一问题需要引用大量理论研究成果，也可以引述无数艺术家、科学家的语录，其结论将是不言而喻的。作为公共艺术形式的雕塑公园能够为全体公民提供审美教育的机会，通过艺术欣赏为主和艺术创作为辅等多种有效活动为全体公民打开创造性思维的大门，这种巨大的社会价值是无法估量的。

2012年11月，北京举行的中国共产党第十八次全国代表大会上提出了"实施创新驱动发展战略"，把"创新"能力的培养提高到了前所未有的高度。《报告》全文29000字中提到"创新"二字的竟然有58处之多，其中所提有关"创新"的内容包括创新型国家、实践创新、制度创新、理论创新、文化创新、原始创新、自主创新、集成创新、协同创新、模式创新等涉及国家发展战略中诸多领域的内容。2015年5月习近平在讲话中指出："综合国力竞争说到底是创新的竞争。要深入实施创新驱动发展战略，推动科技创新、产业创新、企业创新、市场创新、产品创新、业态创新、管理创新等，加快形成以创新为主要引领和支撑的经济体系和发展模式。"

本文不是研究创新战略的专题，在此也不该太多用墨，但我认为也有必要以一些事例说明问题的严重性。我们不妨以科学技术创新为例。中国的科技创新能力与发达国家相比，仍处于中等偏下水平，这是我们不得不承认的现实问题。2015年12月3日，科技部部长万钢在接受香港媒体采访时谈到我国科技创新的不足："我们也应该清醒地看到，无论是科技投入、原创性成果的积累，还是在创新能力方面，我们与发达国家相比还有明显差距；不少产业仍处于全球价值链中低端，一些关键核心技术受制于人；原始创新和科学技术储备亟待加强；适应创新驱动的体制机制亟待建立，企业创新动力不足，经济发展尚未真正转到依靠创新的轨道；科技人才结构性不足，领军人才和高技能人才缺乏；激励创新的市场环境和社会氛围仍需进一步培育。"另一个使国人长期耿耿于怀的问题是，中国在2015年10月终于拥有了首位获得诺贝尔奖的本土科学家。这位因首先发现并提取出青蒿素的诺贝尔生理学或医学奖得主屠呦呦女士，当她的团队带领着中国医药界走向世界前列的时候，我们居然惊奇地发现，优秀如她，创新如她，竟然是一位无博士学位、无留洋背景、无院士头衔的"三无"科学家！

中国并不缺乏高级技术人才，近几年高等教育的快速发展已经使中国一跃成为世界上科技人力资源占绝对优势的大国，但数量的优势仍然不能弥补质量上的差距。诺贝尔奖的宗旨首先是奖励那些率先提出可以改变他人思维方式的观念的杰出人物，奖励那些具有开创性贡献的科学家。而中国目前科学技术研究的成果如果只限于填补国内空白，在某些领域达到或接近国际先进水平是不够的，更重要的是取得某些在世界范围内具有独创性精神的发明和创造。这样的话，屠呦呦女士才算是真正打破了中国科学界自我屏蔽的大门。我们不应该只有一位诺奖得主，屠呦呦更不应当如此孤独。

19世纪末在西方列强的压迫之下，国人就始终在不断追踪着西方科学技术的前沿。经过一百多年的奋斗，21世纪初期中国在科学技术领域已经取得了极大的进步，甚至在某些领域已经达到或接近了西方科学技术前沿：神舟六号载人飞船的成功发射使中国成为世界上第三个有能力把人类送入太空的国家；嫦娥一号的发射升空使中国成为世界上第五个发射月球探测器的国家……这些完全可以说明，中国历史已经再次发展到了一个相当关键的时刻：从追踪西方科学技术开始，发展到创造东方科学文明的阶段。今日的中国正面临着开创西方科学技术还无法企及的巨大创造力量的机遇和挑战，新世纪中华民族能否屹立于世界民族之林，关键在此。

虽然我们常常用"科学技术"来泛指一些创新性能，但科学和技术到底是两个独立的词语，有着内在的不同。代表创造精神的科学和主要靠实验积累的技术之间的差别是很大的，技术可以"拷贝"，可以通过翻译外文资料获得，可以派技术人员出国学习，可以花钱买到，甚至可以去剽窃，但是代表巨大创造力量的科学思想是永远无法拷贝和复制的。神舟系列飞船肯定是在借鉴外国载人航天经验的基础之上，利用国内现有技术力量整合研制而成的，而接下来的关键问题就是中国人能否提出独创性的思路，发明出世界上前所未有的、代表最新科学成果的载人航天手段。

在科技创新领域，中国人最容易犯和雕塑公园建设一样急功近利的错误。从"大跃进"那个特殊时代起，国人就养出了这个耐不住寂寞的"老毛病"。在计划体制模式下，为了赶超国际先进水平，大量"抓型号""上项目""投资金"，但在缺乏基础理论研究和创新性思维的条件下，很多科技项目都在遇到"不可逾越的技术性障碍"的情况下纷纷下马，造成了大量的损失和浪费。

两者之间的类似症结是不可能在一朝一夕之间轻易解决的，培养创新性思维也不可能通过"开大会""喊口号"就能一下子改变人们的观念。使全体公民从日常生活的功利和僵化性思维模式转变到创造性思维方式的过程，也要像外国雕塑公园的建设那样，脚踏实地，"泰山不让土壤，故能成其大；河海不择细流，故能就其深"，依靠从点滴做起的精神才能逐步形成和培养。钱学森就十分懂得"十年树

［中］黎明:《崛起》，不锈钢，1990 年，广州雕塑公园

［中］唐大禧:《猛士》，青铜，2005 年，广州雕塑公园

木，百年树人"的道理，为此我们就不难理解卧病在床的他为何会用那样语重心长的话语对总理谏言。

一个充满了"创新之作"的雕塑公园可以使人的心灵重新体验到伟大的创造力量，一个广袤而自然的环境可以使人摆脱日常生活的烦恼，从而促进和提升理性在更高层次上的创造，而作为公共艺术形式的雕塑公园在使大众获得审美享受的方面更是具有其他公共活动场所不可取代的优势。柏拉图在谈到文艺作品对培养人的美学爱好和创造精神的巨大作用时，就曾这么说过：

> 我们不是应该寻找一些有本领的艺术家，把自然的优美方面描绘出来，使我们的青年像住在风和日暖的地带一样，四周一切都对健康有益，天天耳濡目染于优美的作品，像从一种清幽境界呼吸一阵清风，来呼吸它们的好影响，使他们不知不觉地从小就培养起对于美的爱好，并且培养起融于美的习惯吗？

放眼我们蔚蓝色的美丽星球，这样于健康有益、充满创造精神的美之所在遍布各地。在漫长的寻找、探访和研究过程中，以色列对雕塑公园的高度重视引起了我的关注。以色列是一个建国只有七十多年的国家，地理位置又处于对它并不友好的阿拉伯国家的包围之中，因此这个民族在自身发展过程中始终表现出强烈的忧患意识。以色列国土面积只比我国海南省陆地面积的一半多一点，却建有九座雕塑公园，是强烈的进取精神使以色列人把雕塑公园这种体现创新力量的场所看得更加重要，甚至带有一些犹太复国主义的色彩。以色列的很多雕塑公园都和高科技园区建在一起，在谈论到雕塑公园的宗旨时，工业园的董事长、雕塑公园的创立者史蒂夫·韦特海默（Stef Wertheimer）说道：

> 今天需要的关键词是创造。经济为创造力服务，而不能背道而驰。以色列巩固经济和获得国家安全使我们有能力鼓励企业创

新，创造出富有价值和竞争力的优质产品与服务。我们应最大限度地发挥自己的才能、知识、价值观，使物尽其用的创造力成为我们国家优先考虑的第一要务。这必将引领我们走向独立自主，真正的自由，光荣的劳动，走向高质量的生活。一切始于创造。要达到这一目标就必须发动媒体、文化和教育机构的力量。为经济自由而接受教育的人更愿意创造一种社会组织，一种产业化的社会结构，以及植根于独立的劳动美德。他们将更好地准备花费时间和精力使自身获得精神和艺术视野的富足。

雕塑公园作为培养创造精神的有效手段正在以色列发挥着巨大的作用，以色列人将雕塑公园直接建设在工业园区，让所有科技人员、企业工人都能随时体验到艺术创造的伟大力量，这不正好深刻揭示出了雕塑公园审美教育在推动国家发展战略方面拥有的巨大潜力吗？

第二十讲 | 对策与反思

在前面篇幅中，无论是游记的形式也好，理论的阐释也罢，我们已经对雕塑公园从诞生、成长到普及的发展历程进行了还算详尽的回顾与展望。在这告别的一讲中，我将为诸位进一步梳理前文中的相关评释，同时就中国雕塑公园的未来发展重申一些基本的观点，提出具有可行性的合理建议，并以此篇总结来回馈各位现代艺术爱好者对雕塑公园建设事业的深切关注。

当代中国是否需要雕塑公园？这是我们在探讨中国雕塑公园未来发展战略时首先面临的一个问题。对于这一问题的解答，可能会出现正反两个方向：

一个方向是持否定态度。完全否定的态度可能来自持"文化保守主义"观点的学者或极端民族主义者。他们认为雕塑公园是西方文化的舶来之物，对西方艺术我们不能一味照搬照抄，而大建雕塑公园之风无异于崇洋媚外之举，除此之外，中国古代雕塑堪称世界艺术中的瑰宝，既然兴建雕塑公园花费巨大，不如把这些资金用来保护古代文物。

此种观点并不乏合理之处，但一个问题的解答并不能完全脱离其所处的具体环境和时代背景单独讨论。首先，学习西方的时代潮流具有不可逆性。尽管民族主义的论调带有强烈的"爱国主义"色彩，但19世纪末开始的学习西方的潮流并不会随着这一论调而随意改变，

［中］叶毓山、潘鹤、程允贤、王克庆、曹春生:《友谊·和平·春天》,花岗岩,高29.5米,2003年,长春世界雕塑公园

至今仍然引导着时代发展的方向。虽然国人内心普遍带有一种"不情愿"的态度,但其总体趋势是不可避免的。学习西方当然不仅是学习它们的科学技术,自然还包括西方的文化和艺术。再者从中国本土雕塑艺术发展的角度来看,古代雕塑时至今日已经衰落,传统雕塑技法仅保存在少数民间艺人的手中,虽然国家已在大力保护民间艺术,但那种与"落后生产力"相适应的艺术形式已经不可能全面复兴。即便某项传统工艺的工序再复杂、制作再精良,公众似乎在惊叹的同时,也没有把那些技艺精湛的民间手工艺人奉为艺术大家而膜拜,只是单纯地将其视为工匠、手艺人。

另一方面,从19世纪中国留学生引进西方雕塑并创建了学院教学体系之后,西方雕塑已经在中国扎根。今日的中国,架上雕塑、纪念雕塑、街头雕塑、广场雕塑、公园雕塑等影响人们日常生活的作品绝大部分属于西方雕塑的繁衍之物,既然如此,随着西方现代雕塑的发展,雕塑公园便会应运而生,它顺应了时代潮流,代表了艺术史的前进方向,这种新鲜事物理所应当也会成为我们学习和引进的对象。

其次，建立和发展雕塑公园符合我们国家创新战略的迫切需要。雕塑公园是现代雕塑的"实验场"，它代表了当代艺术创新的发展方向，并通过公共艺术的形式使大众在艺术欣赏活动中获得了对创新精神的体验，促进了全体公民创造能力的培养，正因如此，雕塑公园的发展就已经成为关系国家未来发展的重要问题。文物保护和雕塑公园建设可以并行不悖，人们之所以赞叹秦始皇兵马俑所显示的高超技巧，正是因为它代表了秦代雕塑艺术创新的最高成就，但时至今日，古代文物所起到的作用也只能是历史的纪念，它对提高公民创新精神的贡献已变得相当微弱。

还有一种对雕塑公园持怀疑态度的人，他们其实并不像"文化保守主义者"那样坚决反对兴建雕塑公园，但他们也担心中国雕塑公园的发展是否过于超前，特别是如果按照本文提出的观点，在雕塑公园中全部放上抽象雕塑，人民群众真的能够理解吗？

其实出现这种担忧可以说情有可原，我在动笔之前心中也不免带有这样的疑虑，但通过细致的研究，我充分认识到，目前人民群众之所以缺乏对抽象雕塑的认知和理解，原因就在于中国大众缺少欣赏抽象雕塑的机会。相比之下，美国的博物馆雕塑花园、艺术中心雕塑花园、大型雕塑公园、大学雕塑公园、广场雕塑公园、名人故居雕塑花园、雕塑家故居雕塑公园、餐馆和旅店雕塑花园和工业园雕塑公园等，无不是摆放了世界众多雕塑大师的作品，同时所有公益性机构和文化活动场所都以向大众提供审美教育为宗旨，从此就会使社会中出现处处有雕塑、人人看雕塑的局面，其结果必然使全民对抽象雕塑的欣赏水平潜移默化地得到提高。反过来说，如果一个社会中到处摆放的都是以道德说教为目的的写实雕塑，人民大众根本看不到优秀的抽象雕塑作品，他们就永远不会有对其产生充分的认识和理解的机会，自然就更谈不上热爱和品读抽象雕塑了。

还有另一种担心，实际是上一种疑虑进一步极端化的结果，即人民大众根本就不想去雕塑公园欣赏雕塑，因此就会出现中国雕塑公园"门前冷落鞍马稀"、游客寥寥无几的现状。究其原因，其实就是"亨

［中］龙翔：《乐迷》，青铜，长春世界雕塑公园

［多哥］桑多罗·鲍巴帝：《交流》，青铜，长春世界雕塑公园

利·摩尔在京遭遇寒流"现象的翻版。

　　这种担心虽然听上去有点过于杞人忧天,但至少也是我在研究之前疑虑的问题之一。所幸的是,此时这种担忧已在清楚的事实面前不攻自破。2004年9月,为纪念长春世界雕塑公园开幕一周年,公园免费向市民开放,据说当天至少有20万人参观了该雕塑公园,我也亲历了这一热闹的场面,虽不清楚具体的参观人数,但至少也可以用人山人海来形容。由于游客较多,所有开往雕塑公园方向的公共汽车都延长了营业线路,在乘务员的"吆喝声"中直奔公园大门,此种摩肩接踵的场面和平日的门可罗雀形成了鲜明对比。事实说明,并不是百姓不愿意到雕塑公园欣赏雕塑,只不过是他们不舍得花费20元去购买门票罢了。同理,建于园内的长春雕塑馆当日并没有免费,仍然另收10元门票,那里也就和窗外的热闹截然不同,很少有观众进入参观。

　　除了上面提到的,可能仍然存在一些其他的观点使得人们对建设雕塑公园持有疑虑。有一些学者经常提到"雕塑公园破坏自然景观"的问题,这种说法其实只构成了一种"技术性的疑虑",而且只有在具体涉及某一雕塑公园的时候才能详细加以论证。国外雕塑公园建设就此问题已经提供了一些非常明确的经验:如果你在一个根本"没有景观"的地方建设雕塑公园,也就根本谈不上所谓的破坏景观了。

　　中国雕塑公园在建设过程中出现过各种违反艺术规律的现象,这些错误的根本还是雕塑公园建设的体制问题,而并不是雕塑公园本身的问题。假设有人提出在西湖岸边建设一个雕塑公园,那里作为著名的风景名胜,本身已经构成了一个完整和谐的体系,如果让雕塑公园强行介入其中,那肯定会破坏原有景观,同时也必然使雕塑公园本身失去其作为独立审美客体的艺术价值,沦落为周围景观的附庸和陪衬,反过来,此种做法中是否含有其他发展旅游、刺激经济、新建政绩工程等非雕塑公园本身问题的功利性因素呢?美国纽约风暴国王艺术中心建设在荒芜的原始自然生态之中,周围没有任何人工景物,最初的土地上还有一个当初修建高速公路时留下的挖土大坑。可以说,昔日的风暴国王艺术中心不但没有优美的景观，而且只有"丑陋的景观"，是经过建设者的辛勤劳动之后，才将现在的这里打造成为一个使雕塑和自然和谐共生的著名风景胜地。这样的事实足以向我们说明，雕塑公园不但没有破坏景观，反而提升了景观，而且只有这样做，才能使雕塑公园作为独立审美客体的艺术灵魂获得彻底的自由和解放。

除了对雕塑公园持坚决否定态度的"文化保守主义者"和怀疑论者之外，即使是在对雕塑公园持肯定态度的人群中也往往有一些不同的观点和想法。

首先是一些"别有用心的支持者"。他们可以说是社会中的极少数，实际上，这些人对雕塑公园的拥护并不是出于对公益事业的关怀，只不过是为了满足自己的一些私欲。2004年《美术观察》杂志中的一篇文章"一针见血"地指出了这批人的真实意图："一些认为有利可图的策划人利用许多城市为了表明自己品位高、不落伍、能够引导潮流的心理，乘机怂恿这些城市的领导者举办雕塑节、兴建国际雕塑公园、举办雕塑大展。由政府投资，或在政府帮助下拉来大批资金后，邀请国内外的一些雕塑家聚在一起创作，短则几十天，长则几个月，大批雕塑作品便宣告完成。把这些雕塑作品零星地摆放在一块绿地里，举办一个有领导和雕塑艺术家参加的开园仪式后，一个国际雕塑公园就算建成了。"

这段分析实际上明确指出了两种为了牟取私利而怂恿雕塑公园建设的人，一种是唯利是图的策展人，其中包括一些本身就带有雕塑家身份的人，他们支持雕塑公园的目的显然要么是沽名钓誉，要么就是为了得到某些实际的物质好处。二是一些城市的领导者，他们的意图是打着发展经济的幌子，实际上是在为个人前途捞取政治资本，搞政绩工程。

在对待这些人的态度上，虽然他们在社会中实际存在，并影响到中国雕塑公园的未来发展，但我并没有把这方面的调查作为重点，本书主要是对中国雕塑公园的发展战略问题进行研究，未来中国雕塑公园的成败关键是改变现有雕塑公园建设的体制和模式，从根本上杜绝这类人的活动空间。

其次，就是一些雕塑公园的真心拥护者，这批人的范围包括了最广泛的人民群众。他们拥护建设雕塑公园的根本原因正是因为雕塑公园是一项对提高公民的创新意识、提高全民族素质大有好处的公益事业，这也是本书所持的观点，是无数像笔者这样对中国公共艺术发展寄予厚望之人的肺腑之言。

我们应该在物欲横流的浮世中端正为艺者、爱艺者应当秉持的态度：支持雕塑公园的建设，不囿于功利，不屈膝政绩，而是完全将其视为一项无私的公益事业，一种可以对全体公民开放的公共艺术。同时作为公共艺术，雕塑公园也具有其他公共艺术种类不可比拟的优越性，除此之外，它的"集中摆放形式"也具有很大的优势。我们都知道，公共艺术泛指那些具有被社会所有公民接受的可能性的一切艺术形式，绘画、雕塑、建筑、音乐、舞蹈、电影、电视……都可以称之为公共艺术。但另一方面，对公共艺术的研究不能脱离对各公共艺术种类有效性的分析，单独进行价值判断。公共艺术的有效性是指公共艺术如何最大限度地吸引大众参与到艺术的创作和欣赏活动中来，例如，谁都可以买票到剧院欣赏交响乐和芭蕾舞，但是那些生活贫困的工人、农民又如何能舍得为此破费呢？！特别是在当代，它们的有效性远远低于电影、电视等民间接受度较高的艺术形式。

下面，我们就结合雕塑在公共艺术范畴内的单独价值来展开相关讨论。

从公共艺术的有效性方面来看，我认为在美术的范畴之内，雕塑和建筑是最具有发展前途的种类。雕塑和建筑的艺术造型和形成其外在形态的物质材料互为表里，不像绘画那样必须借助美术馆的墙壁才能展示。建筑融艺术与实用于一体，只要有人类生存的地方就有建筑的存在。而作为纯粹审美艺术的雕塑，其形式更加自由，外形可大可小，适于放置在街道、广场、小区、公园、企业、私人花园、桌头案

第二十讲 对策与反思

[库克群岛]托凯·恩加亚莱:《国王与儿子》,青铜,长春世界雕塑公园

几等地方，因而又比建筑显示出更加灵活的优势。如果说到美术馆欣赏绘画的方式是"慕名前往"，那么，当代社会中户外雕塑的欣赏就可以用"扑面而来"去形容了。雕塑作为公共艺术的有效性远远超过绘画的潜能，因此更容易以潜移默化的方式提高全体社会公民的创新意识。

雕塑公园作为一种"雕塑的集中摆放形式"，比街头雕塑、广场雕塑等"雕塑的分散方式"表现出更加明显的审美教育优势。程允贤在初次接触雕塑公园时就已经注意到了这种集中形式的优点："这样把一些著名的雕塑，各种形式、各种题材、各种流派的作品，集中起来陈列……它可以使更多的作品与观众见面。"

细读雕塑公园的定义，我们会发现雕塑公园的优势首先在于"集中"。街头雕塑、小区雕塑、广场雕塑等种类虽然可以以更加直接的方式介入人们的日常生活，但这些雕塑都不可避免地受到容纳它们的小环境空间、氛围、间隔密度等方面的制约和限制。街头雕塑必须考虑其装饰的功能，小区和广场雕塑必然要考虑视线遮挡对交通的影响等因素。而雕塑公园，特别是以实用为主的博物馆雕塑花园则完全可以不受这些客观因素的限制，它以包容之姿汇集各种风格、流派、题材的雕塑，使大批作品同时与观众见面，通过高层次的艺术欣赏，让观众切实体验到艺术的创新力量。另外，博物馆雕塑花园还具有非常便利的特点，它作为室内展示空间的补充，本身即与博物馆其他部分互为整体，到博物馆雕塑花园参观的同时，博物馆内部的其他资源也能够得以有效地利用，如座谈、研讨、讲座、解说等，这样就能使观众加深对艺术创新的理解和认识，这些条件显然是雕塑的"分散方式"根本无法比拟的优势。

除此之外，雕塑公园还能以独特的自然环境取胜，特别是保持了原始自然生态的大型雕塑公园。"自然的原始景色"使人心情放松，使城市生活中的紧张和压力得到了宣泄，使人排除了主观欲念和成见，达到了一种"致虚极，守静笃"的境界，这种澄明的心理体验敞开了人们的心扉，更容易使人从艺术欣赏中体验到创造精神的力量，而这种特殊的感受是普通人在行色匆匆的城市中，在对广场、街头、巷尾等地的"分散雕塑"的惊鸿一瞥中根本无法企及的。毕竟，艺术作品是以感性形象的具体性和生动性来表达艺术家的思想情感的，这意味着观者必须以全身心的力量和气血投入到作品之中，去感受其独特的意蕴，与其同呼吸、共命运。因为只有这样，观者才能感受到作品的全部魅力。拥有绝佳自然景致的雕塑公园就是这样的美之所在，观者身处于斯，将被作品所吸引而不可能有任何反思和有意识的记忆来中断和阻隔自己与作品亲密无间的直接交流。在这一曼妙的体悟过程之中，观者于不知不觉中受到作品的感染和净化，精神境界也就会在不知不觉中发生微妙的变化。来自自然之手潜移默化的抚触就像和风细雨之于禾苗，"随风潜入夜，润物细无声"。

既然作为公共艺术的雕塑公园具有如此的优越性，那么它必将在中国继续得到发展，因为没有人会阻止新生事物的健康蔓延。于是此时的关键就不再是雕塑公园应否存在的问题了，而是如何促进雕塑公园快速健康发展，这才是理论研究的当务之急。

世界上没有任何一个国家像中国这样，短短不到十年时间，就完成了雕塑公园从无到有，并使其藏品爆炸式地增加，从而一举成为"世界最大的雕塑公园"。这不是一件值得国人高兴的事情，因为雕塑公园建设的加速绝不应该是短时间内数量的激增。从现状来看，国内各城市建设雕塑公园还处于争相效仿的盲目状态，因此，在缺乏理论研究，质量无法提高的情况下，我认为如果单纯从新建数量上看，中国雕塑建设应该"暂时减速"，在反思中求发展。

首先，雕塑公园的建设必须以雕塑为核心。从雕塑公园的成因来看，"收藏"一直是雕塑公园形成和发展的基本环节，没有雕塑作品的收藏就不可能有雕塑公园的出现。同时，作品的户外摆放也促进了雕塑和自然环境之间的结合，使雕塑公园整体表现出与众不同的艺术特色。公园建设为满足展示雕塑的需要服务，两者之间具有明显的因果关系，绝不能像中国雕塑公园那样本末倒置地把雕塑创作和公园设计截然分开，生拉硬套，不伦不类。

说到收藏，其实正如其字面意义所指，包含了一种优胜劣汰的选择，只有那些具有较高艺术水平和凸显创新精神的作品才值得收藏。选择性起到了优胜劣汰的作用，保证了收藏作品的艺术水准，同时也有力地保证了雕塑公园的整体水平。

中国目前还没有形成现代雕塑收藏的社会潮流，也没有形成富人阶层捐赠雕塑的社会风气，更没有建立现代艺术博物馆等专业性的收藏组织和机构，所以全社会对现代雕塑的认知和欣赏就都处于一种比较低级的水平，因此也就不会自发出现博物馆雕塑花园的基本形式。在这种情况下，大型雕塑公园普遍采用对展览作品照单全收的陋习，这将势必影响到雕塑公园作品的质量。国外雕塑公园一般经过几十年的发展历程才达到了一百件左右作品的规模，如果想把中国雕塑公园建成世界级的精品，也必须遵守优胜劣汰的原则。组织者可为雕塑家提供时间、场地、材料费、运输费，让他们根据展览场地的自然环境来创作，展览结束后作品归还雕塑家，公园只选择一两件优秀作品永久收藏，对于那些拿不走、搬不动、水平低的作品坚决清理和拆除，这样才能保证雕塑公园作品成为具有永恒价值的经典之作。

如果进一步追本溯源，就不难发现作为作品来源的雕塑邀请展（创作营）本身的问题。邀请展往往只是邀请固定的少数几个雕塑家为公园创作作品，这种形式本身就违背了优胜劣汰的机制。由于国内雕塑创作队伍人员数量有限，雕塑家的水平和层次有限，缺乏国际大师级的人物，这势必造成邀请人员重复出现、风格雷同的后果。因此我认为，虽然我们不能完全否定邀请展，但至少还应该发展雕塑大赛的形式，并对获奖人员给予丰厚的奖励，同时评选出一两件作品永久收藏在雕塑公园。这种大赛要办成真正意义上相互竞争的比赛，不能徒有比赛的虚名，要让雕塑家感到获得永久收藏来之不易，是莫大的荣耀，这样不但能保证雕塑公园作品的质量，在优胜劣汰机制的长期刺激和指导下，必然会对促进中国当代雕塑的创作起到巨大的推动作用。

另外，要积极进行外国雕塑大师作品的收藏。在国内雕塑创作水

[中]杨靖:《春》，石材，长春世界雕塑公园

[中]董明光:《游离》，不锈钢，长春世界雕塑公园

平不高的情况下，收藏大师作品可以取得事半功倍的效果，是快速提高雕塑公园作品档次的有效手段，同时，收藏大师作品也可以促进大众对西方现代艺术的认知和理解，激励和教育中国雕塑家向世界级雕塑创作水平攀登和迈进。

优胜劣汰的选择原则就会使雕塑公园的发展过程呈现出一种循序渐进的状态，使雕塑公园收藏的经典作品逐年增加，使雕塑公园形成不同层次、不同特色，整体表现出不同功能和价值取向。

国外的雕塑公园都是以个人的艺术品收藏为起点，通过点滴积累形成规模。从这一过程来看，一个雕塑公园要想获得世界范围内的声誉至少需要三十至五十年的时间，中国雕塑公园想要赶上世界著名雕塑公园的水平，大致也要经历同样漫长的过程，并无捷径可走。

循序渐进除了表现为雕塑作品的逐年积累外，也必然表现为雕塑公园内部自然和人工生态系统的逐渐变化，我将分别针对这些不同方面来给出中国雕塑公园的相应对策，但无论如何，以下建议所贯彻的原则都是要舍弃那些不必要的辅助因素，真正做到以雕塑为核心。

对策一：场域。

如果像外国雕塑公园那样，从创建开始以每年收藏一两件作品的速度发展，那么当代中国雕塑公园的规模显然"面积过剩"。国外雕塑公园显然不存在同样的问题，因为博物馆雕塑花园和大型雕塑公园之间自然便形成了"高低搭配"的层次。因此中国的雕塑公园也应该按照"循序渐进"的原则，放弃"突击式"的大规模在城区建设大型雕塑公园的做法。反之，我们可以利用城区现有的小型公园改造成雕塑花园，至于管理方面则可以由博物馆等机构托管。大型雕塑公园应该建于远离城市的郊区，按照收藏几件雕塑，规划和设计几片土地的方法，这样就可以节省大量的资金。大型雕塑公园也不是绝对不可以建于城区，但也完全没有必要像现在这样，圈起土地、堆山挖湖、用大规模工程的方法来完成，而是完全可以在预留发展空间的基础之上，稳扎稳打，逐步发展起来。

对策二：场所。

在世界范围内，雕塑公园建设对场所的选择是灵活多样的，其中有很多经验值得我们借鉴，如建在博物馆外围、大学校园、广场、名人故居、餐馆/酒店、企业园区等，这些地方都有着共同的特点，即不需要大规模的投资，更贴近百姓的日常生活。

对策三：建筑。

一般情况下，应该反对在雕塑公园中建设大型建筑的做法，这无异于重复建设了一座新博物馆，画蛇添足不说，还会喧宾夺主。如果建筑随雕塑公园一起坐落于城市郊区，加上没有精品收藏，使用率低下，不但失去了市区博物馆便利的条件，同时也浪费了大量的资金。

总之，在雕塑公园人工生态的营造方面，要始终贯彻以雕塑为中心的思想，排斥一切没有历史价值和艺术价值的"辅助因素"，将节省下来的资金用来购买优秀的雕塑作品。这里不妨做一个也许并不恰当的推算，长春世界雕塑公园一期投资3.4亿元人民币，北京国际雕塑公园收藏卡尔·米勒斯两件雕塑的花费是300万元人民币，如果长春世界雕塑公园的投资全部用来购买米勒斯的雕塑，可以一下购买200多件作品，这一行动可以使长春一举成为继瑞典之后米勒斯雕塑的第二故乡，同时这一行动必然产生良好的结果：其一，长春将成为世界著名的收藏大师雕塑作品的旅游胜地，全世界的新闻媒体都会无偿宣传长春所取得的艺术成就。目前公园已经收藏有多件（组）罗丹等世界一流大师的雕塑作品，这批作品在引进之初无疑引起了轰动的效果，长春市在国际城市雕塑界的知名度也已显著增强。其二，此举将使子孙万代以拥有世界大师作品而荣耀，而随着岁月的流逝，这些作品还会不断创造出更加深远的经济和社会效益。

除了要循序渐进地进行作品收藏之外，在中国雕塑公园发展的类型选择方面也应该贯彻循序渐进的原则。从国外的经验来看，有博物馆雕塑花园、大型雕塑公园和雕塑之径三种类型可以借鉴。在市内小型雕塑花园和郊区大型雕塑公园的选择方面，我更倾向于先以前者的建设为主，因为，在民众普遍缺乏对现代雕塑认知和理解的情况下，想把观众立即吸引到郊区的想法是不切实际的。

　　市区中的小型雕塑花园可以更便利地发挥对大众的审美教育功能，同时也可以利用城市中周边文化活动场所的优势，利用解说、讲座等形式加大对群众教育的力度。国外雕塑花园一般建在博物馆建筑的外围，中国目前的现代艺术展出机构主要是各级美术馆，因此应该推动有条件的美术馆利用周围空地建设雕塑花园。另外，要想使中国的现代艺术得到进一步繁荣和发展，我建议国家兴建以专门收藏和展示世界现代艺术精品为宗旨的现代艺术博物馆。

　　至于雕塑之径，则可能代表着户外雕塑未来发展的一种新趋势。但在我看来，中国目前还不到大规模发展雕塑之径的时候，毕竟雕塑之径只是集中于英国，在世界范围内也还没有普及，因此属于一种比较超前的户外雕塑集中摆放形式，其成功与否还有待历史的检验，而中国的雕塑公园既然还处于发展的初级阶段，就更没有必要追赶"时髦"。除此之外，雕塑之径作品和博物馆雕塑花园、大型雕塑公园相比，并不强调雕塑造型本身所展现的创造力量，而是突出反映对某种人文价值的思考，因此，此类作品就偏离了当前培养国人创新精神的迫切需要，而且雕塑之径作品的内容也比较晦涩，又一般建在人迹罕至的森林之中，如果把它不加思索地简单移植到中国，必然造成"曲高和寡"的尴尬局面。

　　继续从国外的经验来看，在欧美国家的自由市场经济体制下，政府已经完全退出雕塑公园的建设投资和日常管理，基本上实行一种"自由放任"的管理模式。这种管理模式使雕塑公园的发展呈现出以雕塑为核心的艺术特色，表现出优胜劣汰的竞争机制和循序渐进的发展步骤。如果使雕塑公园失去自由发展的空间，上面提到的一切原则都将成为空谈，因此，自由管理模式实际上是雕塑公园发展观念中的重中之重，它自然也就成为中国雕塑公园未来发展是非成败的关键。

　　除个别例子外，目前中国雕塑公园的建设完全依靠政府投资，套用事业单位的管理模式。在当前我国大力发展文化产业的时代背景下，应该提倡私人投资建设雕塑公园并负责具体运营，最终实现国家

［新西兰］罗杰·汤普森：《新西兰：我的家》，青铜，长春世界雕塑公园

［毛里求斯］哈利·马尔尼：《万众合一》，石材，长春世界雕塑公园

财政彻底退出雕塑公园投资和管理的长远目标，这种做法必将促进中国雕塑公园整体艺术水平的提高。

其中道理十分简单，目前中国雕塑公园作品的入选方式全部出于雕塑邀请展，即使举办雕塑大赛，也主要由地方官员和少数专家组成的评审团决定奖项归属，此种评选机制不可能完全排除官方色彩和"集体意识"，不可能彻底清除"人情关系""照顾面子"等负面影响，仍带有"大锅饭"的作风。而私人投资运作雕塑公园的好处是不言而喻的，任何人都会懂得私营企业一般比国企效率更高的道理，个人对雕塑的选择完全出于对作品的喜爱或对其艺术价值的客观评判，这样才能从源头上提高雕塑公园作品的艺术水准。到了那么一天，公园建成的周年会上将不再充斥着领导们夸夸其谈的"政绩"展示，而是真正成为热爱雕塑艺术之人交流研究的专业盛会。

当然这远非一蹴而就的事情，我们还有漫长的征程要去开拓。不过国家在最终退出雕塑公园建设和管理之前，可以暂时采取一些灵活变通的"折中模式"来引导雕塑公园管理模式的转型，例如"托管"是为最终的"不管"铺垫。政府可以无偿提供土地，出资进行基础设施建设，采用由私人组织购买雕塑和进行日常管理的过渡方式，相关文化管理部门使用法律手段加强监督管理。私人可以利用公园设施举办商业展览、作品出售等活动，可以接受私人赞助，可以接受雕塑家捐赠，并对赞助者给予冠名权等奖励措施，逐步发展和形成雕塑公园的产业经济。政府还应积极引导对西方现代雕塑的收藏，个人可以出资购买国内著名雕塑家的获奖作品和国外大师雕塑，所有权仍归个人，但却可以放在国家建设的雕塑公园中供大众欣赏……这些都是灵活发展雕塑公园公益事业的有效途径。

而这些途径将会很好地营造出适宜雕塑公园健康发展的"软环境"。所谓"软环境"，是指一切对雕塑公园发展有利的创作、政策、宣传、舆论引导等方面。从当代雕塑创作的角度，应当积极鼓励中国雕塑家去追踪世界雕塑艺术发展的潮流，鼓励中国雕塑家走出国门，这样才能使中华民族的传统文化资源在世界雕塑艺术的舞台上得到充分的展现和发挥，使中国从文明古国变身为一个引导世界艺术潮流的文化强国。

目前国内雕塑创作的整体水平十分有限，雕塑家的活动范围往往仅局限于国内，语言障碍等客观因素限制了中国雕塑家和世界雕塑家之间的交流，封闭的创作环境也阻碍了雕塑公园作品水平的提高。毕竟先要"走出去"，才能"带回来"。

虽然我们鼓励创作者和建设者发扬创新精神，自由发挥，但当前中国社会的具体国情决定了雕塑公园发展战略的实施还必须依靠政府推动。因此，政府有责任调动社会力量促进雕塑公园审美教育的顺利实施。要积极宣传雕塑公园公益事业服务于全社会的宗旨。国外的每一座雕塑公园都把公益事业作为其根本宗旨大力宣传，它是指导雕塑公园建设和发展系列问题的根本思想。

政府应当积极引导新闻媒体对雕塑公园的建设进行宣传，鼓励私人投资和捐献，对扶助文化事业的好人好事要给予充分报道，给捐献者以名誉上的奖励，甚至可以效仿国外，以个人名义命名雕塑公园。如果以个人命名一时难以做到，也可以先用某企业的名称冠名。另外，对中国的文化事业给予极大捐助的友好人士可以授予其文化奖章，通过这些有力措施，才能极大提高全社会对捐助文化事业的热情。

从目前的情况来看，限制中国雕塑公园游客人数的主要原因之一是门票问题。国外雕塑公园虽然有些收费，有些免费，但无论如何都始终贯彻公益事业的原则，即使收费的雕塑公园也会在每周或每月安排定期免费开放。另外，收费制应该贯彻"各尽所能"的原则，比如说西方的"会员制"就为社会各阶层提供了不同等级的服务，告诉公众购票是在为公益事业做贡献……这些成功经验都值得我们借鉴。

再者说，不论国外雕塑公园收取多高的门票费，中国的雕塑公园反而更应该免费。首先，国人对现代雕塑的认知程度远达不到西方国家民众的水平，而在人民生活刚刚达到小康水平条件下，就不能奢求普通百姓像西方国家公民那样主动购买高额门票到雕塑公园参观。正因如此，政府就应该以更加优惠的条件，采取主动的姿态积极引导大众到雕塑公园欣赏现代雕塑，而免门票费正是一个最实惠的条件。其次，从经济和社会效益比较的角度看，雕塑公园也应该免费开放。我曾经做过一个计算，长春世界雕塑公园一期投资3.4亿元人民币，当时的门票价格20元，如果按每天1000人购票入场来计算的话，收回一期投资需要近五十年的时间，当然其中还没有计算雕塑公园日常维护和人员开支所需的花费，如果将这些因素计算在内，可能一百年也收不回投资。既然如此，我反而认为，与其长期收不回投资，倒不如干脆免费开放。百年之后，中国社会将发展到西方发达国家水平，而雕塑公园对推动和促进全民族创新能力做出的巨大贡献，根本无法用金钱衡量。

除了对雕塑公园的建设者要"鞭打快牛"之外，艺术理论家们也应该行动起来。因为他们的任务除了对当代雕塑创作进行指导之外，还包括积极推动民众对雕塑创作和欣赏的参与意识。无论我们做了多么详尽的分析和阐释，都远远比不过深入群众的呼吁和煽动。美术馆也好，雕塑展览也罢，文化事业单位的工作与艺术活动都要围绕如何提高公民对现代雕塑的认知来展开。一家优秀的美术馆不光要做到开门卖票，更要积极地进行自我宣传，最大限度地向社会开放藏品资源，努力将自身打造成为"无墙的博物馆"。

参考书目

Andrews, Julian, *The Sculpture of David Nash*, London: Henry Moore Foundation, 1996.

Beardsley, John, *A Landscape for Modern Sculpture: Storm King Art Center*, NY: Abbeville Press, 1996.

Beckett, Jane and Russell, Fiona eds, *Henry Moore: Critical Essays*, Aldershot, Hants, England; Burlington, VT: Ashgate, 2003.

Benton, Charlotte, and Aldershot, Hants eds, *Figuration/Abstraction: Strategies for Public Sculpture in Europe, 1945-1968*, Burlington, VT: Ashgate, 2004.

Cabanne, Pierre, *Constantin Brancusi*, Editions Pierre Terrail, 2002.

Calder, Alexander, *Alexander Calder Mobiles, Stabiles, Gouaches, Drawings from Michigan Collections: Flint Institute of Arts, February 20-March 27, 1983*, The Institute, 1983.

Curtis, Penelope and Wilkinson, Alan G., *Barbara Hepworth: A Retrospective*, Tate Gallery Publications, 1994.

Curtis, Penelope, *Sculpture, 1900-1945: After Rodin*, Oxford: Oxford University Press, 1999.

Duby, Geroges and Daval, Jean-Luc eds, *Sculpture: From Antiquity to The Present Day*, Taschen GmbH, 2002.

Elsen, Albert Edward, *Rodin's Art: The Rodin Collection of the Iris & B. Gerald Cantor Center for Visual Arts at Stanford University*, Oxford University

Press, 2003.

Elsen, Albert Edward, *Rodin's Thinker and the Dilemmas of Modern Public Sculpture*, New Haven: Yale University Press, 1985.

Hammacher, A. M., *Barbara Hepworth*. London: Thames and Hudson, 1987.

Harper, Glenn and Moyer, Twylene, *Landscapes for Art: Contemporary Sculpture Parks,* University of Washington Press, 2008.

Hedgecoe, John, *A Monumental Vision: The Sculpture of Henry Moore,* London: Collins & Brown, 1998.

Hunter, Sam, *In the Mountains of Japan: The Open Air Museums of Hakone and Utsukushi-ga-hara*, NY: Abbeville Press, 1988.

Levkoff, Mary L., *Rodin in His Time: The Cantor Gifts to the Los Angeles County Museum of Art*, NY: Thames and Hudson, 1994.

Lorquin, Bertrand, *Aristide Maillol*, London: New York, NY: Skira in association with Thames and Hudson, 1995.

Mark di Suvero, *Open Secret: Sculpture, 1990-1992*, New York: Gagosian Gallery in association with Richard Bellamy: Rizzoli, 1993.

Marter, Joan M., *Alexander Calder*, Camberidge University Press, 1991.

McAllister, Jane ed., *Hirshhorn Museum and Sculpture Garden: 150 Works of Art*, Washington, DC: Hirshhorn Museum and Sculpture Garden, Smithsonian Museum, in association with Harry N. Abrams, Inc., 1996.

Moore, Henry, *Henry Moore: I Would Like My Work to be Thought of as a Celebration of Life and Nature*, San Francisco, CA: Chronicle Books, 1986.

Prather, Marla, *Alexander Calder, 1898-1976*, catalogue, Marla Prather; chronology, Alexander S. C. Rower; essay, Arnauld Pierre, Washington: National Gallery of Art, New Haven: Yale University Press, 1998.

Senie, Harriet F., *Contemporary Public Sculpture: Tradition, Transformation, and Controversy*, NY: Oxford University Press, 1992.

Smith, Candida N., *The Fields of David Smith*, Mountainville, NY: Storm King Art Center; NY: Thames & Hudson, 1999.

Sunderland, Tyne and Wear, *A Sense of Place: Sculpture in Landscape*, Sunderland Arts Centre Ltd, 1984.

Tacha, Athena, *Rodin Sculpture in the Cleveland Museum of Art*, Cleveland, OH: Cleveland Museum of Art, 1967.

Tucker, William, *The Language of Sculpture*, London: Thames and Hudson, 1974.

Wagenknecht-Harte, Kay, *Site + Sculpture: The Collaborative Design Process*, NY: Van Nostrand Reinhold, 1989.

Wallis, Geoffrey J., *Peril in the Square: The Sculpture that Challenged a City*, Briar Hill, Vic, Australia: Indra Pub, 2004.

Ward-Jackson, Philip, *Public Sculpture of the City of London*, Liverpool: Liverpool University Press, 2003.

［奥］克里尔著，梁宗岱译，《罗丹论》，广西师范大学出版社，2002年。

［美］阿纳森著，邹德侬等译，《西方现代艺术史》，天津人民美术出版社，1994年。

［美］哈丽叶·西奈、莎丽·韦伯斯特编，慕心等译，《美国公共艺术评论》，台北：远流出版事业公司，1999年。

［日］竹田直树编著，于黎特、杨秀妹译，《公共艺术2000例》，大连理工大学出版社，2003年。

［英］赫伯特·里德著，余志强、栗爱平译，《现代雕塑简史》，四川美术出版社，1988年。

陈昌铭著，《公共艺术在波士顿》，台北：艺术家出版社，2005年。

郭少宗著，《从景观雕塑到雕塑公园》，台北：艺术家出版社，1993年。

郭少宗著，《雕塑公园在亚洲》，艺术家出版社，2005年。

陆军编著，《摩尔论艺》，人民美术出版社，2002年。

祁海平编，《华盛顿国家雕塑公园作品选》，广西美术出版社，2000年。

宋克编著，《欧洲现代城市雕塑》，江西美术出版社，2001年。

孙振华著，《公共艺术时代》，江苏美术出版社，2003年。

后 记

本书的付梓，首先应该感谢中国艺术研究院研究员顾森先生。回顾起来，将"雕塑公园"纳入研究的视野还是在2004年前后，当时中国雕塑公园建设的"大跃进"时期刚刚过去，国内有一批大型雕塑公园纷纷落成，如青岛海滨雕塑园、北京国际雕塑公园、长春世界雕塑公园等等，确实到了一个要对雕塑公园建设的利弊得失、是非功过，进行一番总结的时刻。顾森先生以独到的学术眼光，对雕塑事业发展负责任的态度关注到了这一课题，并引导我去完成这个任务，在今天看来，仍然具有十分重要的现实意义与历史价值。

我接到这个课题，说实话，开始还是有点"不情愿"的，因为这个题目做起来是相当有难度的。虽然我国雕塑公园的建设已经告一段落，有不少作品摆在那里，但当时涉及雕塑公园研究的、理论形态的文字资料几乎是一片空白，着手之时，确实有一种"丈二和尚摸不着头脑"的感觉。但抚今追昔，这个选题的一个额外收获是锻炼了我克服困难的勇气，在青年时代一旦难啃的骨头攻克了，此后的学术之路也就再没有什么难以逾越的高峰了。

为了全面掌握中国雕塑公园建设的基本情况，我走南闯北，带着相机从雕塑公园的实地调研开始，首先是北京及周边的雕塑公园，然后是长春、青岛、郑州、武汉、上海、广州等，渐渐地研究有了一些"眉目"。通过对公园作品形态、风格、样式的归纳与整理，对雕塑与公园环境的考察，分析雕塑、自然、建筑，以及雕塑之间的内在联系等，雕塑公园建设中的一些"不足"与"弊端"也逐渐显露了出来。

另外一个必须攻破的难关是，我当时对国外雕塑公园的情况完全不了解。受客观条件的限制，这方面的资料只能通过互联网一点点搜索和挖掘，对国外雕塑公园，尤其是欧美的雕塑公园的探索，让我见识到了一个完全不同的"新天地"，并逐渐形成了本研究的基本观点。一、欧美的雕塑公园出现于上个世纪中叶，至今已经形成了丰厚的艺术积淀与宝贵经验。二、欧美雕塑公园发展的过程中，派生出一种全新的雕塑与自然相结合的艺术形式。三、欧美雕塑公园的概念不像我们说得这么笼统，而可以分为三种类型。四、欧美雕塑公园的建设是始终以"雕塑欣赏"为核心的。这几个理论观点，对今后我国雕塑公园建设可以起到积极借鉴的作用。

欧美的雕塑公园除了作为艺术创作与欣赏场所之外，还被赋予了更为丰富、积极与深刻的美育内涵。诚如本书序言中所提及的，雕塑艺术不同于以实用为主的建筑，不像绘画那样必须依附博物馆的墙壁，它可以灵活布置于各种功能的空间之中，像一个"忠实的伙伴"那样，常伴人们左右。正如欧美的雕塑公园，可以设置在荒山野岭、曲折海岸、城市公园、市民广场、大学校园、企业总部、工业园区、艺术画廊等处，体现与众不同的价值。它以轻松活泼、潜移默化、润物无声的方式融入人们的生活世界，引导艺术的欣赏，勾起审美的欲望，启迪大众的心灵，激发智慧的创造，显示出独特的审美教育价值。

因此，我在研究之初就萌生了这样一种想法，想把这些奇特优美的现代雕塑介绍给千千万万的普通大众，把学术论文变成一部图文并茂、喜闻乐见的通俗读物。不像以往的研究成果那样晦涩难懂，被束之高阁，而应该走出象牙塔，才能为社会带来更多的现实价值。只是囿于琐碎工作的拖累，这个初衷一直没能实现。

2006年至今，我对雕塑公园研究资料的收集、整理与后续工作一直没有停歇，对中国雕塑公园建设的意义与价值也有了些微反思与转变，有些观点不似当年那么偏颇了。欧美雕塑公园以追求"艺术价值"为宗旨的精髓，今天仍是我们值得去追求的；中国雕塑公园的建设伴随着城市的兴旺与扩张，以"为人民服务"为价值取向也有积极与合理的一面。两者应该相互学习、取长补短才能有利于国家的长远发展，实现美育的目标，服务于民族复兴的大时代。近年来我发现一些国外的著作也开始零星介绍中国的雕塑公园，也从侧面印证了中外之间相互交流、相互借鉴的良好态势。

2015年前后，在我与北京三联书店联系，决定将这篇稿子出版之时，真正的"改编"工作才正式开始。在我确定了"二十讲"的基本框架之后，改写的工作完全是中国美术出版总社的高云女士来完成的，当时她还是一名研究生，但她的文笔有一种与生俱来的、质朴的、天真烂漫的气息，这一点是我所不及的。改写的具体工作包括：加入了部分国外雕塑公园的最新资料，是原稿中没有的内容；力图勾勒出以每一座具有代表性的雕塑公园的整体面貌，并为此线索穿插现代雕塑大师们艺术创作的心路历程，以讲座或故事的形式娓娓道来；写作的语言力求生动活泼、通俗易懂，便于读者阅读，可以说高云的妙笔生花，为通篇书稿增色不少。

在本书即将出版之际，还要特别感谢首都师范大学的温京博先生，北京三联书店的康健先生，是他们的引荐才使这篇稿子与北京三联书店结缘。此外，还要感谢责任编辑徐国强先生，他对全书的文字、每一张图片都进行了耐心细致的校订与修改。泉州师范学院研究生处的陈敏红女士，以及张静、蔡诗婷、魏泽晨三位研究生也为本书的最终出版做出过一份贡献。在此一并表示感谢！

陶　宇
2021年岁末于泉州紫帽山